安徽省教师教育专业核心课程规划教材

教师职业技能训练教程

JIAOSHI ZHIYE JINENG XUNLIAN JIAOCHENG

曹长德　孙晓青　编著

安徽师范大学出版社
·芜湖·

内容提要

本书立足于我国教师职业教育发展新形势，全面概括教师职业技能的基本结构，阐述了教师常用职业技能训练，如教师口语技能、教师书写技能、现代教育技术应用技能、课堂教学技能、班主任工作技能训练等，同时对教师职业技能训练的目的、内容、和方法等做了详细透彻的阐述。通过本书的学习，可以使高等师范院校学生得到教学技能训练方面的指导，在职教师进一步掌握和运用教师职业技能方面的技巧和方法。

图书在版编目（CIP）数据

教师职业技能训练教程 / 曹长德，孙晓青编著. —芜湖：安徽师范大学出版社，2017.6（2019.7 重印）

（安徽省教师教育专业核心课程规划教材）

ISBN 978-7-5676-2452-8

Ⅰ.①教… Ⅱ.①曹… ②孙… Ⅲ.①师资培训－师范大学－教材 Ⅳ.①G451.2

中国版本图书馆CIP数据核字（2016）第058246号

责任编辑：童　睿

装帧设计：任　彤

教师职业技能训练教程

曹长德　孙晓青　编著

出版发行：安徽师范大学出版社

芜湖市九华南路189号安徽师范大学花津校区　邮政编码：241002

网　　址：http://www.ahnupress.com/

发 行 部：0553-3883578　5910327　5910310（传真）E-mail：asdcbsfxb@126.com

印　　刷：江苏凤凰数码印务有限公司

版　　次：2017年6月第1版

印　　次：2019年7月第4次印刷

规　　格：787 mm×1092 mm　1/16

印　　张：17.75

字　　数：300千字

书　　号：ISBN 978-7-5676-2452-8

定　　价：52.00元

本丛书为：

1. 安徽省“振兴计划”重大教学改革研究项目“安徽省教师教育专业教育类课程内容标准和教材建设研究”(项目编号:2013zdjy188)建设成果
2. 安徽省教师教育协同创新中心课程资源开发成果

总　　序

百年大计，教育为本；教育大计，教师为本。随着我国基础教育改革的不断深入，社会对教育的要求越来越高，教师教育改革日益受到人们的广泛关注并开始进入实质性的改革阶段。为贯彻落实《国家中长期教育改革和发展规划纲要2010—2020年》，深化教师教育改革，规范和引导教师教育课程与教学，培养造就高素质专业化教师队伍，教育部于2011年下发《关于大力推进教师教育课程改革的意见》，就推进教师教育课程改革和实施《教师教育课程标准（试行）》提出意见，要求创新教师教育课程理念，优化教师教育课程结构，改革课程教学内容，改进教学方法和手段，加强教师养成教育，强化教育实践环节。《教师教育课程标准（试行）》明确指出，教师教育课程标准体现国家对教师教育机构设置教师教育课程的基本要求，此标准是制定教师教育课程方案、开发教材与课程资源、开展教学与评价以及认定教师资格的重要依据。同年，教育部师范教育司、教育部考试中心颁布《中小学和幼儿园教师资格考试标准（试行）》，指出中小学和幼儿园教师资格考试标准是教师职业准入的国家标准，是从事中小学和幼儿园教师职业的最基本要求，是进行中小学和幼儿园教师资格考试的基本依据。2012年，教育部颁布《教师专业标准（试行）》并指出，教师是履行教育工作职责的专业人员，需要经过严格的培养与培训，具有良好的职业道德，掌握系统的专业知识和专业技能。《教师专业标准（试行）》是国家对合格教师的基本专业要求，是教师开展教育教学活动的基本规范，是引领教师专业发展的基本准则，是进行教师培养、准入、培训、考核等工作的重要依据。三大“标准”的颁布，意味着传统的教师教育课程设置、课程体系以及课程内容，已经不适应教师教育改革的发展要求，难以满足基础教育改革对教师素质的新要求。

在这种背景下，安徽省高等院校教师教育合作委员会为贯彻落实教师教育改革的新要求与新精神，推进我省教师教育专业课程建设，开始着手筹划安徽省教师教育专业课程建设与教材编写工作。在安徽省高等院校教师教育合作委员会的组织与协调下，此项工作于2014年10月正式启动。安徽师范大学、淮北师范大学、安庆师范学院、阜阳师范学院、合肥师范学院、淮南师范学院六所师范院校，立足于教师教育的协同与创新理念，组织研制安徽省教师教育课程体系并协同进行课程开发。在继承传统教师教育课程设置优点的基础上，根据教师专业发展的需要以及《教师教育课程标准（试行）》关于教师教育课程设置的基本理念和指导思想，六所师范院校在前期研究和充分讨论的基础上，确定了“中学教育基础”“心理学”“小学教育基础”“小学生心理发展与教育教程”“现代教育技术”“学校心理健康教育”“教师职业技能训练教程”“教师职业规范与专业发展”“教育实习”“陶行知教育思想研究”等十门课程，作为教师教育专业基础课程，并基于设置的课程开发相应的教材。

此次教师教育课程设置及教材开发的基本指导思想是：在保持传统教师教育课程框架的基础上，对课程内容采用模块化设计，同时各学校根据自身教师教育办学特色，有选择性地设置相关课程模块，满足学生多样化的学习需求。同时，课程设置与教材开发不仅考虑到师范生毕业后入职入编的需要，也考虑到为师范生将来专业的持续发展奠定坚实的基础；不仅考虑到师范生通过相关课程的学习能够获得对基础教育最基本的认识，也考虑到师范生通过专业教育后能够很快地胜任中小学教育教学工作。这是一个包含多重意图的课程设计思想。试图将多重意图反映在一种课程体系中，这样的设想不免有理想化的色彩，其是否合理，能否通过课程实施而成为现实，有待实践的检验。

遵循教育部三大“标准”的理念和精神，从传统的教师教育课程转向创新的教师教育课程，其中还有许多工作要做，有许多问题要解决。我们的努力只是这个转向的一个微不足道的方面。希望我们的努力能够为这个转向注入新的元素。

安徽省教师教育课程建设和教材编写委员会

2015年12月

目　录

第一章　导论：教师职业技能是教师执业的基本功

学习目标

认识教师职业技能的重要性、复杂性和系统性，技能训练的长期性；理解教师专业发展与教师职业技能之间的关系；把握教师职业技能的结构；掌握教师职业技能训练的原则。

在世界范围内，师范教育滥觞于17世纪的法国。1681年，法国“基督教兄弟会”神甫拉萨尔在兰斯创立了世界上第一所师资培训学校，不久奥地利、德国开始出现师资培训机构。这些早期的师资培训机构培训时间很短，主要采用学徒制进行教学法的训练，以保证其足以胜任教育教学活动。由此可见，对教师教学技能的训练，在师范教育诞生之日就开始了。

20世纪60年代，受结构功能主义的影响，教师教学技能受到了空前的重视，典型的技术原理模式的能力本位的教师教育占据了主导地位，教师的教学技能以及与此相关的其他教学行为能力得到高度重视。其基本的假设是只要掌握各种技术，就能有效工作，但是这个假设很快受到了挑战。

1966年，国家劳工组织和联合国教科文组织在法国巴黎召开“教师地位之政府间特别会议”，通过了《关于教师地位的建议》，认为“教学应被视为是专业”。这是第一次由国际间教育学者和政府人士对教师地位给予的专业确认。此后，教师是专业人员越来越成为全社会的共识。这意味着教师这个职业不再是任意进入的领地，而是需要专业培养和培训，同时也意味着社会对教师的要求和期望在不断地提高。

20世纪90年代中期以来，伴随教师专业化研究与实践的日益升温，教师教学技能作为教师专业领域中的重要组成部分被置于一个更为广阔的视野中进行研究。人们渐渐意识到教学技能固然重要，但不能以偏概全，否则将会导致教师逐渐失去批判分析、反思教学背景和过程的愿望和能力。如果认为教学仅仅是一种职业技能，那是一种悲哀，教学艺术才是教学的最高境界。教师职业技能是教师执业的基本功。技能是相对于教师职业而言的，教师不仅是个职业，教师更是专业人员。

随着教师专业化研究的进展和不断提高的教师职业素质要求，对教师教学技能的要求随着时代的发展不断更新。

第一节　教师职业技能训练是师范生重要的必修课

高等师范院校是以培养合格教师为目的。师范生掌握从事教育教学工作所应具备的职业技能，是师范生区别于其他专业学生的重要特征。因此，对师范生进行职业技能训练是师范院校人才培养方案的重要内容，也是师范专业的核心特色，只能强化，不能弱化。

一、教师职业技能训练的意义

1. 教师职业技能是教师从业的基本素养

在高等师范院校人才培养的要求中，除了要把握相关的知识之外，特别强调师范生教学能力的重要性。为了避免专业知识和教学能力两层皮的现象，高等师范院校在人才培养中，一方面要从中小学教师从业需要的角度去安排专业课程，另一方面通过教学技能训练有效地将专业课程的内容与教学需要相结合。重新构建与中小学教育教学联系的知识系统，使教学技能训练成为沟通大学学习和中小学应用的桥梁，成为教师从业的最基本素养。事实上，如果只学专业课，缺少对师范生的技能训练，漠视教学技能在高等师范院校人才培养中的价值和意义，即使专业课学得再好，也无法培养出一个合格的教师。

2. 教师职业技能训练是教师教育重要内容

与其他高等学校相比，高等师范院校办学的最大特点就是师范性。它要求高等师范院校的教育教学都要紧紧围绕培养合格教师的目标展开，不仅在具体课程实施中要突出培养合格教师目标，而且在整个课程设置中，还需要专门安排教学技能训练课。教学技能训练课程，不仅强化师范生的职业意识，而且专注于师范生从业能力的培养。因此，它成为高等师范院校办学中落实师范性的最重要内容，甚至可以说是高等师范院校师范性的一个标志。

3. 教师职业技能训练有助于教育理论与实践的有效结合

技能训练和理论学习之间是相辅相成的，学习理论可以明确技能训练的意义和方向，训练技能反过来促进理论知识的学习和理解。例如，进行教学技能训练，就必须重温教师口语、教学礼仪、教学媒体、教学手段、教学情境等方面的理论知识，这种重温和训练必然会加深对相关理论的理解。传统的教师教育重理论轻实践，重动脑轻动手，重知识轻能力，要改变这种“高分低能”的问题，就应以加强技能训练为突破口，把教学技能训练列入课程，引进课堂，并做到明确内容，制定标准，强化训练，严格考核。

4. 教师职业技能训练有助于师范生全面发展

教学技能训练不能把单一的技能培养作为唯一目标，加强教学技能训练，其意义已远远超出了教师教育本身。教学技能中的大部分内容属于智力技能，是需要借助内部语言在头脑中实现认识活动的方式。教学技能训练可以开发师范生的智力，有助于他们全面发展。

二、关于教学技能

教师最根本的职业活动就是教学。教学能力是教师从业最基本和最重要的能力，而教学技能是教师教学能力的基础，是教学能力提升的必要条件。什么是教学技能？当我们从不同的视角来审视它，以不同的范畴来表达它，在不同的层次上运用它，在不同的场合、不同的语境中讨论它时，有着不同的含义。其中，对教学技能有影响学说有以下几种。

1. 活动方式说

这种观点将教学技能视为活动方式或动作方式，在我国心理学界颇为流行。《心理学大词典》将技能定义为“个体运用已有的知识经验，通过练习而形成智力活动方式和肢体的动作方式的复杂系统”，《教育大辞典》将技能定义为“主体在已有的知识经验基础上，经过练习形成的执行某种任务的活动方式”。这些技能观是受苏联心理学影响的结果，活动方式说大多是针对动作技能来界定的。虽然这种教学技能在教学活动中是存在的（如教师口语、书写、绘画，教师体态语），但是在复杂的教学活动中，这种具体活动程序的技能是有限的，更多的是因教学对象、内容和条件不同而变化的技能。因此，用活动方式来界定教学技能会犯定义过窄的逻辑错误，而强调技能是通过练习之后活动方式的掌握，在技能的训练方法上，容易导致机械模仿和重复练习。

2.行为说

这种观点将教学技能视为教师的教学行为。在国外，持这一观点的有澳大利亚悉尼大学的克利夫·特尼。他认为：“基本教学技能是在课堂教学中教师的一系列教学行为。”在国内，1994年李克东出版的《教师职业技能训练教程》一书认为：“教学技能是在课堂教学中教师运用专业知识及教学理论促进学生学习的一系列教学行为方式。”行为技能观是以行为主义心理学为理论依据，主要是针对传统教师培训中单纯宏观训练的低效性而提出的，企图通过将宏观层次的教学活动进行分解，对在教学活动中可观察、可操作、可测量的外显行为进行描述和可控制训练，来提高教师教学行为的效能。因此，它强调技能要从行为的角度进行客观研究与实验。

3.结构说

这种观点认为教学技能是由与行为及认知有关的事项的结构系列组成，不是单指教师的教学行为或认知活动方式，而是由二者结构而成的系统。结构观反映了当代心理学界和教育理论界对技能本质的认识，已由单纯强调外显行为转向注重外显行为与认知因素二者结合的趋势，强调教学技能结构中各因素的相互联系。因此，结构说比活动方法说和行为说在认识技能的本质上前进了一步。

4.知识说

现代认知心理学不赞同将技能定义为行为变化，而将其纳入知识范畴。该理论在对知识的划分和表述上，以一种新的观念和姿态出现，认为知识包括两种，狭义的知识和广义的知识。狭义的知识即指知识的储存和提取，而广义的知识，除了知识的储存和提取外，还包括知识的运用。现代认知心理学对知识的分类是建立在广义知识观的基础上的，这种知识观将知识分为两大类。一类为陈述性知识，它是可以直接陈述的知识，即关于世界的事实性知识，它往往回答“是什么”“怎么样”等问题，对该知识一般用命题或命题网络表征。在现代认知心理学家看来，命题是知识的基本单元，也是思想和观念的单元，命题即观念的表达。具有共同因素、互相联系的命题组成命题网络，只有通过网络系统储存的知识，才能被有效地提取利用。另一类为程序性知识，该类知识被认为是用于具体情境中的算法或一系列操作步骤，它回答“如何做”“怎么办”之类的问题。现代认知心理学又将程序性知识分为两类：一类为运用习得的概念和规则对外办事的能力，被称为一般智慧技能（认知技能），分为操作技能（非策略性加工）和执行控制技能（策略性加工）；另一类为运用习得的概念和规则对内调控的能力，称为认知策略（特殊智慧技能）。在认知心理学派广义知识观中，动作技能、智慧技能和认知策略均被视为不同形式的程序性知识，他们将知识、技能和策略都统一在知识范畴内，如图1-1所示。

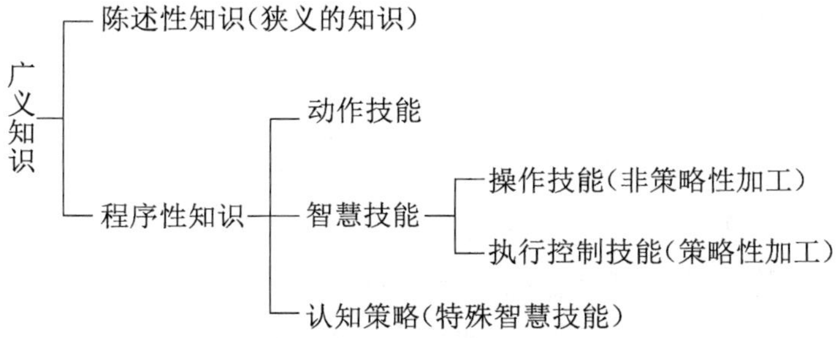

图1-1　认知心理学广义知识观

知识观认识到知识与技能的联系和一致性，技能的形成离不开知识的掌握，要正确执行某种程序，在头脑中必须储存相关的知识。然而，了解某一程序、某种活动的步骤，与执行某一程序、操作某一步骤是有区别的。从性质上说，前者是知识的掌握，是人脑对客观事物的认识，属认识活动范畴，后者为技能的操作，是运用相关知识完成某种任务的能力，属实际活动范畴；从功能而言，依据苏联心理学家列昂节夫关于活动理论的分析，教学活动同任何职业活动一样，其结构都是环状的，由定向、执行、反馈这三个互相联系、相互制约的环节组成，其中知识为人们提供怎样做的信息，发挥定向功能，解决知与不知的矛盾，技能则将相关信息转化为相应动作，承担执行功能，解决会与不会的矛盾；从途径而言，知识可以通过口头语言、书面语言和其他符号语言，以“告诉”、讲授的形式来获得，技能则必须通过练习，经过反复实际操作和个人体验，获得动觉经验，才能逐步形成①。

上述学说从不同的侧面认识教学技能，无疑都有存在的价值和合理性。通过对各种技能观的辨析，可以拓展我们的研究视野，启迪研究思路，有助于深化对教学技能的理解。本书采用湖南师范大学胡淑珍教授对教学技能的定义，即教学技能是指通过练习运用教学理论知识和规则达成某种教学目标的能力。它既包括在教学理论基础上，按照一定方式进行反复练习或由于模仿而形成的初级教学技能，也包括在教学理论基础上按一定方式经多次练习，使教学活动方式的基本成分达到自动化水平的高级教学技能即教学技巧。这一定义可取之处是将教学技能的概念定位于“能力”上，同时突出了技能形成中“知识和规则”与“练习”的重要性。

三、教师职业技能的特点

正确认识教师职业技能的特点，是揭示教学技能实质的必要过程。对于教师职业技能的特点虽然不同的学者、专家有不同的理解与表达，总的来说可以归为两类。

（1）具有一般职业技能的共同特征。湖南师范大学周庆元认为②，一般的职业技能大致具有这样几个共同特点：①功能上的必要性和必然性。②范围上的专业性和有限性。③内容上的稳定性和连续性。④形式上的多样性和具体性。⑤训练上的实践性和操作性。杨国全在其主编的《教师职业技能训练概论》一书中共归纳了11个特点：社会性、时代性、职业性、结构性、层次性、稳定性、可变性、因果性、示范性、复杂性、操作性。教师职业技能与一般技能的关系是特殊与一般的关系，应有自己的独特个性。

（2）具有教师职业技能的专业特征。教学活动是极为复杂而富有创造性的活动，教学技能虽然也具有一般技能的共同特征，但是作为复杂的高级技能，又有很强的专业指向性。有学者认为③，教学技能有专业性、情绪互感性、互补性、综合性特点。胡淑珍等认为④，教学技能具有鲜明的复合性。第

①胡淑珍，胡清薇．教学技能观的辨析与思考[J]．课程·教材·教法，2002（2）：21-25.

②周庆元．语文教师职业技能训练概说[J]．高等师范教育研究，1995（6）：35-39.

③冷柏成．教学技能简论[J]．四川教育学院学报，1994，10（3）：35-38.

④胡淑珍，胡清薇．教学技能观的辨析与思考[J]．课程·教材·教法，2002（2）：21-25.

一，是类型上的内隐性和观念性；第二，是来源上的多样性与简约性；第三，是形成上的练习的不可替代性和知识的不可或缺性；第四，是熟练程度上的自动化。以上观点较为全面的概括了教学技能的特点，但都忽视教学技能的运用特点，即运用过程中的能动性与情感性特点。

第二节　教师职业技能的结构

根据教师职业活动的行为、功能及其影响的形式，教师职业技能的结构可分为三个层次。

一、教师职业的基础技能

教师职业的基础技能或称之为一般技能，主要包括教师对各种教育教学媒体（载体）的使用能力。根据媒体的不同分为：教师的口语，使用的媒体是口头语言；教师的书写，使用的媒体是书面语言，主要工具为黑板和粉笔；教育技术，使用的媒体是现代教育媒体，主要工具为计算机和投影。这些技能是教师从业的基础，是任何教师都应具备的技能。

二、教师的教育教学技能

教师的教育教学技能分为教学设计技能，课堂教学技能，说课、听课和评课，班主任工作，心理沟通和辅导技能。这是教师的专业技能，是教师通过专业教育和专业锻炼才能真正获得的技能。

(一)国外对教学技能的分类

（1）美国斯坦福大学学者根据经验和对教师的行为分析，将教师的教学技能分为14种：变化刺激、导入、总结、非语言性启发、强调学生参与、频繁提问、探索性提问、高水平提问、分散性提问、确认、例证和实例、运用教材、有计划地重复、交流的完整性。

（2）英国学者在进行微格教学的研究和实践时，将教学技能分为6种：变化的技能、导入的技能、强化的技能、提问的技能、例证的技能、说明的技能。

（3）日本的微格教学工作者将教学技能分为9种：导入技能、展开技能、变化技能、总结技能、例证技能、确认技能、演示技能、板书技能、提问技能。

（4）澳大利亚悉尼大学学者将教学技能分为10种：强化技能、一般提问技能、变化技能、讲解技能、导入与结束技能、高层次提问技能、课堂管理与组织技能、小组讨论组织技能、个别指导技能、发现学习指导与创造力培养技能。

（5）苏联教育心理学家彼得洛夫斯基从教学系统论的角度，提出了4种教学技能：信息传递的技能、引起动机的技能、促进发展的技能、定向的技能（相当于政治思想教育的技能）。

（6）印度的巴希博士在他的著作《成为最好的教师——微格教学方法》一书中设定了13项教学技能：撰写教学目标、概述课程、流畅提问、探讨提问、解释、范例描述、刺激多样化、沉寂和非语言提示、复习、增强学生参与、使用黑板、巧妙结尾、辨别专注行为。

（二）我国关于教学技能的分类

1. 微格教学需要

我国自20世纪90年代开始推广微格教学后，加强了对教学技能的研究。在1992年出版的孟宪恺主编的《微格教学基础教程》中，按微格教学需要把课堂教学技能设定为10项：导入、提问、讲解、变化、强化、演示、板书、结束、教学语言和课堂组织技能。1993年，首都师范大学郭友老师，从教学信息传播的过程出发，分析教学信息过程中教师行为方式的构成要素，设定导入、教学语言、板书、教态变化、演示、讲解、提问、反馈强化、结束、组织教学共10项教学技能。胡淑珍等编著的《教学技能》一书中，将教学技能分为教学设计、导入、讲授、提问、板书、课堂体态语、课堂记录管理、成就测验与评价、学法指导、指导学科课外活动、教学研究共11种技能。按微格教学需要所做的分类便于微格教学与教学技能训练结合起来，易于把握每种单项技能的基本特征与构成要素，既便于进行单项技能的微格教学训练，又可以通过整体的设计和训练，使受训者对教学技能实现从单项到总体的掌握，最终形成课堂教学技能。但这样分类偏重课堂教学技能，对教师整体的、综合技能重视不够。

2.正常教学工作体系

依据正常教学工作体系分类是在借鉴微格教学研究的基础上，借用教育技能学的理论框架，结合我国目前课堂教学的实际进行的。这些具体技能都是目前中小学教学中常用的基本技能，通过分类对这些基本技能的特点、操作程序、测评指标、培训方式进行深入的研究。1994年，国家教委下发的《高等师范学校学生的教师职业技能训练大纲》中，把教学技能分为教学设计、使用教学媒体、课堂教学、组织和指导课外活动和教学研究5类技能。在课堂教学技能中，主要设定了9项基本技能，即导入、板书、演示、讲解、提问、反馈及强化、结束、组织教学和变化技能。张铁牛把教学技能分为3大类20项基本技能[①]，分为课前教学技能（确定教学目标、了解学生、分析处理教材、选择教学媒体、选择教学方法、进行教学设计），课堂教学技能（导入、讲解、提问、演示、板书、强化、变化、应变、结束），课后教学技能（复习、辅导、指导课外活动、教学测评和教学研究技能）。

3.心理结构

信息加工理论认为，人有加工信息的各种成分和使用这些成分的程序的结构。教师的教学技能也是由一定的结构构成的。美国著名认知心理学家J·R·安德森在《认知心理学》一书中，以"知道什么"和"知道如何"为区别将知识划分为陈述性知识和程序性知识。二者在人脑中以不同的形式表征、储存、激活和提取。陈述性知识和程序性知识与技能的区分是相对的，因为二者在学习和应用阶段都是相互作用的。技能在习得阶段的初期是以陈述性知识出现的，心智技能是这样，动作技能也是这样。不管是心智技能还是动作技能，都有陈述性知识与程序性知识两个方面，既可以有内隐的知识表征，又具备动作操作。因此，教师的课堂教学技能是一个多方面、多层次的系统，它既是知识表征系统与教学操作系统的整合，也是以教学操作知识为基础的心智技能与动作技能的统一。据此，可以这样构建教师课堂教学技能的结构模式，如图1-2所示。

---

①乔晖．近十年教学技能研究综述[J]．盐城师范学院学报（人文社会科学版），2004，24（1）：114.

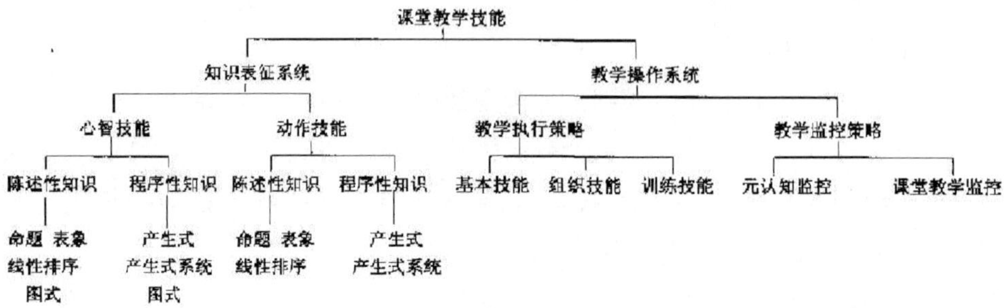

图 1-2 教师课堂教学技能的结构模式

第三节 教师职业技能训练的基本原则

从上节我们可以看到，教师职业技能不仅具有两个特点，并且种类繁多，这些技能科学地、综合地、艺术地运用才能达到最佳的教学效果，任何一种技能低下或者缺失都会直接或间接地影响教学效果。因此，教师职业技能训练是项艰巨的任务，是一项复杂的系统工程，要让师范生达到教师职业技能的标准，必须遵照一定的训练原则。教师职业技能训练原则实际上就是师范生获得教师职业技能的训练过程所必须遵从的基本要求。由于研究者所站的高度和方位不同，视角有异，往往提出不完全相同的要求，我们认为根据教师职业技能的特点，在训练中至少要遵循以下原则。

1. 主动性原则

教师职业技能的形成是个长期的过程，需要师范生坚持不懈的努力。教师职业技能是时代和社会对教师的要求，学校也将为师范生获得教师职业技能提供条件，但是这些只是外因，外部的要求和条件只有通过内因才能发挥作用。学生是技能训练的主体，只有在他们具有积极的学习动机和明确的学习目标的前提下，充分发挥他们的积极主动性，才能提高技能训练的质量和效率。由于技能形成周期较长，训练的内容复杂，因此必须让师范生保持高度自觉状态，主动积极地接受培训、要求培训，才能达到满意的效果。

贯彻这一原则，首先应加强专业思想教育，要让师范生热爱教育事业，准备做终身的教育工作者，在此基础上通过实地观察、经验介绍等活动使师范生认识到做一名合格的教师并非易事，只有通过主动积极的学习和训练，才能获得真正的本领，才能胜任教师的工作。其次，每一项专业技能的训练前要让师范生明确训练的目标，通过检测评估发现自身技能与标准之间的差距，增强训练的压力，提高训练的计划性。最后，通过名家展示、相互观摩、竞赛等活动，增强师范生学习的兴趣和训练的动力，提高职业技能训练的自觉性。

2. 系统性原则

教师职业技能是由诸多具体的技能构成的，它们之间互相制约、互相关联，在教育教学活动中发挥整体功能。教师的职业技能形成是个循序渐进的过程，是一个由低级到高级逐步发展的过程。一般说来，对有些比较复杂的、局部动作具有相对独立性的技能，应尽量采用分解练习；而对一些各局部动作联系比较紧密的技能，则必须采用综合练习。从时间上看，训练初期宜采用分解练习，训练后期宜采用综合练习。

贯彻这一原则，首先要求我们把教师的职业技能视为一个完整的系统，根据修业年限对教师职业技能在宏观上进行统筹安排，确保训练任务能够合理地分布。其次，在对师范生进行职业技能训练时，必须遵循两个序列：一是每项技能发展序列，必须遵从从简单到复杂，从单一到综合，从低级到高级，从模仿到熟练，从一般掌握到熟能生巧；二是技能训练内容的内在逻辑结构序列，在大类序列上首先训练教师的基本技能，如“三字一话”等，再训练教师的教育教学技能、管理技能，最后训练教师的教学研究技能。

3. 差异性原则

虽然，我们对教师的职业技能有统一的要求，并以此作为技能训练的重要依据，但这只是最低要求。由于每个人的自身素质有较大的差异性，在各项都能达到基本要求的同时，又可以形成自己的优势和特色，因此在训练内容和训练时间上要做出灵活安排，要多开展一些有针对性的分组练习和个别训练。如果用一个标准、一个模式进行训练，必然影响训练效果，要根据实际情况因材施教、因需施教。

贯彻这一原则，首先要求我们充分了解每个教师已经具备的技能水平，并根据教师的水平来确定训练的时间和强度。其次，在训练过程中采取统一要求与个别指导相结合。

4. 发展性原则

教师职业技能没有最好，只有更好。也就是说对师范生教师职业技能的训练需要用发展的眼光，切忌陷入“师徒传承”“工匠学艺”的误区。发展性有两层意思，一是教师个体其职业技能的发展是终身的，是无止境的，需要不断提高；二是教师的职业技能并不是一成不变的，特别是一些新技术被广泛应用于教育。

贯彻这一原则，首先要求我们要有长远的眼光，充分认识到教师专业发展是个终身的过程，这个过程可分为职前阶段、准备阶段（担任教师后的试用阶段）和在职阶段。因此，不能将技能的获得视为终点，而是新阶段的起点，克服懈怠心理，保持正确的心态。其次，积极学习和尝试新的技术手段，如多媒体技术、在线辅导等，提高教师教育教学的吸引力和效率。

问题思考与讨论

1.“教师不是工匠，其传授的主要是知识，因此知识才是最重要的，技能其实并不重要。”谈谈你对这句话的看法。

2. 谈谈你对“教师职业技能是动作技能、智慧技能和认知策略的统一”的理解。

3. 谈谈教师职业技能训练中“主动性原则”的重要性。

阅读指南

1. 李森. 教师职业技能训练教程[M]. 北京：高等教育出版社，2009.

2. 刘芳，李颖. 教师职业技能训练教程[M]. 北京：北京师范大学出版社，2014.

3. 刘维俭，王传金. 教师职前教育实践概论[M]. 南京：南京师范大学出版社，2006.

4. 刘捷. 专业化：挑战21世纪的教师[M]. 北京：教育科学出版社，2002.

5. 赵彦俊. 职前教师实践性知识生成研究[M]. 北京：中央编译出版社，2010.

第二章　教师口语技能

学习目标

了解教师口语的基本内容，包括普通话、教育口语和教学口语，以及每种教师口语的基本内涵和特点；能够运用规范的普通话进行教育教学；在课堂教学中能够熟练灵活地运用导入语、讲授语、提问语、结束语等教学口语，在学校教育活动中能够准确地运用沟通语、说服语、表扬语、批评语、启迪语等教育口语；能够通过发声技能、朗读技能和说话技能的学习和训练，掌握其基本要领，从而为提高教师的口语能力奠定良好的基础。

第一节　口语技能的基本内容和要求

一、普通话

普通话是中华人民共和国的官方语言，也是联合国6种官方工作语言之一。《中华人民共和国宪法》第十九条规定："国家推广全国通用的普通话。"《中华人民共和国国家通用语言文字法》确立了普通话的"国家通用语言"的法定地位。

（一）普通话语音概述

普通话，即现代标准汉语，是以北京语音为标准音，以北方话为基础方言，以典范的现代白话文著作为语法规范，是通行于中国大陆及海外华人华侨间的共通语言。

1. 语音

语音是由人的发音器官发出的，能够表示一定意义的声音。作为一种声音，语音包括音高、音强、音长、音色等四个基本要素。

2. 音素和音节

音素是最小的语音单位，是从音色的角度对音节进行分析而得到的语音单位，如妈（mā）是有两个音素“m”和“ā”组成的。音素可以分成元音和辅音两类：元音是指发音时声带颤动，气流在共鸣腔中不受阻碍而发出的声音，包括 ɑ、o、e、i、u、ü；辅音是指发音时气流通路有明显的阻碍，多数声带不颤动，包括：b、p、j、q、s、r等。

音节是最基本的语音单位，是声、韵、调的结合体，在汉语中一个汉字就是一个音节，如“chéng gōng（成功）”是由两个音节组成的，普通话大约有400个音节。

信息窗2-1

汉语拼音字母表（大小写对照）

A ɑ	B b	C c	D d	E e	F f	G g
H h	I i	J j	K k	L l	M m	N n
O o	P p	Q q	R r	S s	T t	
U u	V v	W w	X x	Y y	Z z	

信息窗2-2

汉语拼音韵母表

单韵母	ɑ o e i u ü
复韵母	ɑi ei ui ɑo ou iu ie üe er
前鼻韵母	ɑn en in un ün
后鼻韵母	ɑng eng ing ong

整体认读音节 zhi chi shi ri zi ci si yi
wu yu ye yue yuan yin yun ying

汉语拼音声母表

b p m f d t n l
g k h j q x
z c s r zh ch sh
y w

（二）普通话的语音性质

1. 语音的物理性质

声音是一种物理现象，任何声音都由音高、音长、音调和音色四个因素组成，语音是声音的一种，也不例外。

音高，是指声音的高低，取决于人的“发音体”声带的长短、厚薄、松紧，由发音体在一定时间内颤动次数的多少来决定的，颤动次数多则声音就高，颤动次数少则声音就低。

音强，是指声音的强弱，取决于发音体振动幅度的大小，振动的幅度大则声音强，振动的幅度小则声音弱。

音长，是指声音的长短，是由发音时间持续的长短来决定的，发音持续时间长则声音长，发音持续时间短则声音短。

音色，又称音质，取决于发音体的不同、发音方法的不同，以及共鸣器形状的不同。

2. 语音的生理性质

语音是由人的发音器官发出的，因此具有生理性质。发声器官主要分为三个部分：肺、支气管和气管为发音的动力器官，发音时气流从肺部呼出，通过支气管和气管，经喉头、声带到达口、鼻腔；喉头和声带是发声部分，发音时声带闭合，中间留一条缝隙，从肺部出来的气流冲击声带，从缝隙中挤出，造成振动而发出声音；口腔和鼻腔是共鸣部分，也是调节声音的器官。

3. 语音的社会性质

语音的社会性质主要表现在两个方面：一是声音所表现的社会意义，是由使用该语言的社会全体成员约定俗成的；二是具有相同自然属性的音素，在不同的语言或者不同的方言里，有着不同的作用。

二、教学口语

（一）教学口语的内涵和特点

教学口语是教师用于课堂教学的工作用语。它是教师在课堂上根据教学任务，针对特定的教学对象，使用规定的教材，按照一定的方法，在有限的时间内，为达到某种预期的效果而使用的语言。

这种口语主要以有声语言为主，辅以身势语、体态语和表情等，是经过转化的书面语和优化的口头语的综合。一方面，它具有口头语的特点，即具有随意性、灵活性等特点；另一方面，由于教学的特定要求，与一般的口头语相比，它更具规范性和严肃性。因此，教学口语既具有口语通俗晓畅的长处，也具有书面语典雅蕴藉的优点[①]。

（二）教学口语的类型

1. 导入语

导入语又称为导语或开讲语，是教师上课开始时对学生讲的与教学目标有关的，能调动学生兴趣的话语。导入语的主要作用是激发学生的学习兴趣，调动学生的思维，从“旧知识”过渡到“新知识”。

在设计导入语时，教师要注意做到以下几点：第一，要有新意，切忌平淡刻板。设计新颖的导入语可以激发学生的求知欲望，促进学生学习新的知识，而设计平淡刻板的导入语则会使学生失去探究新知识的兴趣。第二，要短而精，切忌拖沓冗长。导入语作为一堂课开始的引语，要注意短小和精悍，力求既能在新旧知识之间形成过渡，又不会喧宾夺主，因此导入语不可长篇大论。第三，要有启发性，切忌目标不明。在实现新旧知识之间的迁移过程中，导入语实际上起着承上启下的作用，因此教师在设计导入语时首先要明确新知识的要点，其次要使导入语能够顺利启发学生过渡到新知识。第四，要有教育性，切忌荒诞不经。导入语要有教育意义，这样就可以使学生顺利进入一个新的知

① 唐树芝．教师口语技能[M]．长沙：湖南师范大学出版社，1996：128.

识领域，如果不顾教学的严肃性和教育性，纯粹为了猎奇而运用荒诞不经的语言，则会适得其反。

（1）解题式导入。

案例2-1[①]

教师在教学《将相和》一文时，运用解题式导入。

师：（先板书《将相和》课题，接着问）《将相和》这个课题中“将”与“相”的正确读音是什么？

生：jiàng与xiàng。

师：“将”指谁？“相”何许人也？

生：（笑）“将”是廉颇将军，“相”是蔺相如宰相也！

师：（微笑）那么，“和”是什么意思，

生：他们俩讲和了。

师：应是“和好”了，和睦相处了

师：请大家再想想：这一将一相都在赵王门下做事，为什么会不和呢？课文会告诉我们的，请大家看课文。

（2）悬念式导入。

案例2-2[②]

语文教师在教学《烛之武退秦师》时，运用悬念式导入。

在教学古文《烛之武退秦师》一课时，可以设计这样的导入语：“俗话说：‘三寸不烂之舌雄于百万之师’，那么先秦时期郑国年迈的大夫烛之武是如何在国家受到秦国和晋国的围攻紧急情况下，利用自己的聪明才智和三寸不烂之舌，说退秦国军队的呢？”这样的导入语给学生留下了一个悬念，挑逗学生的好奇心，想要穷根究底，弄个水落石出。

①娄志校．教师口语训练［M］．北京：华语教学出版社，1998：197.

②纪卓虹．导人语在语文课堂教学中的重要性［J］．科技信息，2011（20）：164.

（3）故事导入。

案例2-3[①]

教师在教学《螳螂捕蝉》时，运用故事导入。

同学们，今天老师给你们带来了一个有趣的小故事，想听吗？

学生：想。

师：有一天啊，一只蚌出来晒太阳。这时，一只鹬趁机啄食蚌的肉，蚌把两扇壳猛地一合就夹住了鹬的喙。鹬威胁蚌："快点松开我，要不然，今天不下雨，明天不下雨，就会干死你这个倒霉的蚌。"蚌也毫不示弱地说："哼，我夹着你，今天你不出去，明天你不出去，你就会成为一只饿死的鹬。"正当它们互相纠缠，谁也不让谁时，一个渔父走过来，没费吹灰之力就把它们一拎，一起放进了鱼篓里。同学们，在这个故事里，鹬蚌相争的结果是什么？

学生：它们都被渔夫捉去了。

师：对，这就是著名的《鹬蚌相争　渔翁得利》的故事，它告诫我们做事要权衡得失，不要只想着对自己有好处的一面，而忽视了身后正隐伏的祸患。大家要相互谦让，退一步海阔天空，如果一味地相互钳制往往就会顾此失彼，让别人钻了空子。今天，我们再来学习一个跟它意思差不多的另一个小故事《螳螂捕蝉》。

（4）情景导入。

案例2-4[②]

小学三年级学生初次接触小数的意义和认、读、写等数学知识，对这部分知识是完全陌生的，而这部分知识又是小学数学概念中较抽象较难理解的内容，学生学起来会比较困难。但是，这个年龄段的学生一般都有购物经验，在生活中已接触过用来表示价格的小数，只是不理解小数在理论上的内涵和意义，教师可以创设"买东西"的情景引入小数的教学，帮助学生理解小数的意义，体会小数的特征。创设这样一个情景：在一个商店里有学具、食品和数学书本等，价格有3.56元、5.78元、10.55元等，让小学生各取所需，按价付款。这个过程是学生实际接触

① 周梅华. 巧用故事导入，增强情境效果［J］. 读与写杂志，2011，8（12）：172.

② 毕薇. 浅谈小学数学课堂导入方法［J］. 大连教育学院学报，2013，29（1）：81.

小数的过程,让学生对小数有一个感性认识,然后让学生认和读。这样的教学设计,紧密结合了学生的生活实际,学生在熟悉的事物和环境中学到了数学知识,并感受到了生活中处处有数学,完全符合小学三年级学生的认知水平。

（5）直观导入。

案例2-5[①]

教具是为了配合教学使用的器具,它的优点是直观,便于学生对知识的认知、理解、记忆,提高教学效果。例如,在讲授《古生物与大陆漂移》一文时,教师可以把地球仪拿到课堂,让学生先观察上面各个大陆的轮廓特点,然后制成图片,再把各个大陆拼接到一起,找出它们之间的联系。通过这种方法,使学生很容易发现:在同纬度地区,大陆与大陆之间的参差基本吻合。找到这个联系后,学生立刻理解了本文要讲的精髓——大陆可能是一个整体,后来经过地质变迁而使大陆分离、漂移,形成了现在的几个大陆板块。

2.讲授语

讲授语是指教师以一定的教材为依托，系统连贯地向学生讲解教材内容，传授知识和技能，培养情感和价值观的教学语言形式。它是课堂教学中最基本的语言表达形式，是教学语言的主体。

在设计讲授语时，教师要注意做到以下几点：第一，要重在点拨，切忌毫无重点。叶圣陶先生在谈到讲授语的策略时曾说“倒筐倒箧容易，画龙点睛难”，也就是说，讲授语切忌不分重点、不加选择的和盘托出，而是要选择教材中的重要内容、关键语段来讲解，讲授语要起到画龙点睛的作用。第二，要有层次，条理清晰。教师在讲授之前，要将内容划分层次，按照内容的逻辑顺序，有步骤，有条理地进行讲解，要按照由浅入深，由简单到复杂，由旧知识到新知识的顺序进行讲授，精讲和略讲相结合，不照搬照套，不照本宣科。

讲授语一般由讲析、归纳和点拨三个部分组成，因此讲授语通常包括讲析语、归纳语、点拨语。

① 任淑春.如何设计语文课导入语［J］.职业，2008（27）：37.

（1）讲析语。

案例2-6[①]

一位语文老师在讲析《刻舟求剑》一课时就运用了类比的方式：

师：小朋友，听老师讲个故事。一个孩子经常烧饭，一家三口两碗米，天天这样。有一次，忽然来了一位客人，而孩子烧饭时仍然只量两碗米。吃着吃着，饭不够了，这时，孩子发现自己不对了。那么，不对在什么地方？为什么不对呢？

生：她少量了一碗米。

生：她按老办法做事。

生：她不懂得多一个人吃饭，烧饭的米也应该增多的道理。四个人也量两碗米，是她看不到情况的发展变化。

师：从烧饭这件事联系到"刻舟求剑"的那个人，是不是说明一个道理呢？

教师通过类比讲授，让学生对寓言所反映的做事古板不知变通的人有了更加形象、更丰富的认识，从而加深了对寓言本身的理解。

（2）归纳语。

案例2-7

一位数学老师在讲授《推导圆周率》时就运用了先讲析后归纳的方式：

我们刚才把直径分别是1分米、1.5分米、2分米的硬纸板圆在米尺上滚动一周，得到了这三个圆的周长大约是3.14分米、4.71分米、6.28分米。我们可以直接看出，第一个圆、第二个圆、第三个圆的周长分别是它们直径的三倍多一些。课后我们还可以把直径不同的圆在米尺上滚动，也可以发现，圆的周长总是直径的3倍多一些。这个倍数是个固定的数，我们把它叫做圆周率。因此，圆周长=直径×圆周率。

对某些概念，教师可以不作直接阐述，而是运用谈话方式引导学生思考，分析、归纳，最后让学生自己得出结论。这样既可以训练学生的思维能力，同时也可以培养学生的表达能力。

① 孟宪恺．微格教学语与小学教学技能训练［M］．北京：北京师范大学出版社，1998：127.

（3）点拨语。点拨型讲授语，是教师为了拨正学生在听课过程中所出现的不正确的思维和观点而使用的语言。所以，教师应及时观察和了解学生的问题所在，及时而灵活地设计点拨的话语，不是把知识硬塞给学生，而是用话语创设一种认知情景，引导学生自己去解决知识的难点，达到学生茅塞顿开的教学效果。

案例2-8

一位教师在讲《冬眠》一课时，这样引导学生理解“冬眠”一词。

师：眠是什么意思？

生：是睡觉的意思。

师：冬眠呢？

生：冬眠是冬天睡觉的意思。

师：人冬天也睡觉，这是冬眠吗？

生：（知道回答有误）不是。冬眠是指动物在冬天不吃不喝，只睡觉。

师：（风趣地）“噢”，骑兵部的战马到冬天不吃不喝，睡觉了，敌人来了怎么办？

生：（笑了，知道又错了，于是补充）冬眠是指有的动物在冬天不吃不喝去睡觉。

师：这样解释就对了。冬眠是指有些动物，如青蛙、蛇在冬天不吃不喝一直睡一个冬天。看来把词理解准确是要动一番脑筋的。

3. 提问语

商务印书馆第七版《现代汉语词典》对“提问”的解释是：提出问题来问。各行业的交际活动中都会用到提问，只是由于教师的交际目的、交际过程、交际对象、交际环境都有自己的特点，特别是它作为一种教学手段，引起了人们的普遍重视。我们将教师的提问语界定为，教师经过设计后提出的或临时提出的问语，它一般要求有一定的难度，需要学生做一定的思考并回答。

在设计提问语时，教师要注意做到以下几点：第一，提问语要针对重点、难点展开。课文的重点和难点是教学的要点，教师要围绕文章的重点和难点进行有选择的提问。例如，《鸟的天堂》中，大榕树的奇特长势和百鸟飞鸣的景象是课文的两大重点，教师可以有针对性的提问；《月光曲》的联想部分，可以设置以下提问："皮鞋匠在静静地听什么？""兄妹俩听贝多芬弹钢琴，怎么会看到月光下波涛汹涌的大海？"抓住文章重点进行提问，可以帮助学生更好的理解课文意思。第二，提问语要发人深思，引人入胜。教师提问的目的不仅是要学生获得问题的答案，更重要的是训练学生的思维，提升学生的理解能力。因此，在课堂提问时，教师可以本着"跳一跳摘桃子"的原则，适当提出有深度的问题，训练学生的思维理解能力。第三，提问语要面向大众，因人而问。面向全班同学提问，是教师提问的首要出发点。只有这样才能更好地调动全体同学思考问题的积极性。但是，也要结合学生的理解能力和答问能力，有针对性地选择同学来回答，同时适时提问可以抓住学生的注意力。

提问语总体可以分为单式提问语和复式提问语。也就是说，教师提出的是单个问题还是一系列问题。其中，单式提问语又可以分为独立式提问语、解释式提问语以及铺垫式提问语，复式提问语包含较多，主要包括总分式提问语、并列式提问语以及推进式提问语[①]。

（1）独立式提问语。独立式提问语常见的标记是"怎么样？""为什么？""什么时候？""…呢？"等。例如，"凡卡的这个梦说明了什么？""人到了冬天也要睡觉，那么人是在冬眠吗？""深秋的清晨时寒冷的，为什么清洁工人却感到了春天般的温暖呢？"

（2）铺垫式提问语。下面这两个提问语都是铺垫式提问语，先交代问题产生的情境或背景，然后再提问，使问句更有指向性。"我们讨论了这篇小说的情节特点，他淡化情节，不追求曲折的故事情节，只是抓取个别的生活片段、场景来展开故事。那么这样写是不是不容易表现人物形象？我们读了小说以后，仍感到人物形象很丰满，其中又有什么奥秘？""教师问：这里的人物形象似乎同我们常见的小说中的人物形象写法不同，不同在哪里呢？"

（3）解释式提问语。解释式提问语所问的内容一般比较难，所以通常需要教师进行提示。如果教师一开始就问出比较难的问题，可能无法激发学生的求知欲望，但是如果教师进行解释和提示，那么难度就会降低，也会培养学生的综合思维能力。例如，车轮是什么形状的？如果不做成圆形，做成其

① 崔达送. 论教学提问语的类型与功能［J］. 语言文字应用，2000（4）：28.

他形状，长方形、三角形等，车轮还能滚动起来吗？

（4）总分式提问语。例如，教《守财奴》这篇课文时，教师提出了以下问题：这篇小说是怎样来刻画主要人物形象的？小说共写了几个人物？描写人物形象常用的手法有哪些？这篇小说是怎样安排情节的？这篇小说的叙述与议论的语言有什么特点？这篇小说的人物语言有什么特点？第一个问题是总问题，后面几个问题都是分问题，分问题是围绕总问题展开的。在教学中，问题设计富有层次性，教学就会有逻辑性和针对性。

（5）并列式提问语。例如，鲁迅的小说《药》，内涵丰富，思想深刻，对于社会阅历并不丰富的中学生来说，在理解上有一定的难度，于是某语文教师设计了几个小问题，按照难度大小排列，依次提问：①夏瑜是什么人？他为何被杀？②群众，包括夏瑜的母亲在内，对夏瑜的死抱什么态度？③华老拴买人血馒头说明了什么？④群众为什么对夏瑜的死抱以冷漠？⑤本文揭示了什么样的社会主题？

（6）推进式提问语。推进式提问语会设置一系列问句，每个问句之间是层层递进的关系，在问点上有步步升级的特点。这类提问语在语言形式上和其他各类提问语没有太大的区别，主要区别在于问点深度的推进上，所以改称“推进式提问语”。例如，在教《变色龙》时提出了一组问题，问题有5个：奥楚蔑洛夫的基本性格是什么？奥楚蔑洛夫“善变”的明显特征有哪些？奥楚蔑洛夫“善变”，但万变不离其宗，这“宗”是什么？是什么因素促使“变色龙”一变再变？作者为什么要塑造这个形象？这5个问题一个比一个难，教师依靠这种组合引导学生逐步向作品的主题深入，充分体现了教师较强的运用提问语的能力①。

4. 结束语

结束语又称断课语、结尾语，主要是指在一堂课教学结束时，教师引导学生对所学内容进行回顾、复习、总结、扩展和延伸的一种教学用语。在课堂教学中，教师要根据授课内容以及学生的知识水平，巧妙的设计出生动有趣而又行之有效的结束语，使课堂教学虽尽而趣无穷，从而取得良好的教学效果。

在设计结束语时，教师要注意做到以下几点：第一，结束语要突出重

① 崔达送．论教学提问语的类型与功能［J］．语言文字应用，2000（4）：31-32.

点，归纳总结。课堂结束语要紧扣教学目标，突出知识的重点和结构，针对学生掌握知识的情况，以及课堂教学情境，采用适当的方法进行归纳和强化，尤其是那些逻辑性很强的规律性知识，更要有简短的归纳和总结。第二，结束语要简明扼要，不要冗长。通常一堂课的结尾时间不长，结束语不能面面俱到，因此要求结束语简明扼要地指出课程的重难点问题，以便于学生对知识的回忆、检索和应用。第三，结束语要起到承上启下的作用。课的结束应该概况本单元或本节课的知识结构，强化重要知识、概念和规律，但同时也应该将新旧知识纳入同一认知结构为后续教学做好铺垫。因此，结束语不仅要总结前面的旧知识结构，同时也要预示新知识内容，起承上启下的作用。

结束语的设计一般要根据内容和教学目标来确定，因此教师针对不同的情况，可以选择不同的结束语。结束语一般分为悬念式结束语、游戏式结束语、想象式结束语以及归纳总结式结束语。

（1）悬念式结束语。悬念式结束语，可以造成学生渴望的心理状态，激发学生的学习兴趣，使教学紧紧扣住学生心弦，启发学生积极思考，从而提高教学效率。如果学生的思维不活跃，没有强烈的求知欲望，即使受到有关信息刺激，也不可能迸发学习热情。因此，教师在一堂课结束的时候，巧妙地设计一个有一定难度，但经过努力又能解开的“谜团”，从而引起学生的高度注意，启发积极思维，帮助学生开拓思路，培养学生良好的心理品质和思维品质。

案例2-9

学完《十里长街送总理》“忆总理”一节后，教师用饱满的激情、感人的语言说道：“周恩来同志为了中国人民的解放事业，鞠躬尽瘁，无私地奉献出自己的一切，我们永远怀念他。”接着，放录音诗朗诵《周总理，您在哪里？》那感人肺腑的诗句又一次打动了学生的心，此时学生的感情与作者发生共鸣，沉浸在无比的热爱与崇敬之中。下课了，同学们还围着老师要求再听一遍。最后老师说：“下节课我们将学习‘追灵车’的感人场面。”①

① 左树申，牛儒英．语文课堂教学既要“虎头”又要“凤尾”[J]．学科教学探索（小学版），2007(5)：28.

这样的结束语，不仅再次激起学生的学习热情，强化课文中心，而且能使下节课的教学很快进入轨道。富有悬念的结束语，常常能使学生对下节课的学习充满期待。

（2）游戏式结束语。例如，教《你们想错了》一文时，当课结束时，以教室为舞台，以课文内容为剧本，教师指导学生根据课文内容进行表演。学生在自导自演的过程中，加深理解了方志敏同志与敌人针锋相对作斗争，勇敢无畏的革命精神，受到了深刻的革命传统教育。角色扮演游戏是教学中经常会运用到的一种教学游戏。这样结课，既使学生在扮演不同人物的过程中入情悟理，深化对课文的理解，进一步掌握新知，同时又训练了学生们的表演能力。

（3）想象式结束语。例如，讲《穷人》一课时，教师可以这样设计结束语："渔夫和桑娜是如何将两个孩子拉扯大的？孩子们长大后，知道了自己的身世，他们将如何报答渔夫一家呢？"通过引导学生展开想象，加深了对课文的理解，课堂气氛又出现了高潮。这样的结束语会使学生永远记忆犹新。[①]因此，教师要抓住学生的兴趣点和教学内容指导复习，使学生的认识能力和学习兴趣一起向知识的深度和广度迁移，引发学生的广泛兴趣，提高教学效果。

（4）归纳总结式结束语。例如，数学教师在教学《分数的基本性质》时，可以运用归纳总结式结束语。这节课，我们学习了分数的基本性质，即分数的分子和分母都乘以或除以相同的数（0除外），分数的大小不变，这是学习分数及其有关知识的重要基础。我们在学习数学知识的同时，还学会了一种观察事物、分析问题的方法，这就使我们在变化的数学现象中看到了不变的实质。这种结束语，对全课的内容进行了概括和总结，在使用这种结束语时，要注意逻辑清晰，有理有据，概念准确，语句有条理。

三、教育口语

（一）教育口语的内涵和特点

教育口语是指教师在长期的教育实践中产生，在良好的一般口语的基础上形成，符合教育规律，适应教育对象心理特征、语言发展及认识规律，富

① 温兴梅．巧设结束语课末存趣味[J]．安阳师范学院学报，2001（3）：61-62.

有时代气息的从事教育活动的专门语言。它包括教师在报告、讲解、讲演、即兴讲话、个别谈话、评论、辩论等场合所使用的口语[①]。

教育口语具有真诚、动情、切境、适度等四个特点。真诚是教育口语的灵魂，“诚于中而形于外”是教育口语的基本形式。情感是教育口语的力量所在，包含热情的教育口语能够起到很好的教育作用。教育口语是在一定的语境中使用的，必然受到特定语境的制约和推动，如果教师能够很好地运用语境所具有的规定性功能和创造性功能，就能最大限度的提高教育口语的交际效用。适度主要是指教育口语要把握好尺度和火候，教师在运用教育口语时要掌握好角色定位、是非对错以及分寸感。

(二)教育口语的类型

1.沟通语

沟通语是在某种特定环境下，教育者为争取受教育者认同自己观点而使用的一种言语技巧。运用沟通语要注意：

（1）要尊重学生，创造自由宽松的谈话氛围。相互理解和尊重是沟通的前提，教师与学生进行沟通时，要注意避免以居高临下的姿态对待学生，试图以此维持教师权威。实际上，这样做只会增加与学生之间的距离。因此，沟通语要以尊重学生为前提，师生之间应该在宽松自由的环境中才能更好地交流。

（2）要学会倾听，创造积极交流的沟通情境。倾听是一种有效的沟通技巧，如果教师使用某种方式使学生能感觉到教师对他的理解和接受，则会使沟通顺畅，学生也会主观上愿意与教师沟通。因此，学会倾听是创设积极交流的沟通情境的最佳方法。

（3）要适时认同，创造有效沟通的心理情境。如果说倾听是运用沟通语时应有的态度，尊重是运用沟通语的必要前提，那么认同则是运用沟通语的关键技巧。只有适时认同，师生之间才能建立起真正的个人化、人性化的心灵互动。

① 李鹰，教师教育口语运用的艺术[J]，菏泽师专学报，1996（3）：76.

案例 2-10

某男同学追星，并违反校规，留了与明星一样的长发，甚至为听其演唱会逃课。为此，老师很不能理解，决定与其谈话。

师：×××，你喜欢这位明星？

生：是的，老师，他长得可帅了！

师：帅什么呀，你看他那头发，男不男女不女，唱歌满场子跳来蹦去，简直像个耍猴的！

生：……（迎合性地笑且无语）

师：快提高一下你的审美吧，明天最好把头发理短了！

生佯装答应，第二天没有任何变化。

通过对话，老师想让学生接受自己的观点，摒弃盲目追星，但效果甚微。我们不难发现，老师与其说是与学生沟通，不如说是横加干涉，把自己的观点和意志强加给学生，让学生无条件接受，那学生也只能选择沉默并依然如故了。

案例 2-11①

一张分工表

放学后一会儿，小明来到老师办公室。他气呼呼地说："老师，黑板报办不好了，我不想干了。"老师问："不能及时出好，你觉得很着急吗？"小明回答道："对，我从下午一直忙到现在，他们倒好，全跑了。"老师说："你做了很多事，觉得委屈吗？"小明辩解道："不是的。我只是觉得大家分工去做才会有效率。"老师问："你觉得应该把各自的任务明确下来？"小明回答道："是的，王伟负责画线，刘航负责写粉笔字，我来负责设计版面。"老师点了点头。小明接着说："可是，大家总是希望别人先动手，要是有一张责任分工表就好了，每个人都知道哪些是自己的任务，反正迟早都得干，大家就会抢着干了。"老师"唔"了一声，露出赞许的表情，小明兴奋地说："我今晚就把表画出来，明天拿给您看好吗？"老师肯定地说："好的。"

① 张丽萍．"积极聆听"在师生沟通中的作用——师生沟通技巧谈[J]，中小学教师培训，2000（10）：57.

上例中，教师非常重视倾听学生的谈话和意见，积极认同学生的感受，这就使学生能够感受到教师的关心和理解，从而可以直接地表达自己的想法，使师生之间的沟通较为顺畅。在整个沟通过程中，教师并没有急于表达自己的意见，而是通过“三个觉得”表达了对学生话语的理解，体现了对学生的认同。

2.说服语

说服语，是指教师通过摆事实、讲道理的方式，指导学生认识自己的错误，改正缺点，从而起到自我教育目的的语言。运用说服语要注意：

（1）要分析说服的对象。教师在运用说服语之前要了解说服对象的情况，不能知人，难以说服。根据不同对象的年龄、心理、个性的差异，采用不同的说服方式，使用不同的说服语，这样可以大大提高说服语的力量。

（2）要找到说服者和被说服者心理相通点。说服，首先要消除对方的心理焦虑、恐慌戒备以及紧张等情绪。其次，要想创造良好的说服环境，使说服者和被说服者之间能够达成心理契约，找到心理相通点。

（3）要诚恳的进行说服。以诚相待是说服工作的首要前提，因此在运用说服语时要让被说服者感受到诚恳的态度。

案例2-12①

学生会组织仪表检查。集会上，一个学生干部和一女生大吵起来。旁边一位年长的老师走过去制止了吵架，把这个女生带到了办公室。

师：（让学生坐下）怎么在那么多人的地方吵起来了？

生：他当众损我，说我化妆臭美。

师：你为什么要化妆呢？

生：化点妆仪表会好看些。

师：（摸着自己的半秃脑袋）爱美之心人皆有之，我也常想，如果我戴上一头乌黑油光的假发，再来一套皮尔卡丹，一定很帅气。

生：（噗嗤一声轻笑）……

师：你笑什么呢？不比现在好看吗？

生：那您一定是怪怪的，您不会这样做。

---

① 娄志校．教师口语训练[M]．北京：华语教学出版社，1998：204．

师：为什么呢？

生：因为您是老师，我们都喜欢您现在的样子。

师：这话有道理。一个人美不美不能只看外表，要看他有没有真才实学。如果一个人专心打扮，腹内空空，只能是东施效颦。再说打扮也要看身份，老师不打扮受师德要求的约束，你化妆只想到仪表好看些，没有想到中学生行为规范的要求。

生：（惭愧地）是我错了？……

师：近来我几次发现你都化了淡妆，这不好。一个学生把精力分散到穿着打扮上就会影响学习，你近来的作业也差了，是吗？

生：是的，老师，我从现在起一定改正。

3.表扬语

表扬语，是教师对学生进行肯定、褒奖、表扬时运用的语言，是对学生进行正面教育的评议性语言。恰当地使用表扬语，可以提高学生辨别是非的能力，能够满足学生被尊重、被肯定的心理需要，使学生树立自尊心和自信心，以及积极向上、不断进取的人生观。运用表扬语要注意：

（1）表扬语要中肯和恰如其分。学生一般具有较强的自尊心，渴望得到教师的表扬，恰如其分和语气中肯的表扬语可以强化学生的学习动机，刺激学生积极学习，过分夸张的表扬不但不能起到教育作用，反而对学生产生负面影响。因此，在运用表扬语时要注意分寸，表扬不是吹捧，不能为表扬学生而表扬学生，更不能因为一件小事而过分夸大表扬。

（2）表扬语要针对学生行为的过程而非单纯表扬行为的结果。表扬语本身具有教育性，对学生有一定的教育作用。因此，使用表扬语不仅要给予学生表扬，还要让学生从中受到教育，这才是表扬的真正目的所在。在表扬学生时，不仅要关注学生行为结果，更要肯定学生的行为过程。

（3）表扬语尽量避免单一和重复。表扬要因人而异，因事而异。表扬的方式也可以分为多种，当面表扬或背后表扬，口头表扬或书面表扬，个人表扬或集体表扬，点名表扬或点事表扬等[①]。

① 娄志校．教师口语训练[M]．北京：华语教学出版社，1998：207.

案例2-13[①]

（一位胆小的女生艰难地把一段课文小声地读完了。）

教师：你平时不太习惯站起来朗读，是吗？

学生：（点点低垂的头）嗯！

教师：你今天有勇气站起来把它读完，这真让我高兴！

学生：（微微抬头，看老师一眼）嗯！

教师：（亲切地拍拍孩子的肩膀）我为这勇敢的一试，向你致谢！

4. 批评语

批评语是对学生的不良行为做出否定性评价的语言，它的目的是引起学生的警觉，自觉地改正缺点和错误，规范行为。运用批评语要注意：

（1）批评语应该灵活多变，忌千篇一律。教育对象因年龄和认知结构、家庭背景、社会环境等诸多方面的影响，性格特征与个性心理等方面也就存在差异，个人的行为方式与待人处世的态度也不尽相同。因此，教师要细心体察，发现学生的性格倾向，在全面、系统、准确了解学生性格特征的基础上，在维护学生自尊和人格的前提下，应用灵活多变的批评语与和蔼的态度，推心置腹地与学生平等对话，真正做到"一把钥匙开一把锁"，使教育对象从思想上充分认识自己的错误与不足。

（2）批评语应该言简意赅，忌冗长啰唆。教师批评学生不在话多，而在于言简意赅，使学生能在短时间内获得较多的信息，一语中的。教师啰唆冗长的语言，不但会偏离教育主题，还会使学生腻烦，起不到应有的教育效果。同时，教师在批评学生时应该就事论事，着力解决眼前的问题。

（3）批评语应该留有余地，忌用绝对词语。教师在运用批评语时，应该避免对学生使用绝对的词语，一方面如果无法兑现会将自己推向两难境地，另一方面也会挫伤学生的自尊心和自信心。因此，教师应该多使用建议性的语言，让学生能够明白错误所在，并给学生指出改正的方向[②]。

---

① 曹爱卫．超越表扬和奖励[J]．教学与管理，2003（2）：22-23.

② 范中华，冯玉亮．班主任应如何讲好批评语[J]．现代教育，2011（5）：28.

案例2-14

有位老师上课时发现有两位学生趴在桌上打瞌睡，他先将这两位学生叫醒，然后为大家讲了一个小故事："听说有一只企鹅，在跟它的师傅学垒巢时，总是爱把头和脖子贴到地面上待一会儿。它师傅问：'你这是什么意思？'小企鹅回答：'我这是对师傅的礼貌。'由此我深受启发，有的同学上课不注意听课，总是喜欢把头贴在桌子上，可能这也是对老师的礼貌吧？"老师说完，全班同学哄堂大笑，两位瞌睡的同学满脸羞愧，从此上课再也不打瞌睡了。老师借寓言故事，委婉含蓄，旁敲侧击，话中有话，让学生领悟教师的批评，收到了很好的效果。

5. 启迪语

启迪语，是指教师运用多种口语形式，如对话、谈心、发言、报告等，给学生以开导和指引，启发学生积极地思考问题。运用启迪语要注意：

（1）启迪语要能引导学生积极独立地思考问题，把教师所讲的知识转化为自己的认识，从而达到自我教育的目的。在启迪学生时，要注意了解学生的思想、情感、心态，因势利导。

（2）启迪语要热情诚恳。教师要创造良好的交流环境，用真诚、热情的话语对学生进行耐心的指导，启迪语调要缓和、循循善诱，使学生感受到教师的热情和真诚①。

案例2-15

文明班奖状该不该领

过节前，学生情绪有点不稳定，有些课上出现了问题。正好学校通知：明天领取区文明班奖状。黄老师临时召开了班会。

黄老师问："明天我们该不该上台领奖状啊？"

学生议论开了。大多数学生认为该去领，有几个坚持不能去领。班主任请他们各自陈述了理由。前后共有十几个人发言，议论很热烈，也讲得很有道理。最后黄老师总结说："我看同学们说得都很有道理，也都能实事求是。既看到成绩，也说出不足，我想大家还是十分珍惜荣誉的。大家都愿意咱们班确实无愧于这光

① 张丽珍，袁蕾，何文征．教师口语[M]．北京：中国书籍出版社，1997：331-333.

荣称号，不领这个奖我有点儿舍不得。我看咱们还是请班长把它领回来好吧!"群情激动了，"……我们把它挂在前面，随时提醒我们创建一个名副其实的区文明班。"

学生们忍不住鼓起掌来，因为黄老师的话代表了他们的心声。他们拥护这样的决定，没费黄老师更多的口舌，会后班里又有了明显的进步。

第二节 口语技能训练的基本目标及策略

一、口语技能训练的基本目标

（1）语言规范，吐字清晰。

（2）掌握停连、重音、语气、语调和节奏等朗读技巧，并能够运用一定的朗读技巧处理作品。

（3）通过运用复述、讲故事等口语表达形式的训练，提高教师说话能力。

二、口语技能训练的策略

（一）发声技能训练

1.吸气练习

（1）深呼吸练习。仰卧床上，双肩自然并拢，体会呼吸状态。吸气，数"一"；呼气，数"一"；吸气，数"一"；呼气，数"一、二"；吸气，数"一"；呼气，数"一、二、三"……

（2）闻花香练习。站立，胸部自然挺起，两肩自然下垂，小腹微收，从容地如闻花香一样吸气，感觉两肋渐开，气吸进肺底，腰带周围胀满；控制一两秒钟，再缓缓呼出；反复做。

（3）急吸气练习。体会用力抬起一件笨重物体之前，先要憋住一口气的感觉（如举重运动员举重前），气息自然下沉，腹肌收缩，腰带周围有胀满的感觉。

（4）半打哈欠练习。不完全张大嘴巴打哈欠，体会进气最后一刻的感觉，腰带周围也有明显的胀满的感觉。

2.呼气训练

（1）模拟练习。模仿吹桌面上的灰尘，模仿撮起双唇吹响空瓶。气息要均匀而缓慢的流出，呼气时间逐渐延长，达到25～30秒为合格。

（2）数数字练习。一口气从1数到30，声音要规整、圆润，不感到挤压、力竭。

（3）数葫芦练习。边呼气边说“一口气数不了十个葫芦，一个葫芦，两个葫芦，三个葫芦……”一口气能数到25个葫芦为合格。

（4）喊人练习。想象喊80～100米的熟人“小——强——”“小——光——”由远渐近，由近渐远喊名字，由实声较多到逐渐加大回声，并且带有感情色彩喊，使情、气、声自然地融为一体。

（5）齿缝放气。慢慢吸好气后，蓄气、保持气息片刻，嘴微张开，上下开一点小缝，发出“呲——”声；要细要匀，坚持用一口气，或用耳语声音数数，记录延续的时间；气快用完时，要自然放松，不要紧张，这样可使呼气的控制力量大大增强。

3.有控制的胸腹联合呼吸训练

（1）快吸慢呼练习。突然发现远处来了一个人，是多年不见的老朋友，惊喜万分，急吸一口气，停住，然后缓缓呼出。吸气时两肋突然张开，重复做此项练习，要逐渐延长呼气时间。

（2）补气练习。快速吸气，呼气5～6秒后补气，收小腹，口鼻进气，两肋张开，反复十几次。

4.吐字归音练习

（1）弹舌。舌尖上翘，以较快速度来回弹上齿下缘。

（2）刮舌。先将舌尖抵下齿背，上齿缘接触舌叶，然后舌前部逐渐挺起，上齿缘沿舌的中纵线向后刮，口腔好像被撑开，直至不能再张大。

（3）伸卷。将舌头用力伸出口外，使舌前端呈尖形，向上卷回。

（4）舌左右立。舌在口内翻动90°，使左边缘向上立起，再反方向翻动180°，使右边缘向上立起。

（5）发音。用短促的声音反复读音节di……da……

（6）绕口令。例如：调到敌岛打特盗，特盗太刁投短刀，挡推顶打短刀掉，踏盗得刀盗打倒。

（二）朗读技能训练

1.停连

停连，是指朗读语流中声音的中断和延续[①]。停连包括两个方面，停是停顿，连是连接，朗读中的停连，主要包括语法停连和强调停连两类。

（1）语法停连。①主语与谓语之间的停连。例如，美国/友人，大学/教授杰克先生应邀来我院讲学；山/朗润起来了，水/涨起来了，太阳的脸/红起来了；桂林的山/真奇呀，一座座/拔地而起，各不相连，像老人，像巨象，像骆驼，奇峰罗列，形态万千。②谓语和宾语之间的停连。例如，我知道/太阳要从那天际升起来了；户外活动回来，天天跑进/教室，碰到了/桌子上的玩具。这也许是/我一直保持了/放牛时那颗欢乐的心灵的缘故。③定语、状语、补语即中心词之间的停连。例如，去年夏天的一个中午/我去书店；从中传出笛儿般/又细又亮的叫声，就格外/轻松自在了。

（2）强调停连。强调停连是为了突出某个语意或强调某种情感而做的停连，这种停连可以在不是语法停连的地方做适当停顿，也可以在语法停连的基础上变动停顿的时间。例如，一切/都像刚睡醒的样子，欣欣然张开了眼；这是我/最后一次/给你们上课了。

（3）停连的一般规律。首先，停连必须依据作品的内容和情感表达来安排，不能毫无根据的胡乱停连。其次，表达感情凝重深沉的作品时，停多连少；表达感情欢快急切时，连多停少。最后，停顿的时间长，表示停顿前后词语的组合关系较松动；停顿的时间短，则表示停顿前后词语的组合关系较紧密。

2.重音

重音，是指在朗读中根据句子的语意强调或突出的字、词、短语等。重音一般通过增加声音强度，延续声音的音长来实现。重音分为两类：语法重音和强调重音。

（1）语法重音。①突出主语。例如，晚饭过后，火烧云/上来了；谁/能把花生的好处说出来？②突出谓语。例如，在星的怀抱中/我微笑着，我沉睡着；却见它们可爱的鲜红小嘴儿/从绿叶中伸出来。③突出宾语。例如，离我

---

① 张颂．朗读学[M]．北京：北京广播学院出版社，1999：161．

家仅一箭之遥的小沙坡旁，有一个早已被废弃的采石场；她的名字/叫翁香玉。

（2）强调重音。例如，海上的夜是柔和的，是静寂的，是梦幻的；我怎么会把您喝的水/弄脏呢？您/站在上游，水/是从您那儿/流到我这儿来的，不是从我这儿/流到您那儿去的。

3. 语气

语气，既是指通过声音表现出来的语句，也指朗读时支撑有声语言的气息状态。在朗读中，声音受气息支配，气息由感情决定，而感情的抒发又受到朗读目的和语境的影响，它们是相辅相成、互相制约的。

案例2-16[①]

乌鸦喝水

一只乌鸦口渴了，到处找水喝。

乌鸦看见一个瓶子，瓶子里有水，可是瓶子很高，口又小，它喝不着，怎么办呢？

乌鸦看见旁边有许多小石子，它想出办法了。

乌鸦把小石子一个一个地衔起来，放到瓶子里，瓶子里的水慢慢升高了，乌鸦就喝着水了。

这段话讲述了乌鸦从喝不到瓶子里的水，到最后通过小石子将瓶里的水升高，从而喝到水的故事。在朗读时，前面要用低沉的气息来朗读，表现出对于乌鸦喝不到水的遗憾；但是到后半段，朗读乌鸦成功喝到水的时候，气息要饱满，表现出高兴的语气。

语气运用的一般规律：喜的感情气满声高，悲的感情气沉声缓，爱的感情气缓声柔，憎的感情气足声硬，急的感情气短声促，冷的感情气少声平，怒的感情气粗声重，疑的感情气细声黏，惧的感情气提声凝，静的感情气舒声平[②]。

4. 节奏

节奏是指自然界、社会和人的活动中一种与韵律结伴而行的有规律的突

① 人民教育出版社中学语文室．听话和说话（第一册）[M]．北京：人民教育出版社，1985：239.

② 钱维亚．幼儿教师口语[M]．北京：高等教育出版社，2008：37.

变。纷繁复杂的感情色彩会导致预留不同的节奏和速度，如急躁、喜悦、狂欢或惊慌之时，内心的节奏是强烈的，语速就相对快一些，而沉思、忧虑、想念之时，内心节奏会相对缓慢一些，语速也会相对慢一些。

节奏的类型主要分为：轻快型、紧张型、低沉型、高亢型、舒缓型、凝重型等。朗读中运用节奏不是一成不变的，要根据作品的内容、特点以及感情的起伏状态，在理解作品的基础上，正确把握朗读的节奏和语速。

案例2-17①

海终于愤怒了。它咆哮着，猛烈地冲向岸边袭击过来，冲进了岩石的罅隙中，又拨刺着岩石的壁垒。

音响就越大了。战鼓声，金锣声，呐喊声，号叫声，啼哭声，马蹄声，车轮声，机翼声，掺杂在一起，像千军万马混战了起来。

《听潮》中在描述海水的咆哮声响时运用了极具冲击力的语言形式，作品朗读的节奏应该属于紧张型，其基本语气是多扬少抑，多连少停，语流的速度逐渐加快，音节短促，语气急促、紧张。

（三）说话技能训练

说话是人类运用语言进行交际的重要方式。说话的过程包含了从内部语言向外部语言转化的复杂过程，在这个过程中，人的生理、心理、思维、语言等一系列活动都参与其中。说话能力包括三个方面：第一，组织内部语言能力，即思考“为什么要说？”“说什么？”以及“如何说？”；第二，快速的语言编码能力，即把内部语言扩展为一定的词语句式表达出来；第三，运用语言表情达意的能力，即通过发音器官将内部语言变成外部语言的过程。

1. 说话的基本规律

说话能力的强弱是综合能力的体现，我们说话时会面临用什么表达方式的问题，因为说话是一种即兴表达，需要在极短的时间内从大量同义说法中迅速、准确地做出最佳的选择，而不像书面语可以经过推敲和思考后来确定。因此，说话水平的高低，在很大程度上取决于这种选择是否合适。说话

① 钱维亚．幼儿教师口语[M]．北京：高等教育出版社，2008：44.

时，要遵循两个基本规律，一是要适应语境，二是要切合语体①。

案例 2-18②

曾有这样一则民间笑话，说的是主人公在家宴请客人，准备了丰盛的饭菜，约定时间已过，只来了两位客人。主人很着急地说："怎么该来的还不来。"一位客人听到这话，马上起身告辞："对不起，我还有点事儿，失陪了。"这位客人走后，主人更着急了，忙说："这怎么说？不该走的又走了！"剩下的一位客人听了多心，以为主人是说自己该走却赖在这里不走，于是，说声"我该走了"，便拂袖而去。就因为主人这两句不得体的话把客人全都撵走了。

2. 不同形式的说话训练

（1）复述。复述又为重述，是指教师在理解和记忆的基础上，把听到和看到的语言材料，用自己的语言有层次、有条理、有感情地重现给学生的一种说话形式。复述可以分为：概要复述、详细复述以及扩展复述三种类型。

案例 2-19

将《找骆驼》一文进行概要复述和详细复述，分别为：

概要复述：从前一个商人走失了一头骆驼，通过向老人家描述骆驼的体貌特征，最终找到了这头骆驼。

详细复述：从前，有个商人，无意中走失了骆驼，他找了很多地方都没有找到。正在他一筹莫展之时，正巧，他碰到了一位老人家。他问老人家："您看到一头骆驼了吗？"老人家问："是不是那只骆驼左脚有点跛？"商人回答："是的。"老人接着问："是不是缺了一颗牙齿？"商人回答："是的"。商人以为老人知道了骆驼的去向，忙问："您知道它去哪了吗？"老人说："我可不知道。但是我刚看见路上有只骆驼是这样的特征，你应该顺着它的脚印去找呀！"于是，商人听了老人的指点，最终找到了骆驼。

（2）讲故事。讲故事是语言活动中最富艺术色彩的口语形式。讲故事要

① 钱维亚．幼儿教师口语[M]．北京：高等教育出版社，2008：81.

② 钱维亚．幼儿教师口语[M]．北京：高等教育出版社，2008：81-82.

求“绘声绘色”，因此教师不仅要将故事的内容全部呈现出来，还要运用手势、眼神、表情和动作来配合。讲故事首先要选择那些思想观点正确、内容健康的好故事。讲故事不是背诵故事，也不是朗读故事，而是要灵活运用语言，体会听众的思想感情；为了生动讲述，还可以添加身势语、模仿各种声音，引起听众的联想与想象，给听众如见其人、如闻其声、如临其境的感觉。

问题思考与讨论

1. 什么是普通话？

2. 什么是语音？语音有哪几个性质？

3. 语音的物理性质中有哪四个要素？

4. 什么是教学口语？教学口语的内涵和特点是什么？

5. 什么是教育口语？教育口语有哪几种类型？

6. 请仔细体会下面语文教师在教学《雪地里的小画家》时所引用的导入语，并分析其运用了哪种导入语，有什么好处？

师：小朋友们好！现在我们来做一个小游戏。小朋友们画画的时候，要用到笔和颜料，但是老师可以既不用笔也不用颜料，也能画出美丽的图画来。不信，你们瞧——（教师在一涂满白粉笔的黑板上拍出一个手印）

师：你们看，我画的是什么呀？

生：是手印。

师：我呀，画的是一只鸽子。这（大拇指印儿）是鸽子的头，这（四指并拢的地方）是鸽子的翅膀，你们看，像不像？

生：像，我也来画。

师：大家画得可真棒呀，我送给大家一个词——（板书：小画家）请大家读出来，并自豪地说：“我是小画家。”

师：小画家们，冬天来了，冬爷爷是个魔术师，他“呼”地一吹，漫天飘起了雪花，大地都变白了，就像地上铺上了一层地毯，在这美丽的雪地里，来了几位小画家，它们是——（板书：雪地里的小画家），（生读：雪地里的小画家）

7. 朗读下面例子中的教师的说服语，你认为丽丽能被老师说服吗？

低年级女生丽丽患有胃痛病，经过治疗好转后，家长只要让她上学，她就喊痛，家长发现丽丽有时是真痛，有时是假痛。

老师见到丽丽，轻轻地把她拉到自己跟前，关切地问："丽丽，你是哪里痛啊？"丽丽指指自己的胃，老师抚摸着她的胃说："现在还痛不痛呀？"丽丽看着老师微笑的脸庞腼腆地说："现在不痛了！"老师说："现在不痛了，说明你的病有好转，老师真为你感到高兴，我想你一个月来一个人待在家里，多没意思啊！来学校多好，能和许多小伙伴一起学习，一起玩耍，我看你不痛的时候还是来上学吧，上课时痛起来，就马上告诉我，我让你到我办公室休息，如果你痛得坚持不了，我就马上打电话给你父母来接你回家，你看怎么样？"

8. 下面是孙敬修爷爷的一则教育故事，请你有感情地读一读，然后谈谈孙敬修爷爷是怎么对小朋友进行批评教育的，这种方法有什么好处？

我在听小树的哭声

有一次，教育家孙敬修爷爷看到几个小朋友在折树枝，他便走到他们身边，弯下腰将耳朵贴在树枝上认真聆听。孩子们好奇地问："爷爷，您在听什么？"孙爷爷说："我在听小树的哭声。"孩子们更加奇怪了："小树也会哭吗？""是啊，你们折它的胳膊，它当然要哭了，它还说，它和伙伴们绿化了我们的城市，长大后为建设祖国服务，好孩子都应当爱护它们。"孩子们听了以后，脸红了。后来他们主动组织起护林小组。

9. 什么是停连？停连的一般规律是什么？

10. 什么是说话？说话能力包括哪几个方面？

11. 说话要遵循哪两个基本规律？

12. 什么是复述？复述一般包括哪几种类型？

阅读指南

1. 北京广播学院播音系学术委员会，《中国播音学》编辑委员会. 中国播音学[M]. 北京：北京广播学院出版社，1994.

2. 杜青. 普通话语音学教程[M]. 北京：中国广播电视出版社，1999.

3. 林焘，王理嘉. 语音学教程[M]. 北京：北京大学出版社，1992.

4. 林焘. 林焘语言学论文集[M]. 北京：商务印书馆，2001.

5. 刘伶，黄智显. 陈秀琳. 语言学概要[M]. 北京：北京师范大学出版社，1996.

6. 刘照雄. 普通话水平测试大纲[M]. 长春：吉林人民出版社，1994.

7. 胡裕树. 现代汉语（增订本）[M]. 上海：上海教育出版社，1984.

8. 黄伯荣,廖序东.现代汉语修订本(上册)[M].兰州:甘肃人民出版社,1988.

9.《普通话水平测试指导》编写组.普通话水平测试指导[M].广州:广东经济出版社,2001.

10. 宋欣桥.普通话语音训练教程[M].北京:商务印书馆,2004.

11. 吴洁敏.新编普通话教程[M].杭州:浙江大学出版社,2001.

12. 徐恒.播音发声学[M].北京:北京广播学院出版社,1985.

13. 徐世荣.普通话语音知识[M].北京:文字改革出版社,1980.

14. 赵杰.汉语语言学[M].北京:朝华出版社,2001.

15. 周殿福,艺术语言发声基础[M].北京:中国社会科学出版社,1985.

第三章　教师书写技能

学习目标

了解教师书写技能的基本内容，包括毛笔字、钢笔字、粉笔字对教师的意义，各自的特点及相互关系；了解汉字的规范标准及其意义；领会汉字书写训练要求，并进行有计划、有目的地训练，努力让自己的书写水平达到合格的要求；在学校教学活动中，能够熟练进行板书。

汉字和以汉字为载体的中国书法是中华民族的文化瑰宝，是人类文明的宝贵财富。在国民教育和文化传承中，汉字书写和书法教学是基本内容之一。作为教师，书写技能是基本功，写一笔规范、美观的汉字是基本素质和基本要求。良好的书写技能既有利于教师教学展示，也是进行书写教学和书法文化传承的需要。一笔好字、规范漂亮的板书，不仅可以展示教师的文化素养，赢得学生的尊敬和信任，而且还是一门隐性课程，成为学生模仿的对象和内容，促进学生书写能力的提高。作为一项技能，汉字书写需要进行专门训练。书写技能训练需要遵循一定的书写原则，采用有效的方法。

第一节　教师书写概述

一、汉字的规范标准与意义

（一）汉字的规范标准

我国是一个多民族、多语言、多文种的国家，有56个民族，共有80种以上语言，约30种文字。汉语是我国使用人数最多的语言，也是世界上使用人数最多的语言。汉字是记录汉语的文字，是汉民族共同使用的文字，也是全国各少数民族通用的文字。自20世纪50年代以来，国家对现行汉字进行整理和简化，制定公布了《第一批异体字整理表》《汉字简化方案》《简化字总表》《现代汉语常用字表》《现代汉语通用字表》等标准。2000年10月31日颁布的《中华人民共和国国家通用语言文字法》（以下简称《国家通用语言文字法》）确定规范汉字为国家通用文字。汉字是信息传播的主要工具，是中国文化得以传承的重要载体，是中国文化的重要组成部分。在中国的历史长河中，汉字经历各种书体演变之后，在唐朝逐渐走向成熟，为北宋方块活字印刷奠定了基础。新中国成立之后，汉字书写逐渐走向规范化。

汉字已有近6 000年的历史，我们现今使用的汉字是从古文字逐渐演变而来。规范汉字是指经过整理简化的字和未经整理简化的传承字。汉字的规范就是统一汉字的形体标准。每一种文字都有统一的形体标准，这就是正字法。正字法是指汉字的形体标准的使用规范，即使用文字的规范，也是汉字规范化的结果。汉字规范的标准有：①简化字。以1986年10月经国务院批准重新发表的《简化字总表》为准（该表共收简化字2 235个）。②异体字中的选用字。以1955年12月文化部和中国文字改革委员会联合发布的《第一批异体字整理表》为准（该表实际淘汰异体字1 027个）。③字形以1988年3月国家语委和新闻出版总署联合发布的《现代汉语通用字表》为准（该表共收字7 000个）。推行规范汉字是国家的一项语言文字政策。有关汉字的各项规范标准都是由政府部门批准发布的，因此每一个使用汉字的人都应遵照使用。

（二）汉字规范标准的意义

（1）交际的需要。从文字的基本功能看，它是记录语言的书写符号，是传递信息、表达思想的交流工具，供全社会使用，因此必须有一个共同遵守的标准。汉字规范化是提高文字的社会交际作用，是推进社会发展和进步的一种有效手段。用字规范可以使信息传播不会产生人为的障碍，可以加强交流，提高工作效率，加快社会生活的节奏；用字混乱，必然削弱文字的基本功能，妨碍工作及社会的正常发展。因此，文字规范化是实现文字交流功能的必要保证。

（2）落实《国家通用语言文字法》的重要保障。2001年起实施的《国家通用语言文字法》已将语言文字规范化、标准化工作纳入法制轨道。实施《国家通用语言文字法》，需要加强国民的语言文字规范意识，提高社会的语言文字规范水平和人们的语言文字应用能力，需要有一整套科学、适用的通用语言文字的规范标准。

（3）信息化发展的迫切要求。文字作为信息的主要载体，其规范化、标准化程度，语言文字信息处理的规范与标准，直接关系国家的信息化水平，进而影响我国在国际上的竞争力。规范汉字标准，既是汉字自身发展的需要，也是社会发展和信息化发展的必然要求。

二、规范汉字的书写与“三笔字”教学

书写规范汉字与“三笔字”教学是为了准确地辨认和书写规范汉字，提高汉字的书写技能，学习和掌握汉字的笔画、结构和笔顺的基础知识。

（一）“三笔字”的含义

“三笔字”是研究规范毛笔、钢笔（包括圆珠笔）、粉笔三种常用工具的书写方法和书写技能。

中国的书法艺术经过几千年的变化发展，各种书体，各种风格、流派琳琅满目，令人目不暇接，由于学习时间有限，我们不可能面面俱到。所以，我们必须确定最基本的内容和要求，寻找符合教师特点，以实用为主，并在较短时间内具有一定效果的途径和方法。

1.毛笔字

毛笔一般以禽、兽的毛（亦称毫）制成。毫的种类很多，有鬃毛、紫毫、狼毫、羊毫、鸡毫、鼠须等。为了调和毛笔的笔性，又有软硬毫相兼的笔，兼称毫笔，常见的有七紫（兔毛）三羊（山羊毛）毫、三紫七羊毫、五紫五羊毫等。通俗分法是大楷笔、中楷笔、小楷笔，或以序号分等。笔毫有长短，所以又分长锋笔和短锋笔。

根据书法家总结的经验，初学书法以羊毫笔最为适宜。因为羊毫笔质软，按下去之后如果没有腕力是很难提起来的，这就要求初学者在练写字的时候一定要加强自已腕力的锻炼。硬毫本身有弹性、按下去之后可以自动弹回，如果使用硬毫则起不到初学练腕的作用。

初学应如何选择好毛笔呢？明代文学家屠隆说：“制笔之法，以尖、齐、

圆、健为四德。”①尖，指笔锋尖。只有笔锋尖，才能写出线条粗细变化，用笔才能有藏有露。笔不尖，便成秃笔，难于提。②齐，即把笔锋铺开，笔尖要齐整如排。只有笔毛齐平，才能写出圆韵的点画。假如笔毛不齐，便成“破锋”，写时笔毛四处张开，容易分叉。③圆，指毛笔舔尖之后，笔毛呈圆锥形，毛笔的外表面光滑无凹凸感。低劣的毛笔，用不了几天，笔腹就空了，成了笔根粗，笔腹、笔尖瘦尖的形状，这样的毛笔写时铺不开，或发叉，或铺开后像扫帚一样收不拢，主要原因是做工差、毛质低劣。④健，即毛笔的弹性。将毛笔按下去，再提起来之后，毛笔要弹得回来。善用笔者就是借笔锋的运转之势，或顿挫提按，或乘势导之，表现线条的节奏和张力，使线条富有运动感和生命感。

毛笔字教学是整个“三笔字”教学的主体。它是改变我们书写习惯，影响钢笔、粉笔书写风格和掌握书写技巧的关键。如果毛笔字书写基本过关，在掌握练习方法的基础上学习钢笔字就不困难了。粉笔字与钢笔字在书写技巧上没有太大的区别，如果钢笔字写得规范、美观，粉笔字自然会写好，这从大量的现实事例中可以得到证实。也正是鉴于这一点，人们讨论或练习“三笔字”的书写，多以毛笔字的书写作为基石。

2. 钢笔字

钢笔字和毛笔字的教学是紧密联系在一起的，可以同时进行，也可以先学毛笔字，待有一定基础之后，再学钢笔字，这样进步会更明显一些。虽然钢笔字从实用的角度看比毛笔字用途大得多，但由于毛笔字书写对钢笔字有借鉴作用，所以我们可以不把钢笔字的教学放在首要位置。

3. 粉笔字

粉笔是用白垩土加工制成的圆柱体书写工具，特点是短而粗，无弹性，易折断，磨损快，属于硬笔。粉笔字是教师常用的课堂教学用字，作为教师，都希望自己能写一手漂亮的粉笔字。因为在课堂上要唤起学生情感和知识上的共鸣，除了教师的分析讲解、举止表情以外，板书的优劣往往是一个不可忽视的因素。可以说，规范、工整、漂亮的板书是课堂教学中一个必不可少的环节，也是教师传授书写规范汉字中一个重要的环节。写好粉笔字，是每一个教师不可缺少的一种专业基本功。粉笔字和钢笔字在书写技法上的关系更直接，只要写好钢笔字，粉笔字就会水到渠成。

（二）“三笔字”之间的关系

1. 三者的区别

（1）工具性能的差异。毛笔是用禽、兽毛配制而成的，其优点是能写出提按顿挫、粗细变化丰富的线条；缺点是要随蘸随写，消费时间，影响工作效率，且携带不方便。钢笔是用金属制成，既硬又尖细，其优点是线条粗细均匀，一次性充满墨水可以书写数小时；书写便捷，既省力又省时，且携带方便；从实用角度讲，它除了不能写大字外几乎没有什么缺点可言；从艺术性的角度讲，其优点则变成了缺点，即线条单调乏味，变化不如毛笔字丰富。粉笔是为了教学方便而特制的一种粉质书写工具，其优点兼毛笔和钢笔之长，笔画粗细虽不如毛笔但强于钢笔，字形能大能小，而且颜色各异，是教学的理想工具。

（2）书写技法的差异。工具性能的不同必然导致它们书写技法上的差异。毛笔，因为其性能软，所以用笔讲究轻重快慢、提按顿挫、点画用笔、结体取势、章法布局等，其各方面都有一整套的技法和理论体系。钢笔，因为其性能偏硬，在用笔的难度上相对而言要小，用笔的技巧上也不如毛笔那样复杂。但在用笔技巧上我们不能忽视如下几个方面：①用笔轻重的处理；②快慢节奏的处理；③线条的美感表现处理；④线条分割处理。粉笔字在技法处理上只是执笔方法和姿势与钢笔字书写不同，其他方面基本一样。

2. 三者的联系

（1）书写媒介的一致性。所谓书写媒介就是指书写的对象。无论是毛笔、钢笔还是粉笔，都可以书写各种文字，在我国基本上是以书写汉字为主。

（2）表现功用的一致性。毛笔字、钢笔字、粉笔字都能加强教师写字用字的规范化和教学书写能力，提高教师的教学基本功，具有很强实用性。另一个功能是既具实用性又具有艺术性，给人美的享受，丰富人们的精神文化生活，陶冶性情。在书法领域里，它们只有工具的差异，而在审美，只是反映的程度不同而已，这与硬笔书法在人们心目中所占的地位有很大关系。粉笔是特殊的工具而不应等同视之，但不可否定其审美功能和实用功能。

三、教师书写技能的基本要求

教师能写规范工整而美观的汉字，直接影响教师教学的质量和教师的威望，学生有模仿教师书写的习惯，教师的书写不规范会对学生产生不良的影响。教师必须率先垂范，认真指导学生熟练掌握汉字的书写技能，才能达到培养学生的要求，要让学生养成良好的书写习惯，必须从规范教师做起。因此，熟练掌握以下书写技能是每一位教师必备的重要职业技能。

1.笔画清晰，字形端正

在书写毛笔字、钢笔字或粉笔字的时候，每一笔都要书写清楚，合乎笔顺的规范，不能随意增减笔画或倒插笔画。避免把字形写歪斜，应力求字形端正。笔画写得清清楚楚，不要潦草；把汉字写得大小适中，不要忽大忽小，字与字之间有适当的距离，不要黏在一起，也不要距离太远，大小协调；每一行要平整，行与行之间有一定的距离，不要歪斜，整个书写画面要干净清爽。

2.正确规范，工整匀称

在书写汉字的时候要求是按照规范的汉字来书写，避免异体字、废除的简化字等，便于识读。书写的规范主要体现在国家制定的有关标准中，包括《国家通用语言文字法》《义务教育语文课程标准（2011年版）》《汉字部首表》《通用规范汉字表》《现代汉语通用字笔顺规范》等，在这些规范中特别要注意笔顺规范，因为笔顺直接影响书写的美观和速度。不能任意变动笔画的组合搭接关系和位置，不能随意变动偏旁部首的位置，应当符合社会认可的规范，不能随心所欲。字形的把握应该达到工整的程度，而且对于汉字内部的构建要匀称排布，避免过挤或过于松垮。

3.熟练美观，和谐统一

这是在工整的基础上更进一步的要求，熟练主要指对汉字常用字的书写要熟练快速、和谐统一、合乎规范。美观是从汉字书写的艺术性来讲，小到每个字，大到整篇文字都要写得清晰、规范、和谐，符合大众的感官审美取向。书写作为一种书面语言交流方式，还需要有一定的书写速度，在应用中要讲究效率，这就要求基本笔画、笔顺等熟练掌握，在书写中具有一定的速度。所以，熟练是基本要求之一，熟练后才能写得又快又好。

第二节　书写技能训练的基本要求和基本内容

书写技能训练是围绕汉字书写能力训练而展开的教育培训活动。作为一项技能训练和文化传承，在训练过程中要遵循一定的基本要求，明确书写的基本内容，同时在书写能力训练中还要培养审美能力和文化品质，传承中华民族优秀文化。

一、书写训练的基本要求

书写的基本功能是通过书面语言进行思想交流，通过对约定俗成的汉字书写实现的，因此要围绕便于交流这个目的开展训练。

1.认真观察，从模仿入手

学生良好书写习惯的培养不仅与教师的严格要求有关，而且教师的身教也起着至关重要的作用。教师首先引导学生耐心细致地观察字帖中的字，其次是观察教师的书写过程，然后再进行模仿。因此，教师要注意握笔姿势，书写的姿势，安排好字的结构，注意字的笔顺，展示给学生的是一个个端端正正的汉字；必要时手把手地教他们正确的书写顺序，让他们在和教师共同书写的过程中，改正错误的书写习惯，感悟正确的方法。教师要给学生起示范的作用，要成为学生训练的一面镜子。

2.严格要求，强化训练

培养学生良好的书写习惯，必须使之掌握正确的书写方法。在写字教学中，教师要教会学生正确的写字姿势和怎样执笔、运笔，使学生掌握汉字的笔画、偏旁、结构的书写方法。逐步做到写得正确、端正、整洁、行款整齐，有一定的速度。教学过程中必须进行细致具体的指导，通过强化训练，达到对写字教学的要求。教师主要从四个方面对写字提出严格的要求：①坐姿端正——坐得自然，两脚放平，腰板挺直，胸腔舒张；②握笔正确——五指并拢，手腕关节灵活运转，大拇指不能包住笔杆；③全神贯注——练习时思想集中；④书面整洁——字字大方端正，行行排列整齐。在课堂上只要是提笔写字，教师需让学生背口诀：头摆正，肩放平；腰挺直，脚踏实；手握笔，一寸间；胸离桌，一拳头；眼看纸，一尺远；一尺一寸一拳头，三个一字要牢记，养成习惯最要紧。学生通过简单的口诀来强化记忆书写的正确的姿势，并时刻提醒自己注意。

3. 培养兴趣，快乐书写

心理学研究表明，学习兴趣是学习活动中最现实、最活跃的成分，学生一旦有了学习兴趣，就会变被动为主动，变单调的重复为成果的展示。教师要善于运用自己的激情点燃学生的火花，采用情境、转移注意、情绪释放、成功体验等方法，努力使学生在课堂上保持愉快的情绪和饱满的热情。此外，采取多种途径，激发学生练字的兴趣和欲望，时常在班内开展一些评比活动，如优秀作业展评、钢笔字书写比赛等，鼓励书写美观的同学办黑板报、手抄报，使同学们更加直观、形象地体会、享受书写带来的快乐。这样不但充分调动学生规范书写的积极性，而且逐渐使他们感到练字不是一件枯燥乏味的事，而是充满情趣的乐事。引导学生技道并进，感受每一个笔画、结体和章法所承载的中国精神、中国品格和中国情感。

（一）毛笔字训练的基本要求

1. 双姿正确

所谓双姿，指的是执笔方法和书写姿势。它是书写训练的基本条件，要写好毛笔字，必须掌握正确的执笔方法和书写姿势。

“凡学书字，先学执笔。”毛笔一般采用五指执笔法，即“按、压、钩、顶、抵”。按，用拇指节首端紧贴笔管内侧，由左向右用力。压，用食指指节末端斜贴笔管外侧，由右向左用力；钩，用中指紧钩笔管外侧，由外向内用力；顶，用无名指指甲根部紧顶笔管内侧，由内向外用力；抵，用小指自然靠拢无名指，起辅助作用。执笔时必须达到以下几个要求：①指实，即拇指、食指和中指要稳捏笔管，松紧适度。②拳虚，即掌内空虚如握卵，方能灵活运笔。③掌竖，即整个手掌要立起来，以便笔管垂直于纸面而中锋行笔。④腕平，即手腕勿上翘而僵直，应平活灵便。

书写姿势，也叫做“身法”。根据书写的实际需要，通常分坐式和立式两种。字形小者一般用坐式，字形大者则需用立式。坐式要求头正、身直、臂开、足安。①头正，即头部端正，稍稍前倾，方能视线正、看得准。②身直，身体坐正，既是书写要求，也是生理需要。③臂开，两只手自然分开，基本成对称之势，不可夹得太紧而含胸塌背。④足安，两脚踏实地，使下半身可以得力。立式又分立式俯写和立式仰写。前者要求头俯、身躬、臂悬、足开，后者则要求头仰、身正、臂曲、足稳。

2. 书写规范

书写规范有两层含义，一是书写时的用笔要规范，二是书写出的字体要规范。毛笔字的书写有一套严格的书写方法，即“书法有法”，切不可将毛笔在纸上用蛮力死拽盲压、乱戳硬拖，必须严格按照书写方法去摹贴、临帖，逐渐建立起正确的笔法系统。实际运用中，毛笔字一般提倡写规范字，而不去写繁体字、异体字、俗体字等。当然，如果是书法创作，则另当别论。

3. 字形美观

如果说书写规范是毛笔字训练的一个基本要求，字形美观则是一个较高的要求。写毛笔字，除了将一笔一画交代清楚、不随意添减笔画外，还要按照经过千锤百炼、约定俗成的笔法要求将笔画的应有形态表现出来。通俗地说，必须在笔画数量上毫厘不差，在质量上也要自觉追求，做到既笔笔不少，又笔笔不苟。在此基础上，还要进一步注意笔画与笔画间的合理间插和搭配，部件和部件间的有机组合和协调。在遵循结体规律的前提下，将汉字写成符合人们的视觉习惯、能够让读者赏心悦目的样式，这样写出的毛笔字就不单单是停留在“对”的层面，而是上升到比“对”更高的层次——“好”的层次了。

4. 有艺术性

毛笔字训练以实用为主，以准确传递文字的信息本身为要务，在相关条件具备的情况下，应努力营造使人愉悦的书写效果。此外，“唯笔软则奇怪生焉”。毛笔是极具可塑性和表现力的，书写过程中，应该发挥毛笔八面出锋、万毫齐力的特性，在实用的基础上，在注重平衡、对称、均匀等共性美的前提下，渗入自身的知识修养与审美趣味，随着跌宕起伏的情感宣泄把控好笔墨线条，表现具有艺术特质的个性美。

诚然，要使毛笔字有艺术性，单靠技法上的训练是远远不够的。读万卷书，行万里路，加强字外功的修炼、“以学养书”方可使之成为可能。

(二)钢笔字训练的基本要求

1. 正确

正确包括两层意思：一是指姿势正确；二是指不写错字、别字和倒笔顺的字，书写结果无谬误。

钢笔笔尖硬，笔杆短，执笔较低，一般食指端距笔尖不到一寸。笔杆斜靠在虎口上，倾斜45° 左右，切勿过竖。其执笔方法可概括为按、压、顶、抵、托。即大拇指前端从左侧按住笔杆，食指前端从右前侧压向笔杆，中指第一节从下方顶住笔杆，无名指抵着中指以帮助使力，小指斜托起无名指，进一步加强承托力量。钢笔字形小，书写时只用指力，不用腕力，无须悬腕悬肘。

2. 规范

钢笔书写的规范要求与毛笔书写中提及的规范要求并无二致，一是指书写时的用笔要规范，二是指书写出的字体要规范，二者的内涵没有本质区别。

需要特别指出的是，学生经过小学、中学长时间的钢笔书写实践，大多形成了一套自身独具的书写方法，其中有些方法是科学的，可以坚持和保留，而有些则属于不良的习气，或是错误的用笔方法，要改变原有的书写定势，形成新的书写习惯。

3. 整齐

楷书属于一种静态书体，其字形大小接近，取势以平正为主，写出的字无论多寡，都给人以工整的感觉。钢笔楷书因为形体很小，全字占用的空间很少，在这种情况下，合理的分布就显得尤为重要。钢笔楷书笔画之间的距离一定要匀称，不能连在一起或者疏密悬殊，同向的笔画应基本平行。简而言之，一般钢笔字就是要坚持“平行等距”的原则，这样写出的字才会显得整齐有序，否则给人的感觉就会是杂乱无章。

4. 美观

如同毛笔字书写一般，钢笔字除了“写对”还要“写好”，除了“好看”还要“经看”。这就需要我们加强对线条质量的锤炼。与毛笔字的线条相比较而言，钢笔字的线条没有明显的枯燥浓淡和虚实燥润之别，但在粗与细、长与短、曲与直、刚与柔等诸多方面，也同样具备相当的挥洒空间和表现可能。在书写中，只有有机地把钢笔的性能和纸的弹性、厚度、涩度结合起来，通过控制和调节笔尖与纸面的角度、摩擦的轻重、笔尖的方向等，充分发挥钢笔洒脱、简捷的性能，才能书写出刚劲挺秀、骨感突出、清新明快的钢笔楷书来。

（三）粉笔字训练的基本要求

1. 字形规范美观

粉笔字写在黑板上，其文字称为“板书”。板书用于课堂教学，是思想教育和传播知识的主要媒介，影响学生的书写水平、学习态度、行为习惯等。教师整齐、美观的板书在学生面前是良好的示范，对学生有着潜移默化的影响。如果教师的板书水平低劣，字迹潦草邋遢，除降低教学质量外，学生耳濡目染，其书写也将因效仿教师而越写越潦草，一旦形成习惯往往终身难改。因此，教师应将板书水平视为业务素质的重要组成部分，努力学好粉笔字书写技法，练就一手规范、工整、清秀的板书。

2. 书写流畅快捷

课堂教学是受时间限制的，如果用于板书的时间过长，则有可能会影响教学任务的完成。因此，板书不仅要有质量，而且讲究书写速度。书写粉笔字时要做到灵活自然，信手拈来，尽量做到一次到位，不要出现擦掉重写、频繁改动的现象。

3. 板书整齐合理

板书的受众较多，要求较高。除了对单个字的美观程度和书写速度有要求外，还要特别注重整体的组合效果。在板书时，要特别注意以下几个方面：

（1）书体适宜。要使写出来的粉笔字在课堂教学中起到实际作用，板书一定要清晰规范，易于接受，书体一般选用楷书或行楷。

（2）大小适中。课堂板书，既不能写得太小，也不能写得太大。太小将导致距离黑板远的学生和视力差的学生看不清楚；因黑板容量有限，板书太大会造成频繁的擦写，既缺乏整体感和完整性，也费时费力。字形的大小要适中，以能让坐在教室后排的学生看清，全面反映一堂课的知识要点为宜。

（3）轻重适当。板书用笔的轻重会使笔迹产生粗细、厚薄的变化。重按笔画粗而厚，轻驰笔画细而薄。过重则笔画线条无变化，字迹缺乏韵味，过轻则字飘，不能给人以鲜明的印象。板书时用笔的轻重关系书写的整体效果。

（4）行列平直。板书时必须将横行的字写平，纵行的字写直。在章法的安排上，一般以横写为宜，行距大于字距。板书形式多种多样，有提纲式、表格式、图画式等，这应根据教学内容的不同去选择和确定，由于这部分隶属教学法，在此不再赘述。

二、书写训练的基本内容

书写训练并不仅仅是笔画、字体的书写，应该是在书法理念的指导下，在掌握基本知识的前提下进行训练。

（1）掌握书写的基本理念。在书写训练中，不但要知其然，还要知其所以然。书法中的笔法、字法、章法，背后都是受中国文化支配的。书法强调意在笔先，字居心后，因此要了解中国传统的优秀文化，要了解书法的基本美学。基本理念既是指导书法学习的理论，也是通过书法实践验证和感悟的中国文化精神。

（2）掌握书写的基本知识。汉字书写训练的内容比较多，从汉字组成的基本要素上来看，主要包含笔画、结体、章法等三个方面。从书体的类别上看，分为真、草、篆、隶、行五种书体。从书法风格上，每一种书体都有众多名家创立的不同书格。从书写的字数上看，常用的汉字共有3 500个。从使用工具上看，可以分为毛笔、钢笔、粉笔，毛笔又称为软笔，钢笔、粉笔又称为硬笔，毛笔字、钢笔字、粉笔字简称为“三字”。

（3）掌握书写的基本技能。总体上来说，在汉字书写的教学中，硬笔是基础，软笔是提高。硬笔主要采用具有书写意味的楷体字，软笔以正书为主，楷书以颜柳欧赵四体为主，行书以王羲之、颜真卿、苏轼等为主，隶书以曹全、礼器、乙瑛、张迁、史晨、邓石如为主，篆书以李斯、李阳冰、邓石如为主。

第二节　书写技能训练的基本目标及策略

书写技能训练的基本目标和书法训练的策略，既要按照教育的基本规律，同时又要符合书法教育的基本要求，按照注重基础、循序渐进的原则和方法。

一、书写技能训练的基本目标

书写技能训练的目标是要基于教育部颁发的《中小学书法教育纲要》，围绕实现中小学书法教育以语文课程识字和写字教学、提高汉字书写能力等基本目标来进行，在训练中要以书写实践为基本途径，适度融入书法审美和书法文化教育。

（1）学习和掌握硬笔书写汉字的基本技法，提高书写能力，养成良好的书写习惯。掌握执笔要领，正确的书写姿势，不急不躁，专心致志。学习正确的运笔方法，逐步体会起笔、行笔、收笔的运笔感觉，逐步感受硬笔书写中的力度、速度变化，逐步体会钢笔书写的特点，养成“提笔就是练字时”的习惯。

（2）学会用硬笔写正楷字，掌握汉字的基本笔画、常用的偏旁部首和基本的笔顺规则；借助习字格把握字的笔画和间架结构，书写力求规范、端正、整洁，初步感受汉字的形体美。然后，熟练地书写正楷字，做到平正、匀称，力求美观，逐步提高书写速度，在运用横线格进行成篇书写练习时，力求行款整齐、美观，有一定速度；尝试先学写规范、通行的行楷字，继而书写行书，力求美观。尝试临摹楷书经典碑帖，体会其书写特点，逐步提高临摹能力。在临摹或其他书写活动中，养成先动脑再动手的习惯。

（3）掌握毛笔的执笔要领和正确的书写姿势，了解笔、墨、纸、砚等常用书写用具的常识，学会正确使用与护理。注意保持书写环境的整洁。学会用毛笔写楷书，熟练地掌握毛笔运笔方法，能体会提按、力度、节奏等变化。借助习字格，较好地把握笔画之间、部件之间的位置关系，逐步做到笔画规范，结构匀称，端正美观。保持正确的书写姿势和良好的书写习惯。学会用毛笔临摹楷书经典碑帖，力求准确。尝试学习隶书、行书等其他字体，了解篆刻常识。留意书法在社会生活中的应用，喜欢在学习和生活中运用自己的书写技能。

（4）注重硬笔与毛笔兼修，实用与审美相辅，既要重视培养汉字书写的实用能力，还要渗透美感教育，了解一些最具代表性的书法家和作品，了解汉字和书法的丰富内涵及文化价值。学会从笔画、结构、章法以及内涵等方面欣赏书法作品，初步感受书法之美，发展审美能力，感受汉字和书法的魅力，陶冶性情，提高审美能力和文化品位，进而激发热爱汉字、学习书法的热情，珍视中华优秀传统文化，增强文化自信与爱国情感。在掌握汉字书写基本规范和基本要求基础上，关注不同的学生在书法练习和书法欣赏中的体验、感悟和个性化表现，与他人交流欣赏的心得体会，并尝试书法作品的创作。

（5）重视粉笔的特殊性。粉笔比较特殊，自身既是笔杆，又是笔头，质地松软，性脆易折。其他硬笔笔尖一般较细,写出笔画细窄，粉笔本身粗壮，磨损又快，写出来笔画宽厚，所以粉笔字不适宜写小。这与其他硬笔有明显的大小不同，这就决定写粉笔字单靠手指的运笔无法胜任，写时要辅之以手腕的运动及手臂的作用。因此，训练时必须注意几点：一是书写时不能用力过猛，用力过猛粉笔就会折断或书写的笔画笨拙，失去了字的笔锋；二是不能使粉笔和黑板形成垂直角度，直则无力写出线条，也缺乏变化，粉笔和黑板的角度要小些，有一定的斜度，书写时线条才会自如；三是书写时要根据字的线条，经常转动粉笔，用粉笔头上的棱角书写，这样才能充分发挥粉笔的特性，使写出的字笔画粗细有致，流利美观；四是保持正确执笔和写字的姿势，粉笔执笔以大拇指、无名指、中指三指执笔为好，写字的姿势随写字的位置而调整。一般书写高度比视平线稍高为最佳，这样书写方便，容易把握字形，使字写得水平（不倾斜）、美观。

二、书写技能训练的策略

书写技能训练的策略和方法很重要，好的方法事半功倍。

（1）重视基础。万事万物，基础非常重要。注重书法基本功培养，强化读帖、摹帖、临写、比对、调整等临摹过程。特别是在临写的初始阶段，要充分发挥习字格在读帖和临写过程中的重要作用，引导学生观察范字的笔画、部首位置和比例关系。在临摹的过程中，养成读帖的习惯，形成“意在笔先”的意识。在用毛笔临摹楷书经典碑帖时，要力求准确。在对临一段时间的基础上，可尝试较准确的背临。

（2）循序渐进。书法教学要以书写笔画为起点，从结构简单的字到结构复杂的字，从单字练习到篇章练习，从观察例字、描红、仿影、临帖到独立书写，科学、合理、系统地安排教学进程，使学生逐步掌握基本技法，不断提高书写能力。

（3）明道晓理。要学习中国哲学、美学知识，深刻理解中国文化精神；要学习和了解中国书法历史知识，学习中国书法理论，掌握执笔方法和用笔方法，体会中国文化是如何通过执笔、用笔、结体、呼应等方法来展示和体现。可以利用互联网获取丰富的书法教育资源，通过观赏大量的书法作品，去伪存真，深刻理解书法艺术。

（4）学用结合。学习的目的在于运用，运用是最有效的学习方法，会运用就真正掌握了所学的知识。因此，在书法训练中，要坚持学用结合的原则。教师要通过多种方式保证书写实践活动，加强对学生书写实践的指导，把练字与应用有机结合起来；要创设书法学习环境和氛围，拓展书法学习空间，开展书法教育交流活动。

（5）示范激励。教师在教学中要善于示范，通过笔画书写示范、作品创作示范，直观地展示运笔动作和技法。在作业批改和日常书写中发挥表率作用，激发学生学习兴趣。在书法教育的评价上，结合教学需要，可以采用圈点法、批注法、作业分析法，以及书写实践、作业展示、欣赏评价、讨论交流等自评、他评、互评方式，激发学习兴趣，提高教学效率。

问题思考与讨论

1. 汉字不仅具有符号特征，而且具有审美特征，谈谈写好汉字的意义。

2. 现代计算机打字非常普遍，为什么不练习打字，而要练习写字。

3. 粉笔字练习需要注意哪些问题。

阅读指南

1. 李森. 教师职业技能训练教程[M]. 北京：高等教育出版社，2009.

2. 刘芳，李颖. 教师职业技能训练教程[M]. 北京：北京师范大学出版社，2014.

3. 刘维俭，王传金. 教师职前教育实践概论[M]. 南京：南京师范大学出版社，2007.

4. 赵彦俊. 职前教师实践性知识生成研究[M]. 北京：中央编译出版社，2010.

第四章　现代教育技术应用技能

学习目标

理解媒体的基本概念与分类，掌握媒体的选择与使用方法，熟练使用PowerPoint制作个性化和艺术化的多媒体课件，知道微格教学的基本原理和使用，知道微课在教学改革中的潜在应用。

教育教学中融合现代技术元素而产生的现代教育技术，改变了传递教学信息的基本媒体工具，丰富了课堂教学中教学信息的呈现方式，激发了学生学习的主动性、积极性和创造性，优化了日常的教育教学过程和提升了教学效率。同时，现代教育技术对教师本身产生不可忽视的影响。这些影响主要在两个方面：第一，现代教育技术拓展了传统的教师教学技能结构。教师传递教学信息的方式不仅仅是传统的“粉笔加黑板”了，使用计算机播放集成文字、声音、动画、视频等信息形式的多媒体已成为呈现教学信息的常态，现代教育技术能力已经成为教师专业发展中的基本技能。第二，现代教育技术也改变着教师的培养方式。现代媒体技术能够将教师自己的教学过程完整地记录下来，使教师能够反复观看自己的教学操作过程，反思教学过程的每一个细节，成为自己教学的旁观者和评价者。由此可知，现代教育技术已经成为当今教师工作和学习不可或缺的手段。

现代教育技术是一个宽泛的概念。从广义上来说，现代教育技术可以指两个方面，即将现代学习理论的成果用于指导教育教学实践的过程和将现代技术成果应用于教育教学工作。前者关注将现代学习理论、学习科学和脑科学的最新观点应用于教育教学实践，而后者注重于在教学中如何运用现代技术产品。本章所述的现代教育技术指后者，指的是在教学过程中如何使用现代技术产品来传达教学信息。

第一节　选择和使用现代教学媒体

媒体承载着教育教学信息。在教学过程中，选择和使用什么样的媒体能使学生更有效地学习，成为教师一直探索的问题。

一、现代教学媒体的分类和特性

（一）教学媒体是什么

教学媒体是什么？当我们看到这个问题的时候，我们一般会认为这个问题等价于“什么是教学媒体”。仔细思考两个问题，会发现其中微小的差异。对于什么是教学媒体的问题，我们可以使用指称的方式来回答，如教科书、教学辅导书、教学参考书、录音资料、电视教学资料等就是教学媒体。而对于教学媒体是什么的问题，这种回答就不够精确了，我们需要对教学媒体进行更为全面的探究。

1. 理解媒体

（1）媒体的含义。按照现代汉语词典的解释，媒体或称媒介是使双方（人或事物）发生关系的人或事物，表示任何可以在信息发送者和信息接受者之间传递信息的载体。在英语中，媒体是指在信息传播过程中从信源到信宿之间承载并传递信息的载体或工具，也可以指实现信息从信源传递到信宿的一切技术手段。媒体是传递信息的载体，有两个重要的组成部分。一是呈现信息的符号或信号，这可以类比成计算机系统的软件，如语言、文字、符号、声音、图形、图像和动态图像等。媒体的信息表达功能就是由这些媒体呈现时所采用的符号系统决定的。二是储存和传递信息的实体，这可以类比成计算机系统的硬件，如人、报纸、书刊、挂图、画册、投影片、含有音频信号录音带、包含视频信号的录像带、储存计算机程序和数据的储存设备及其相关的处理和播放设备。信息从信源到信宿的传播过程，如图4-1所示的香农-韦弗信息传播模型。来自信源的信息符号要通过编码成为可以传递的信号，信号通过传送通道实现传递，然后经过译码转换为信宿可以接收的符号，最后由信宿将符号解释为信息的意义。在这一过程中编码、通道和译码的一切技术手段和工具均可以称为媒体。所以，从广义上来说，也可以把媒体看成是实现信息从信源传递到信宿的一切技术工具和手段。

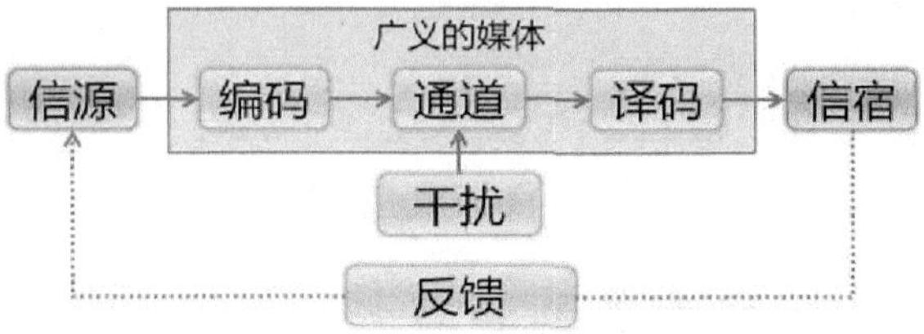

图4-1 香农-韦弗的信息传播过程模型

（2）传播学视域中的媒体。大众传播学对于媒体也做出了深刻的阐释。媒体是指通过说话、文字或其他意象符号传达信息的途径[①]。媒体，作为一种传达信息的工具，可以视为一种技术，所以科学技术的发展往往会给媒介带来巨大的变革。回顾人类发展历程，媒体发展大体上经历了三个主要阶段。第一阶段媒体的特点在于同一时空下的人与人互动。这一时期使用的媒体形式就是在同一时间和空间下通过人与人的即时互动完成信息交流与传递，这种即时性的面对面的信息传递不仅是语言符号的传递，也包含丰富的表情互动与情感的直接沟通，构成了最原始的媒介技术形态。第二阶段的特征是时空限制的突破和互动性的丧失。文字的出现，尤其是文字印刷技术的发明，带来了媒体技术的第一次革命。这次革命使得信息能够突破时间和空间的限制而实现时间上的延迟和空间上的跨越，失去了口耳相传的即时性。这种基于文字技术的信息传递是单向的，互动性也丧失了。电子技术的发明带来了以广播和电视形式的媒体，从时空限制和交互性的意义上来说，广播和电视作为一种单向的信息传递工具可以理解成印刷媒介的新形式。广播和电视作为一种新的媒体技术使得信息传递的即时性回归了，互动性特征依然是缺失的。以计算机及其网络技术为特征的互联网络的出现使得媒介发展进入第三阶段。这一阶段的特点在于时空限制的跨越和即时互动性的回归。以互联网为基础的现代电子媒介，综合了印刷媒介、广播和电视媒介的特点，

① 鲁曙明，洪俊浩．传播学[M]．北京：中国人民大学出版社，2007：31.

互动的即时交流工具使得发布信息的时间延迟变得更短，更为重要的是，基于网络技术的知识挖掘技术将互联网转变成链接知识和智能的重要工具。互联网不仅是传统意义上的媒体，并且已经成为知识生产和技术发明的“原始汤”。可见，媒体不仅是传递信息的工具和手段，也已经成为我们生产知识的工具。

(3) 麦克卢汉的媒体观。在深度理解媒体方面，加拿大的传播学巨匠马歇尔·麦克卢汉1964年出版的《理解媒介：论人的延伸》曾经招来许多异议，今天看来《理解媒介：论人的延伸》恰是他对媒介深度思考的结果，表达了他对媒介的深度理解，即（电子）媒介改变了我们所在的世界。首先，电子媒介使得地球被“压缩”为地球村。电子媒介瞬息万里，使得全球生活同步化、经济趋同加剧、游戏规则走向统一、时空差别不复存在，昔日遥不可及的海角天涯刹那可达。其次，媒介即是信息。媒体不仅仅是信息的载体，而且对信息、知识和内容具有反作用，它是积极的、能动的，对信息有着重大的影响，并决定着信息的清晰度和结构方式，正是这种清晰度和结构方式的差异导致媒介具有冷热两种类别。这与一般认为媒介是信息、知识和内容的载体以及它是被动的、静态的观点大相径庭。再次，媒介是人的延伸。在荒蛮时代，部落化的、整体性的人就是媒体，人与人之间的口耳相传就是信息传播的主要方式，传递信息符号的同时也传递着感情、思想和价值，这是整体性的传播。在机械时代，我们会发现某种技术仅仅能延伸人类的某一种肢体器官。以文字符号为主的印刷技术延伸了人类的记忆系统，那么电子文化时代人类的口、耳和眼睛的功能被加强了。今天，以互联网为标志的数字交互媒体显然拓展了人类的各种器官，可以说拓展了人类的中枢神经系统。人类重新部落化，建构全新意义上的部落，相互合作与分享，交流信息，建构知识，分享思想与智慧。所以，媒体不仅延伸了人的肢体，也影响人类的生活、工作，甚至思维方式，改变人与人、人与世界之间的关系，成为社会变动最强大的动力。正如《理解媒介：论人的延伸》中所指出的，“所谓媒介即是信息只不过是说：任何媒介（即人的任何延伸）对个人和社会的任何影响，都是由于新的尺度产生的；我们的任何一种延伸（或曰任何一种新的技术），都要在我们的事务中引进一种新的尺度[①]。”

① 马歇尔·麦克卢汉. 理解媒介：论人的延伸[M]. 何道宽，译. 北京：商务印书馆，2000：33.

信息窗4–1

马歇尔·麦克卢汉

马歇尔·麦克卢汉(1911—1980),出生于加拿大艾伯塔省埃德蒙顿市,1942年获得剑桥大学博士学位,并在美国多所大学执教。其著作《理解媒介:论人的延伸》(1964)是媒介文化研究的经典著作。

麦克卢汉认为电话、电报、广播、电视等电子媒介的广泛使用,塑造了一个新的文化形态和传播方式。通过对不同媒介的比较,以基于种种文化现象的关联,他勾画了一种电子文化社会图景,并对其发展趋势做出了某些预言。

[资料来源]马歇尔·麦克卢汉.理解媒介:论人的延伸[M].何道宽,译.北京:商务印书馆,2000.

综上所述，媒体是在信源和信宿之间传递信息的一切工具和手段，并作为一种技术形态而存在，它能改变人类本身，也成为人类社会变革的一种动力。

2.教学媒体是什么

我们可以将教学媒体理解成在教学过程中使用的媒体，或呈现教育信息的媒体。从本质上来说，教学活动是一个教学信息传播的过程，是一种获取、加工、处理和利用信息的过程，并且这一传播过程是双向的，同时存在教师向学生的信息传送和学生对教师的信息反馈。因此，任何媒体都有可能成为教学媒体的角色。

严格来说，媒体要成为教学媒体应该具备两个条件。第一，媒体用于储存以教学为目的的信息时才可能成为教学媒体，也就是说媒体储存的信息是为了帮助实现教学目的，是为教师的教和学生的学服务的。教学信息不同于大众传媒信息，教学信息受到教学目标的严格约束，教学目标对教学信息具有控制性；而大众传媒信息可以无目的，如仅仅告知某个消息，或传达某个事件进程，或给人带来瞬间的娱乐。第二，媒体用于教学活动时才成为真正意义上的教学媒体。需要注意的是，一般意义上的媒体用于教学活动都需要一定的加工与改造，其目的在于让媒体满足教学活动的基本要求，即符合教学规律的基本诉求。

一种新的媒体演变成教学媒体需要一个过程。广播和电视从开始用于播放新闻、娱乐、广告等，经历了几十年后，才用于播放教学课程而成为教学媒体；闭路电视系统早期用于工业生产过程的监控，后来经过改造引进教育领域成为学校的闭路电视系统或微格教学系统；互联网始于美国国防部研究计划署的军事研究计算机网络，1983年分为军用网和民用网，才渐渐扩大为今天的互联网，今天它已经是远程教育的基础。

媒体要成为教育媒体需要解决两大问题。第一，硬件系统的改造。一方面其性能能够满足教学活动的需要，方便教师和学生的使用；另一方面通过技术革新使硬件的价格下降到便于大规模推广的程度。第二，软件程序化技术能够适合教育信息的呈现，适合教学活动的基本需要。

3.教学媒体的分类

对于教学媒体的分类，许多教科书中都有阐述，大体上有下列几种分类方式：

（1）按照媒体的基本定义，媒体指传递信息的中介物，是信息传播过程中的任何物质工具，是信息传播的载体。媒体可以划分为软件和硬件。软件指表现信息的符号，如文字、符号、语言、声音、图形、图像等；硬件指存储和传递信息的实体，如书本、画册、报纸、幻灯片、投影片、录音带、电影片、录像片、计算机软件（软盘、硬盘和光盘等）以及相关的播放设备等。

（2）按照媒体技术出现的时间，可以将教育媒体划分为传统教育媒体和现代教育媒体。传统教育媒体主要包括语言、文字、印刷材料、图片、黑板、模型和实物等；现代教学媒体是指随着近代工业革命出现才产生和发展起来的媒体，如投影、电声、电视、计算机和各种通讯网络。

（3）以媒体对信息接收者感官刺激和交互性，媒体可以划分成视觉媒体、听觉媒体、视听媒体和交互媒体。视觉媒体包括印刷的文字材料、图示材料、图片、实物、模型、幻灯、投影，听觉媒体包括广播、录音、唱片、语言实验室等，视听媒体包括电影、电视、录像、VCD和DVD等，交互媒体包含教学游戏机、教学模拟机、计算机辅助教学系统、多媒体教学系统。

以上分类为我们理解教学媒体提供了很好的帮助，但是这些分类总是忽视教学中的最重要媒体元素——人。

本书从戴尔“经验之塔”理论出发，按照媒体呈现教学信息的抽象程度将教学媒体大体上分成下列六种类型，即文字符号、音频型、静态画面、动态画面、操作型和人。①文字符号。这是最常用的教学媒体，如我们使用的文字教材。文字教材是文字、字母、数字、符号混合编排而成，以书本、海报、黑板报等形式显示教学信息。②音频型。是学生可以听到的任何事情，如人发出的声音、音乐、机械的声音和噪声。声音可以是实况，也可以是通过技术手段录制或加工而成的。③静态画面。教学过程中，静态画面可以促进学习。教科书中使用的图表、插画、图形和数学图像等能够直观地反映事物的特征和性质，一直是教科书中的重要元素。④动态画面。动画、电视、电影都属于动态画面。动态画面能够比较真实地展示一个故事，提高学生学习的兴趣。⑤操作型。操作型媒介往往是真实的物体或事物的模型。学生能够触摸它，能够操作它，并且这种媒介能够直观地表达事物的真实结构。但是，在教学过程中，教师往往会忽视这种媒体。⑥人。同学、教师、专家都是学习过程中最重要的媒介。当学生使用同学、教师、专家这种媒介学习时，不仅仅获得有关学科知识的信息，也能在方法、思想、态度、价值观念等多方面进行交流。

信息窗4-2

戴尔与经验之塔

埃德加·戴尔(1900—1985)，美国著名的视听教育专家，美国俄亥俄州立大学教育研究所教授。1929年获得芝加哥大学博士学位，1929年至1973年曾在柯达公司从事电影学习方面的研究，后就职于俄亥俄州立大学，担任过美国教育传播和技术协会主席、美国家长和教师联合会视觉教育分会主席、美国教育协会视听分会主席。

他最为突出的成就就是在1946年出版的《教学中的视听方法》一书中提出的“经验之塔”，这是教育技术学历史上重要的理论之一，尽管该理论的诞生已经有半个多世纪，但它对现在乃至今后教育媒体研究仍然具有重要的意义。

[资料来源]张剑平．现代教育技术[M]．北京：高等教育出版社，2013.

(二)各种教学媒体的特性

教学的本质就是安排学习信息和学习环境。基于媒体的视角，从文字符号到人构成了媒体从抽象到具体的连续统一。了解各类媒体的优点和局限性，对于教学设计是至关重要的。

1. 文字符号

文字符号媒体主要是指印刷材料类媒体，具体包括教科书、专著、虚拟小说、人物传记、杂志、学习辅导书、操作手册、学生作业本，还有教师给学生准备的Word或PDF等电子文档。

长期以来，教科书一直是课堂教学的基础，成为传递教学信息的主要教学媒体。学生通过使用教材增加对教师讲授内容的理解，也可通过其他印刷材料丰富学习信息。

教科书优点在于：①涵盖主题广泛，形式多样，可以满足多种教学目标的需要，是最实用的教学媒体。②仅仅依赖光线这种条件，无需额外设备的支持。③无需对学生进行使用方法方面的培训和指导。④学生可以根据自己学习主题的需要，灵活操作，或对材料进行跳跃式阅读、浏览阅读，或精读，并在材料上记录阅读重点和阅读心得。⑤价格低廉。⑥容易定位需要的信息片段。

教科书的缺点在于：①需要读者有适当的阅读能力。对于不具有阅读能力（盲人或文盲）或阅读能力欠佳的学生来说，这种媒体的使用受到限制。②需要相应的知识储备。即使教材编写时充分考虑到学生的水平，语言尽可能的简洁、浅显、易懂，如果前序知识欠缺的话，阅读起来依然有难度。③单向显示信息。印刷教材不具有交互功能，单向地传递教学信息，需要学生主动地阅读才能完成学习。

2. 音频媒体

音频媒体又称为声音媒体，属于“盲人型”。最早，音频型的媒体就是广播。随着技术的发展，我们目前最常用的音频型媒体还包括录音带、CD，以及在计算机上能够使用的MP3、WAV等电子存储形式。录音带是经常使用的模拟音频媒体，这种媒体制作方便，需要的设备简单，磁带还可以多次重复使用；MP3是一种数字音频压缩格式，它是把大的音频文件压缩成小的文件，也是一个开放的音频文件标准，在计算机之间或互联网上能够方便而有效地传播；WAV数字音频是计算机上广泛应用的格式。音频媒介的最显著特点是复制简单，低成本地实现多拷贝复制。

音频媒体的特征是能够突破时间和空间的限制，将事件发生的真实状态用声音的方式记录下来并传播，是标准语音教学不可或缺的。音频媒体在语音和音乐教学领域的优势受到足够的重视的同时，有两个重要的方面最容易被忽视：文盲可以通过音频媒体获取有关这个世界的信息或学习歌唱；在不方便阅读的环境中（如夜晚或运动时），人们依然可以通过音频媒体学习或娱乐，这有利于碎片时间的充分使用。

音频媒体的优点在于：①能够为没有文字阅读能力的人提供信息。人们仅仅通过耳朵就能从音频媒介中获取信息，能够成为文盲和盲人的专属媒体，并为他们提供信息。②语音教学的理想媒体。在语音教学中，音频媒体能够为学生提供标准的语音材料，学生通过对材料的反复收听而学习，也可以将自己的发音录制成音频给自己的学习提供反馈。③制作成本较低。拥有一个录音机或录音笔就可以进行音频材料的制作，将计算机配置上麦克风借助于简单的软件就可以进行音频的录制与加工。

音频媒体的缺点在于：①材料的顺序固定。尽管对于音频媒体可以施以快进、快退和对某一段信息反复收听的操作，但是音频材料的播放顺序依然是固定的，我们不能像浏览文字符号媒体那样快速“扫过”媒体，“浏览阅读”成为不可能。②无法监控学生是否在听。这种媒体是单向的向学生提供信息，不能对学生的“听”进行有效监控。这里的听有两层含义，低层面是生理上的“听见”，高层面是心理上的“倾听”。③难以控制播放速度。快进或快退、快放或慢放都会破坏音频的面貌，会使音频处于一种变声的状态。④难以精确地定位到需要的信息片段。这是由于音频媒体的流变性导致的，因为音频媒介不能像文字符号那样静止地将信息片段呈现在阅读者的面前，音频是时间的连续函数。

3. 静态画面

静态画面是对人物、地点、事物的照片式展示媒体，包括照片、绘画、漫画、图示、图表、曲线图、地图、教学挂图等形式。

静态画面可以将抽象的概念以一种更为直观的方式传递。按照戴尔“经验之塔”，教学过程中使用静态画面有助于使教学从抽象的言语符号向下移动到更具体、更直观的层级，成为以文字符号为主的印刷媒体的一种辅助。我们必须认识到，在印刷媒体中嵌入这些静态画面，不是为了文本的装饰，而是为文本的理解提供帮助。所以，这些画面一定要有明确的目标。一般而言，一个图尽可能只表达一个主要概念或概念之间的结构关系。如果教师在自己的教学资料中使用静态画面，要确保不会增加学生的阅读负荷，即不要出现令人费解的视觉和语言信息。

静态画面的优点在于：①实现直观教学。照片基本上再现了事物空间结构的原貌，绘画和漫画往往会人为地突出事物的特征，图示（如作品的人物关系图）能够反映出事物之间或事物内部各部分之间的关联或关系，图表和曲线图是数据关系的直观表述。②激发学生的想象力。图形或图像显示的信息是模糊的，这恰好能够激发学生的想象力，让学生展开想象，阅读到更为丰富的信息。③吸引学生的注意力。视觉冲击比文字符号强烈，对学生的注意力产生吸引效果。所以，在课件制作中有着“文不如表，表不如图”的说法。④使用方便。静态画面可以不使用任何辅助设备，所以各个学科都可以方便地使用。

静态画面的缺点在于：①静态图片是二维的，在说明空间关系时表现力不足。②容易误解。图形或图像作为一种视觉符号为信息受众留下了很多想象的空间，由于阅读知识、方法、思想、态度、立场、观念、文化的不同，往往会产生理解上的偏差。心理学的研究发现，人们倾向于将自己的意愿、偏见强加到模糊的图像或语言信息上。

4.动态画面

电视节目最早被称为动态型媒体，以区别于广播这种形式的媒介。早期电视是视频的同义词，近年来视频概念被大大地扩充了，活动图像的电子存储都可以被称为视频，如电视、录像、DVD、动画、MP4、WMV等都属于视频的范畴。

大多数人认为能够完整、真实地记录我们所在世界中事件的发生与发展是视频的最为宝贵的价值，而容易忽略视频的基本特性在于通过制作、加工手段对事件发生的时间与空间进行特殊处理，并体现出丰富的戏剧性和创造性。例如，使用快速录制技术，我们能够看到一个物体破碎的过程（如图4-2所示的子弹击中橘子的瞬间），通过慢速录制技术我们能够看到植物生长的过程。视频也使得我们从宏观和微观的角度或从极小或极大的距离观察事物。例如，可以从航天器上观察地球（宏观的视角、极大距离），或者在显微镜下观察细菌的分裂过程（微观的视角、极小距离）。这样，视频就成一种时空特技，在教学中是极其有用的。

图4-2　子弹击中橘子的瞬间

视频媒体的优点在于：①直观地表达运动与过程。在表达事物的运动、机械的装配、设备的操作、科学实验程序等方面，视频能够对关键的动作进行更加有效地描述，学生的阅读就像“在现场”一样生动、直观。②能够实现过程的再现。学生可以通过视频反复观看标准动作并进行模仿，也可以录制自己的动作获得对自己动作的认知，有助于改进自己的行为与动作。③进行无风险观察。例如，日食、火山爆发、海啸、地震、洪灾、火灾、战争、车祸等危险场景，直接的观察是危险的和不现实的，学生不能够获得这些事件的感性知识，视频能够弥补这一缺憾。④能够完成情感的灌输与学习。视频节目有强烈的情感感召力，教师通过让学生观看纪录片和宣传片来获得某一情感和态度的认知。⑤实现多元文化的理解。通过观看其他社会或地域人们的日常生活记录，获得有关他人文化的理解。

视频媒体的缺点在于：①固定的播放速度。尽管视频播放设备允许观看者随时停下来，但是在集体观看时很少这么做，这样就照顾不到学生认知速度之间的差异与不平衡。②不适合抽象主题学习的需要。视频很难表达抽象和不直观的信息，所以数学和哲学就不太适合使用视频媒体，除非在描述一些特定的概念时需要使用历史画面、图形或者图表。③容易产生误读现象。按照麦克卢汉的说法，这是一种冷媒介，阅读时需要想象力的参与。我们往往会误读视频媒体，原因是人们往往会天真地按照字面意思去理解文本的内容，往往会将剧情中人物的想法和作者的想法等同起来。④对学生使用媒体缺乏监控手段。与音频媒体一样，媒体没有监控学生是否在真正地“看”，即阅读。⑤使用成本偏高。视频材料从编写、摄录、制作到使用都依赖价格比较昂贵的设备，并且制作的时间成本也较高，甚至还需要其他人的帮助。

5.操作型媒体

操作型媒体指那些在学习环境中包含学习信息的事物，这些事物是可以观看并允许学生动手操作的。通常有三种比较典型的操作型媒体：实物、模型和计算机交互系统。

实物是学生学习过程中最有趣、最具吸引力的媒体。实物教学是最为真实的教学，如幼儿园的孩子观察、触摸和品尝水果，儿童观察春蚕吃树叶的过程，儿童测量树影子长度的一日变化规律，在实验室做青蛙解剖实验等都是实物教学。使用实物教学可以使学生理解难以用语言解释的概念，能够激发学生的求知欲和想象力。模型是实物的三维模拟，模型可以比实物大，如DNA分子的双螺旋结构模型、金刚石或NaCl晶体的晶胞结构，也可以比实物小，如太阳系行星模型、人体骨骼系统模型，也可以和实物一样大，如大脑结构模型。根据教学需要，模型可能会简化实物的某些细节，也可能详细体现实物的特征。计算机互动系统是传统媒介与计算机结合的产物，它能给学生提供更为丰富的学习体验，不仅可以获得具体事物的学习，也能完成抽象的学习。

操作型媒体的优点在于：①适合初学者建立学习经验。这里的初学者指的是那些对新的学习内容和新知识缺乏直接经验的人。②将难以直接观察的事物可视化，有利于学生建立认知图式。为了建立有意义的、与实际生活相关的认知图式，学生需要把学习和认知建立在具体的经验之上。③有利于学生记忆并形成知识。借助直接经验，学生可以使用情景记忆甚至闪光灯记忆类型对学习信息产生牢固的记忆，并应用到相关的情境中。④锻炼学生的动手能力和直觉思维能力。

操作型媒体的缺点在于：①对于抽象的概念难以使用实物教学来完成。实物教学难以完成时，可以使用计算机交互系统来补充。②教学成本高。教师准备实物、模型、实验或计算机交互系统需要花费的大量的时间，还需要投入足够的资金。

6.人

人是最重要的教学媒体。在现代技术高度发展的今天，人也成为最容易被忽视的教学媒体。这里的人包括学生的同学、教师、教学辅助人员、专家以及社会其他人员。

人能为学生的知识学习提供信息，更为重要的是人具有主动性，能对学生的方法、态度和价值观的完善产生影响，是无声的教材。

人作为教学媒体的优势在于：①主动提供信息。②肢体语言辅助学生学习。③能给学生态度与价值观的学习提供积极的支持。④及时的信息反馈。

人作为教学媒体的缺点在于：①由于个人语言能力的限制，会导致提供信息的精确程度产生模糊。②提供信息会随着时间和空间的改变产生变化。

二、教学媒体的选择

教学媒体仅仅是信息传递的一种手段，从信息传递的观点来看各种媒体似乎没有什么区别，但是在促进学生高效学习以及发展学生技能方面却有着巨大的差异。不同媒体运用的信息符号有别，刺激信息接受者的不同感官，其表现的教学功能就各不相同，这样我们就必须面对课堂教学中选用那种媒体的问题。

（一）媒体选择的基本原理

1946年，美国俄亥俄州立大学埃德加·戴尔总结了前人的研究成果出版了《教学中的视听方法》，依据各类媒体提供学习经验的抽象程度将媒体做了系统的分类，建构了著名的“经验之塔”。

“经验之塔”共分成十一层，如图4-3所示，从底层向上依次是直接的有目的经验、参与设计的经验、演示的经验、观摩和示范、见习和旅行、参观和展览、电影和电视、静态图片、录音、视觉符号以及最高层是语言文字。在“经验之塔”的底层，学生直接参与实践活动获得学习；依次向上，学生通过观察真实的事件学习；再向上，学生通过特定的媒体观察事件；到最高层，学生通过解读语言符号了解事物。

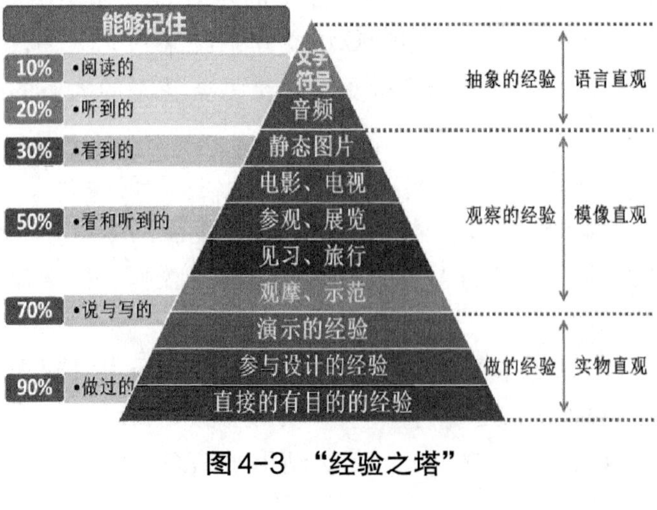

图4-3 “经验之塔”

“经验之塔”的最底层是最直接、最具体的经验，沿着戴尔“经验之塔”自底向上，媒体的表达越来越抽象。对于最直接和具体的经验人们可以获得牢固的记忆，对于抽象的媒介人们记忆变得困难。这并不意味着获得任何经验都需要经过从底层到高层这一路径，或者下一层的经验比上一层更加有用。因为，抽象的媒体传达的信息量更加浓缩，呈现信息需要的时间越来越少，所以从整个学习量来看从抽象媒介中学习仍然具有优势。

戴尔建议，教育教学应该从具体的经验入手，逐步过渡到抽象，学生只记忆一些普遍的概念、法则、原理而没有具体的经验做支撑是不行的，学生积累的具体经验可帮助他们理解那些比较抽象的学习内容。

(二)教学媒体选择的影响因素

从系统的观点来看，教学系统是一个复杂系统。该系统的第一要素就是教学目标。教学目标规定了教师要教、学生要学习的内容，规范了学生的认知过程和学习方法，决定了教学中使用什么样的信息和安排什么样的教学活动。第二个要素是教学方法、教学媒体和教学设备。通过教学信息的传递让学生有机会训练自己的技能，或者建构自己的知识体系会涉及教学方法、教学媒体和教学设备的选择和使用。第三个要素是教学环境，因为任何教学都离不开精心设计的教学环境。第四个重要元素是人。除了自学之外，教学过程离不开教师、同学以及其他人的参与。

面对这个复杂的教学系统，英国教育技术专家罗密斯佐斯基提出了一个影响媒体选择的因素模型[①]，如图4-4所示，该模型揭示了教学设计过程中教学媒体选择的影响因素。

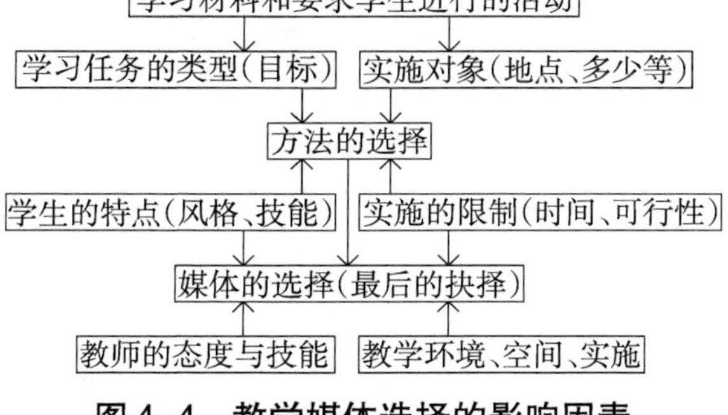

图4-4　教学媒体选择的影响因素

① 周跃良．现代教育技术[M]．北京：高等教育出版社，2008：47.

从图中我们可以看出，影响教学媒体选择的因素是多方面的，既有教学方法的因素，又有来自教师、学生和教学环境的因素。

教学方法的选择因素主要取决于教学活动的安排、教学目标的设计和教学内容的选取；教师的因素则取决于教师对于各种教学媒体的态度和价值认知，以及教师灵活运用各类教学媒体的技能和技术；学生认知风格、认知技能、认知偏好也影响着教师对于教学媒体的选择；教学环境条件以及教学设计过程中时间、资金也限制了教学媒体的使用。

因此，教学媒体的选择是在综合考虑众多因素的基础上做出的谨慎选择。

（三）媒体选择的基本原则

有效的教学方法应该是综合考虑媒体成本，同时优先选择那些与学生认知水平相符合的抽象媒体。

1. 目标控制原则

教学目标是整个教学活动的归宿，为了实现不同的教学目标，常常会选择不同的教学媒介去传递教学信息。例如，对于语言课程的教学中的听力训练，音频或视频媒体就是好的媒体；对于掌握正确的发音技巧来说，教师或同学一定是最好的教学媒体，因为人是能动的，具有主动性，能够及时地评估学生的学习结果，发现和纠正学生的错误；语法规则的学习，通过文字的解说并辅助实例就可以达成教学目标。

2. 内容适应原则

对不同学科的教学内容来说，教学时所适应的媒体是不同的，即使相同学科的不同教学内容对媒体的要求也是不一样的。例如，教学内容是理解一个化学实验及其操作：通过文字的讲解，教师没有办法使学生理解用高锰酸钾制备氧气的过程；通过动画来演示这一过程应该也不会有太好的效果，因为学生并不一定认为这是真实的；通过观看视频教材，学生可能会记住化学实验的基本步骤；只有通过学生动手做这个实验，学生的记忆和理解才是完整的。

3. 对象适应原则

不同年龄的学生的认知风格和阅读能力是不同的。作为教学对象的学生，既有相同的群体特征，也有自己的个性特征。这种阅读能力、认知风格的区别，制约着教师对于教学媒体的选择。例如，向幼儿或低年级的学生讲解“鹅”，单纯的象“家禽，比鸭子大，颈长，喙扁阔，尾短，体白色或灰色，额部有肉质突起，雄的突起较大，颈长，脚大有蹼，善游水”等这样的叙述或描述可能没有什么意义，除非你的学生知道诸如“家禽、鸭子，颈，喙、尾、额、颈、蹼”等词语的意思，有过这些知识的积累，而使用图4-5中的图片素材，却更合适。

图4-5　关于“鹅”的不同教学图片

但是需要注意的是，不要因为你喜欢图片甲就选择它，图片乙和图片丙这样的水彩画和简笔画才是低龄儿童的最爱。从心理学的角度出发，幼儿喜欢关于事物的抽象和夸张的图片表达，成人喜欢真实世界的逼真临摹。

4. 条件适应原则

媒体的选择受到各种条件的制约，如资源情况、经济能力、师生技能和使用环境等。例如，当你试图向学生阐述“大脑发育过程”时，媒体的易获得性对你的限制就显而易见，你可以使用抽象直观的文字解释和语言描述，确实不能使用视频和直接参与观察等实物直观的媒体，这是因为我们没有条件真实地看到一个大脑的生长过程；同样，经济能力也限制着媒体的使用，如试图制作细菌繁殖过程的视频，我们可能因为缺少配备摄像机的显微镜和细菌培养装置而感到沮丧。

5. 最大效率原则

效率一般指工作产出与投入之比，通俗地讲就是在进行某任务时，取得的成绩与所用时间、精力、金钱等的比值。教学媒体的效率可以理解成媒体产生的教学功效和制作媒体所付出的代价比值，即要以最小的投入换来较高的回报。

(四)媒体选择的决策模型与方法

课堂教学中选择哪一种教学媒体，要充分考虑教学目标、教学内容、教学对象和客观条件，也要考虑各种媒体自身的特点。

1. 媒体选择的决策模型

K.Lonigo 提出了一个教学媒体利用的选择模型，该模型充分考虑学习目标、学习内容、媒体的费用、媒体所能达到的效能，提出了最小代价原理，即以最小的投入获得最大的教学效益。

媒体选择决策模型以媒体代价和媒体效率两个变量，将媒体代价和媒体效率的高、中、低三个赋值，得到媒体选择的平面化四个区域：高代价低效能区、低代价低效能区、高代价高效能区和低代价高效能区，如图 4-6 所示。媒体的最优选择区域当然是低代价高效能区，其次可以在高效能区决策，选择效能高代价高的媒体。对于完成教学目标的低效能媒体，我们无需耗费精力。

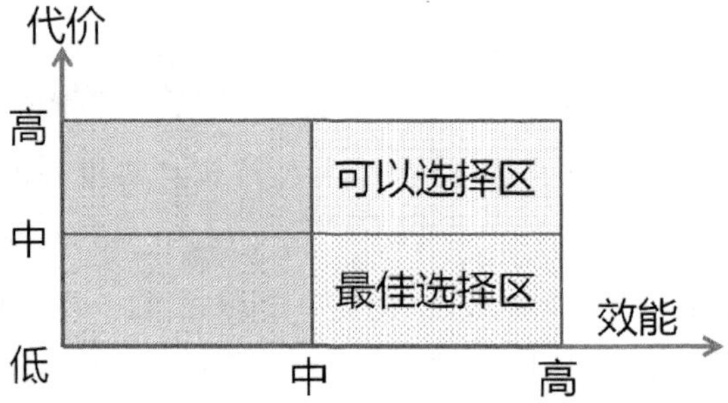

图 4-6 媒体选择决策模型

2. 媒体选择的方法

实际工作中，教师依据教学媒体选择原则和影响因素决定使用或不使用某种教学媒体是一个主观判断的过程。为了使这一过程更加准确和客观，教师也可以借助一些已经开发出的教学媒体选择的方法或程序等。这些方法已经模式化地应用于教师选择教学媒体活动中，能够为教师在知识教学和态度教学方面完成教学媒体的选择提供有效地帮助。

（1）媒体选择的矩阵模式。在教学媒体选择方面，最为著名的模式就是威廉姆·爱伦提出的教学媒体的选择矩阵，如表 4-1 所示。该矩阵包含有两个维度，一个维度是学习目标与学习类型，另一个维度是教学媒体。该矩阵表达了特定的媒体对于学习目标与学习类型的支持程度。

表 4-1　媒体对学习目标与学习类型的支持

教学媒体的种类	学习目标与学习类型					
	学习事实信息	学习直观辨别	学习概念、原理和规则	学习过程	执行技能化的知觉运动动作	发展所期望的态度、观点和动机
静止图像	中	高	中	中	低	低
电影	中	高	高	高	中	中
电视	低/中	中	高	中	低/中	中
三维物体	中	高	低	低	低	低
录音	中	低	低	中	低	中
程序教学	中	中	中	高	低	中
演示	低	中	低	高	中	中
印刷材料	中	低	中	中	低	中
口头表述	中	低	中	中	低	中

（2）流程图模式。目前开发出的教学媒体选择的流程图模式有多种形式，本书仅仅给出教学活动中视觉媒体选择流程，如图 4-7 所示。该流程图将媒体选择的过程分解成按序排列的步骤，每一个步骤都要用“是”或“否”回答一个逻辑问题，在选择“是”或“否”后，根据问题的逻辑被引入不同的分支步骤，回答完所有的问题就会确认哪一种或哪一组媒体是合适的。

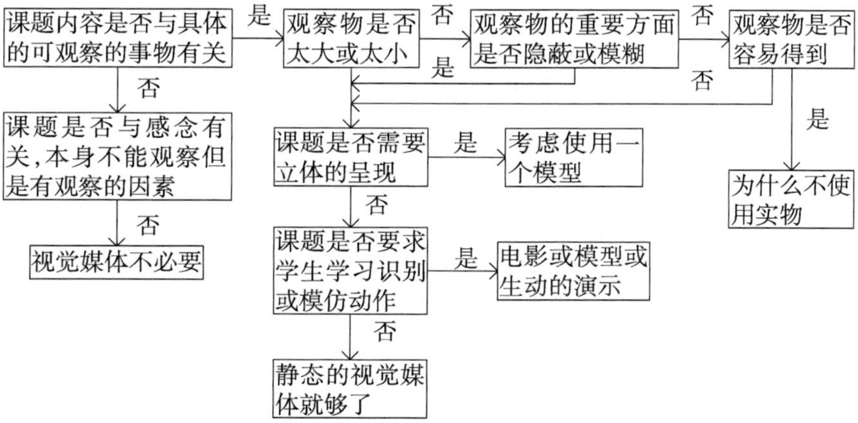

图 4-7　视觉媒体选择流程

三、教学媒体的运用

选择教学媒体的最终目的是为了在教学过程中有效运用。所谓有效运用，就是就要充分把握好学生认知过程和媒体特性之间的关系，以提升学生的认知能力。

（一）关注学生主体

学习的过程是一个知识获得的过程，而不是一个信息填充的过程。教学过程中，学生是学习的主体，教师仅仅是教学信息的提供者，学生知识生成的引导者和示范者。在教学过程中，教师引导学生生成知识的过程，而不是用教学信息填充学生大脑。

如果教师将学生当一个知识或信息的容器，那么不管是否使用教学媒体技术，他们都会像对待机器一样对待学生。如果教师将学生理解成有权利、身份和动机的人，能够主动思考的人，那么无论是否有教学媒体技术的帮助，他们都会将学生视为活生生的、能够从事知识生产的人。例如，学生学习处于一种高焦虑状态时往往会犯错误，学习效率低下。这时，如果能够恰当地使用媒体，使教学内容按照学生思维需求呈现，就有可能舒缓学习的压力，使学习过程变得轻松，教学过程凸显人性化。所以，教学过程中的技术化程度和人性化水平之间不存在必然的矛盾。

技术化和人性化不是一把尺子的两端，而是两个不同的变量，可以形成如图4-8所示的四种组合。技术化水平低并不意味着人性化水平高，如图4-8中的A区，使用传统的教学方式师生之间存在较少的互动就属于低技术和低人性化状态。当教师能够充分使用信息的各种呈现形式，能够适当地创造性地使用教学媒体和技术，就能为不同认知偏好的学生提供不同教学信息，产生高技术和高人性化的教学，这正是我们所期望的，如图4-8中的C区。

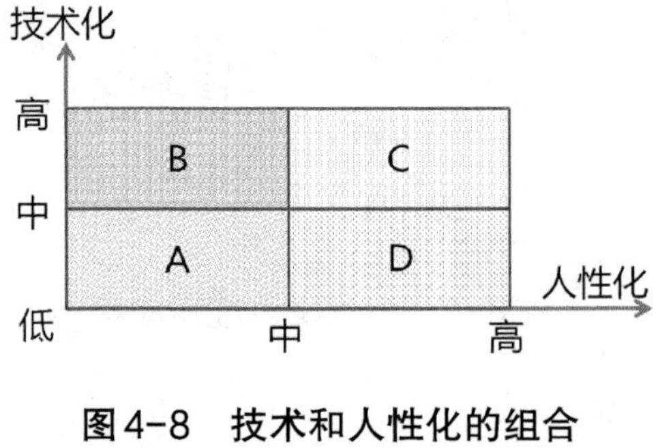

图4-8　技术和人性化的组合

（二）与知识类型要匹配

教学过程中使用那种媒体，与学生将要学习的知识类型密切相关。不同类型的媒体对某一类别知识的呈现力和作用效果是不同的。学生学习的知识可以划分成四个类别或层次，分别是事实性知识、概念性知识、方法性知识和价值性知识。

1. 事实性知识

事实就是客观存在的事情，也可以是现象或者是对现象的进一步加工与描述。对于事实，人们总有无可争辩、心悦诚服的感受。作为知识的一类，事实则作为本质，是一种理性直觉，指的是具有某种价值的要素和信息片段，如基本术语、时间、人物、代表作等。这类知识是需要学生精确记忆的。

对这类知识的教学要选择能够刺激学生，抓住学生注意力，让学生产生有效记忆的媒体，如提供精确的文字描述，使用能够表达事实的图片或视频资料，采用实物教学展示，给学生提供观察现象的机会等。

2. 概念性知识

概念是反映对象本质属性的思维形式，是人类在认识过程中从感性上升到理性而对某一类事物本质特征的抽象。概念有内涵与外延。概念的内涵是概念中思维对象的本质属性，而外延是概念所反映的具有本质属性对象的范围。我们能通常使用一个约定俗成的词汇或词组来表征一个具体的概念，并使用定义的方式来描述的。作为概念，名称、定义、属性和实例是四个关键的部分，如“函数的意义”“圆”“谓语”和“万有引力”等。

学习某一概念时，学生不仅需要知道或者记住概念的定义，还要知道概念的属性以及实例。概念学习过程不是一个简单记忆的过程，而是一个全面理解的过程。例如，“圆是到定点距离等于定长的点的集合”是概念“圆”的定义；对于概念“圆”的学习，学生首先要记住“圆的定义”，其次要知道圆的属性有“平面图形、封闭图形、存在一个圆心、圆心到圆上各点的距离为定长”，还要知道“用圆规画出是圆的、车轮是圆的、身上的纽扣也是圆的实例。在这个知识的教学中，媒体技术的直观特性就能够对学生的学习产生积极的影响，使用多媒体课件不仅能够向学生呈现文字性的信息，还能够使用图片和动画将概念定义的意义展示明了。

但是，对于社会或人文科学概念的学习，有的时候无法使用图片或动画来展示。例如，向学生讲解“谓语”的概念，只能够使用文字、语言做如下描述，“谓语是对主语动作或状态的陈述或说明，指出做什么，是什么或是怎么样，谓语动词的位置一般在主语之后，经常用动词和副词搭配，然后用来充当谓语动词”，并以大量的例句来辅助学生对于该概念的学习。

3. 方法性知识

方法性知识指做某事的方法、探究的方法，以及使用的技能、算法、技术准则，如解题的步骤、比较、分析、访谈技巧、写作艺术、教学设计、科学实验等。对于方法性知识，我们是可以教授给学生的。首先，在教学过程中，教师需要按照方法或程序的要求向学生展示该方法或程序的流程，使学生发生学习；其次，可以让学生观察教师的示范，或者观看动画与视频来学习；第三，让学生在真实的情境中去完成设计任务的操作是学习方法性知识的关键。将三者结合起来，学生可以先建立起方法性知识的理性概念，再在动手做的过程中加深该方法性知识的理解与运用，是媒体使用的最佳组合。

4. 价值性知识

价值性知识含义广泛。第一，关于方法价值、功能和意义的知识就是价值性知识。第二，态度、规范、美德、价值观、世界观也是价值性知识。

第一个方面的价值性知识规范着方法论，为个体思维指明了方向并提供激情与能量，是产生方法的一个必要条件。它是通过对方法的解析与反思获得的，人是理想的媒介。

第二个方面的价值性知识，可以通过向榜样学习来获得，图片、展览、参观、报告会、视频资料是教学中经常选择的教学媒体。

（三）灵活适当地使用

在实际教学中，教学媒体的使用不仅要考虑媒体切入的时间，还要考虑媒体的取舍问题。教学过程是教师和学生、学生和学生互动的过程。由于教师与学生的理解不同以及经验知识的不同，会导致实际的教学进程与教师教学设计中预设的程序有出入，产生预设与教学生成之间的矛盾。这就要求教师按照教学进程的需要灵活地运用媒体，在合适的时间，选择使用合适的教学媒体。

此外，教学过程不是媒体展示的过程，不是预设信息的简单传递，要充分考虑课堂教学过程中学生、教师以及设备本身因素的影响和限制。对符合教学进程需要的媒体与信息，按照课堂进程的需要进行强化处理，反之则省略。

第二节 开发软件资源

现代教学过程中，多媒体软件，尤其是演示型课件，已经成为一个不可或缺的元素。多媒体演示文稿的使用不仅改变了课堂教学信息传递的方式，也改变着课堂教学的基本结构。教师开发和利用多媒体课件的技能已经成为现代教师素质的一个重要部分。

一、多媒体课件资源检索

教师教学中使用的多媒体课件大体上可以有三种方式产生：对他人课件的修改，通过对他人课件的整合，自己全新设计与开发。无论是用哪一种方式，我们都需要借鉴或使用他人的教学资源；无论哪一种方式，都离不开多媒体资源的检索、获取和整合的技术。

(一)资源检索工具

互联网的广泛应用和发展，使世界范围内的信息交流、信息资源的共享成为现实。互联网打破了时间与空间的限制，拓展了人类信息空间，但是由于缺乏统一的组织与管理，要想从纷繁复杂、千变万化的信息中精确地找到自己所需要的信息并不是一件容易的事情。这就需要借助各种信息检索工具，即信息搜索引擎。

1.搜索引擎

搜索引擎是指在互联网中能够主动地搜索信息、组织信息并能够提供查询服务的一种信息索引系统。搜索引擎是互联网用户检索互联网信息资源的重要工具和获取信息资源的重要渠道。它提供的信息导航服务已经成为互联网上非常重要的网络服务，因此搜索引擎也被称为“网络的门户”。

2.搜索引擎的分类

一般说来，网络搜索引擎主要可以划分为两大类：全文搜索引擎和目录索引。其中，全文搜索引擎是目前广泛应用的主流信息搜索引擎。

（1）全文搜索引擎。全文搜索引擎又被称为全文检索，是指计算机索引程序通过扫描文章中的每一个词，对每一个词建立一个索引，指明该词在文章中出现的次数和位置，当用户查询时，检索程序就根据事先建立的索引进行查找，并将查找的结果反馈给用户的检索方式。这个过程类似于通过字典中的检索字表查字的过程。根据搜索数据来源的不同，全文搜索引擎可以分成两类。一类拥有自己的检索程序，俗称“蜘蛛”程序或“机器人”程序，能自建网页数据库。该类搜索引擎每隔一段时间，搜索引擎主动派出检索程序，对一定IP地址范围内的互联网站进行检索，一旦发现新的网站，它会自动提取网站的信息和网址加入自己的数据库。另一类则是没有自己的检索程序，而是租用上述搜索引擎的数据库为数据源，按自定的格式排列搜索结果。全文搜索引擎的优点是信息更新快，对用户使用水平要求较低，但是检索结果中存在着大量的冗余或虚假信息。

（2）目录搜索引擎。目录搜索指的是专业人员在广泛搜集网络在线资源的基础上，按照某种规划的主题分类体系编制可供检索的层次结构目录体系，用户在该目录体系指引下，可以找到相关的信息。其优点是收录的信息资源经过专业人员的筛选和组织，保证了信息的质量，提供了检索的准确性。但是由于涉及人工的筛选与审核，因此设计的范围有限，数据库规模较小，跟不上网络信息的高速发展。

（二）学习资源的获取

当用户使用搜索引擎查找信息时，搜索引擎会在数据库中进行搜寻，如果找到与用户要求内容相符的网站，则采用特殊的算法——通常根据网页中关键词的匹配程度、出现的位置、频次、链接质量——计算出各网页的相关度及排名等级，然后根据关联度高低，按顺序将这些网页链接返回给用户。

1.使用搜索引擎的一般方法

（1）打开搜索引擎网站。只要在浏览器地址栏中输入你选择的搜索引擎地址后按回车键即可。

（2）在搜索引擎输入框中输入你所要搜索信息的关键词。关键词的选择极其重要，如果选择不当就会出现太多的搜索结果，导致无法浏览有价值的资料。确定关键词时需要掌握以下原则：①关键词的表述要准确。②关键词与主题要相关，并且要简练。例如，搜索关于高中语文教材中《劝学》的教学资料，如果使用“劝学”做关键词，那么全文搜索引擎就会将含有“劝学”的所有网页展示给你，其中百度给出10 500 000条，中国搜索5 500 000

条，360搜索2 340 000条，搜狗有350 000条（以上是本书写作时间搜索的结果），这里包含了《劝学》的译文、注释、教学设计（教案）、课件，也含有“劝学”的其他资料和文章，有用的信息如大海中一滴水。这就需要添加关键词，再做进一步的限制。如果使用“劝学+语文”做关键词，那么得到的结果就会向我们的目标进一步聚焦，就会发现孙权的《劝学》和荀子的《劝学》等。此时虽然出现了你不想要的结果，但是也给了你启发，那就是学生在七年级学过孙权的《劝学》，可以在进一步使用诸如“劝学+语文+高中”“劝学+语文+高中+教学设计”或“劝学+语文+高中+教案”这样的关键词进行查询。但是，随着限制性关键词的增加，搜索结果会进一步聚焦，这种精确性的提升也会屏蔽更多的信息。

（3）打开搜索结果中的链接阅读或下载你搜索到的资料。

2.学会使用搜索命令

我们通常使用这些搜索引擎时都是使用默认的网页搜索，搜索的结果往往是海量的，从搜索结果中找到我们需要的课件、教案或者特定的信息无异于大海捞针，有时即便找到了我们需要的课件或教案，由于需要各种原因而无法使用。

为了使搜索结果更为精确，就需要学习一些搜索引擎的语法规则和逻辑运算符。下面以百度搜索为例来说明在关键词中如何使用语法规则和逻辑运算符。

（1）逻辑运算符和通配符。搜索引擎一般都支持附加的逻辑命令查询，常用的逻辑命令有AND、OR和NOT三个。①逻辑“与”命令。例如，搜索关于高中语文教材中《劝学》的教学资料，如果要搜索同时包含“荀子”和“劝学”的网页，就需要关键词和逻辑“与”组合。搜索引擎需要在多个关键字之间加上“+”或者一个半角空格书写成“荀子+劝学”或者“荀子 劝学”，搜索结果就会如图4-9所示。②逻辑“或”命令。如果要同时搜索包含“荀子”或者“劝学”的网页，这时就需要关键词的逻辑“或”组合。搜索引擎需要在多个关键字之间加上“OR”，这里必须注意的是“OR”一定是大写的半角字符，即搜索的关键词书写成“荀子OR劝学”。③逻辑“非”命令。减号“-”表示逻辑“非”操作。“A - B”表示搜索包含A但没有B的网页。如搜索含有“劝学”有不包含“荀子”的网页，则需书写的检索关键词“劝学-荀子”。④通配符。很多搜索引擎支持通配符号，如“*”代表一连串字符，“?”代表单个字符等。使用“荀*+劝学”关键词搜索的结果如图4-10所示，明显与使用关键词“荀子+劝学”的结果是不同的，这里不仅可查找关键词“荀子+劝学”，也查找到关键词“荀匡+劝学”。此外，在中文搜索中，搜索引擎支持中文词汇的自动拆分，如在搜索引擎中输入的关键词是“基础教育改革”，它会自动理解成“基础教育改革”和“基础教育+改革”两个关键词，并进行查询。这就是我们通常感受到的模糊查询。

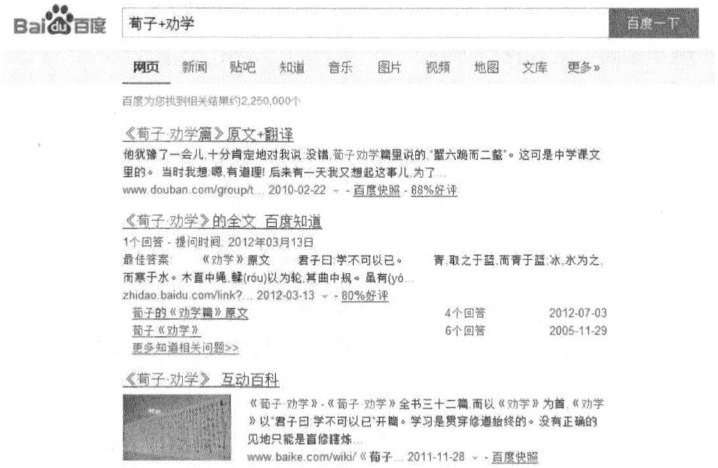

图4-9　在关键词中使用“与”逻辑运算符

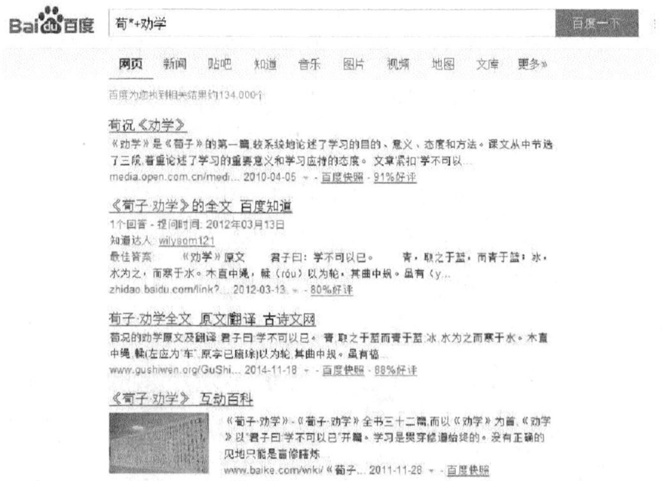

图4-10　在关键词中使用通配符

（2）特定语法命令。常用的搜索引擎不仅实现全文搜索，也允许我们使用命令对搜索进行自定义，以便我们缩小搜索的范围或搜索指定类型的文件。①用“intitle”把搜索范围限定在网页标题中。网页的标题通常是对网页内容提纲挈领的归纳，用“intitle:”命令把查询的关键词连接起来构成查询关键词，可以把查询内容的范围限制在网页的标题中。使用该命令时，“intitle:”一定要使用半角英文字符，否则该命令为错误。例如，要查询关键词“荀子”的网页，并且网页标题中有关键词“劝学”，可以输入关键词组合“荀子+intitle:劝学”或者使用“荀子 intitle:劝学”，如图4-11所示。②用“site”命令把搜索范围限定在指定网站中。在查询关键词后面加上“site:站点域名”就可以把搜索范围限定在这个网站中，以提高查询的针对性。例如，要在中国基础教育网（http://www.cbe21.com）上查找拥有关键词“荀子”的网页，可以使用关键词“荀子 site:www.cbe21.com”。③在某一类文件中查找信息。对教师来说，命令“filetype:”应该是最为实用的，因为它能够帮助我们找到特定属性的文件，如教学设计文稿PowerPoint类型的课件。使用该命令能够检索的文档类型有xls、ppt、doc、rtf、pdf等。例如，你要查找含有“荀子劝学”PowerPoint类课件，便可以使用搜索命令“荀子+劝+filetype:ppt”，如图4-12所示。

图4-11　在关键词中使用intitle命令

图4-12 在关键词中使用 filetype 命令

需要指出的是，没有哪一种搜索引擎是万能的。由于各种搜索引擎的数据库容量和编排方式的差异，不可能每个搜索引擎都面面俱到，解决你所有的问题。如果某一种搜索引擎中没有找到合适的结果，就要使用其他搜索引擎，查漏补缺，取长补短。

二、多媒体课件制作

多媒体课件是以计算机为中心的利用数字处理技术和视听技术，按照教师的教学设计，将文字、语音、图像等多媒体信息集成在一起，以实现对教学材料的储存、加工、传递、转换的计算机应用软件。多媒体课件应该具备两个基本特点，其一是一个软件，其二作用域是教学领域。

（一）多媒体课件设计流程

作为教学软件的多媒体课件的开发方法与过程与一般的计算机软件开发有着许多相似的地方。但是，教学软件是给学生提供学习环境，通过与学生的互动，使学生能够学习到特定的知识与技能，达成预期的教学目标，因此多媒体课件的开发过程与教学设计密不可分，如图4-13所示。

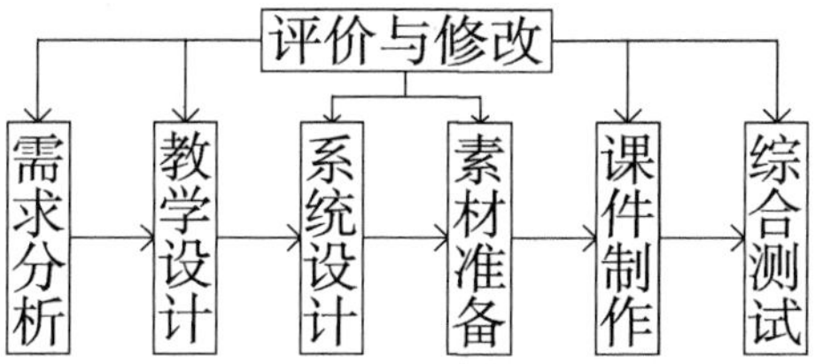

图4-13 多媒体课件的设计流程

1.需求分析

多媒体课件的必要性分析是设计多媒体课件的第一步，主要是论证设计多媒体课件的必要性和可行性。在论证过程中，需要回答和研究下列问题：针对具体的教学目标，用多媒体呈现教学内容是否更有优势？多媒体课件在达成教学目标和深入理解教学内容方面是否能够给学生提供更多、更有益的帮助？设计多媒体课件的代价有多大？是否容易实现教学内容的呈现？学生是否具有使用多媒体课件的基础知识和技能？教学过程中，多媒体课件的运行环境，包括硬件环境（计算机硬件的配置、对声音、图像设备的要求）和软件环境（操作系统、多媒体课件播放系统、网络系统）是否具备？

2.教学设计

教学设计是指为了达到预定的教学目标所进行的教学内容的选择、教学内容信息的呈现方式处理、教学环节的安排、教学模式的运用、评价教学效果工具和方法的设计等。这是多媒体课件设计的关键环节和出发点。一般说来，与多媒体课件设计相关的教学设计任务有下列几个问题需要思考：能否将教学内容划分为适合多媒体表达的单元或知识点？多媒体课件如何适应已经选择的教学模式？不同的教学内容所使用的多媒体信息形式（文本、图形、动画、声音或视频等）有哪些？

教学设计最能体现教师的教学风格、教学能力和教学经验，是教师教学思想和教学理念的具体体现，是多媒体教学课件的灵魂。

3.系统设计

系统设计是多媒体课件框架的设计。多媒体课件具有储存信息量大和交互性能好的特点，因此必须设计好软件的整体架构和各个软件模块之间的关系，这样才能保证教学软件体现最佳的教学效果。系统设计包括下列两个工作。第一，厘清教学单元之间的逻辑关系或层次结构。教师必须能够清晰地表达教学内容之间的逻辑关系是什么，勾画出课程的概念图。第二，确定课件的开发环境。根据选择的教学内容和教学模式确定多媒体课件制作的硬软件环境，如媒体设备、写作系统和工具软件等。

4.素材准备

恰当地选择多媒体教学课件的素材能够使教学软件的表现力更为强大。表现力强的课件有利于激发学生的学习动机，有利于学生由感性认知到理性认知的升华。课件可以使用的素材包括文本、图形、图像、动画、声音、视频等。素材准备工作主要是文本的录入，图形、图像的制作或检索，动画的编写或视频的录制与加工等。要根据教学目标和教学内容需要来准备课件中使用的素材，以比较理想形式呈现教学内容为条件，满足学生看得清、听得懂、记得牢的基本学习需求，不要一味地追求华丽而选择不符合教学规律和教学需求的素材。

5.课件制作

当多媒体课件所需的文字、图片、图形、音频、动画、视频等素材准备好后，就可以选择多媒体集成工具进行课件的制作了。选用编程平台或软件工具，将已经准备的素材按照教学设计的逻辑结构的要求整合起来，制作成交互性强、操作灵活、视听效果好的教学软件。

6.综合测试

一般说来，编写好的教学媒体软件要经过反复的调试与试运行，直到符合教学设计的要求。首先，要检查教学软件是否符合教学目标的要求；其次，对教学软件信息的呈现、交互性、教学过程的控制进行评估；最后，关注教学软件的美学效果。通过测试，发现在程序编写阶段未能发现的逻辑错误、技术错误和不足，进而修改教学软件，使之达到教学目标的要求。

（二）多媒体课件制作软件

目前，用于制作多媒体课件的软件众多，如PowerPoint、Flash、Author-Ware、几何画板等。这些工具软件各具特色，功能各异。作为教师，应该综合考虑各个软件的功能和使用成本来选择属于自己的多媒体软件集成工具。

从目前教师最经常使用的工具来看，PowerPoint是一个比较理想的多媒体课件制作和集成工具。

1.PowerPoint基础知识

信息窗4-3

关于PowerPoint

PowerPoint原本来自于Bob Gaskins的主意。当时,他理解即将到来的计算机时代可能会推翻演示文稿设计而与1984年在Forethought公司和Dennis Austin一起实施了一个名叫Presenter项目,由Dennis Austin与Tom Rudkin设计了原始版本的程序,Bob后来建议了该产品名“PowerPoint”,该名称最后变成产品正式名称。PowerPoint 1.0于1987年在苹果麦金塔电脑上发布。该软件一开始只有黑色与白色,只为透明投影幻灯片产生文字与图形页。同年,微软收购了Forethought公司,在1990年发布了第一个视窗版本的PowerPoint。

自1990年以来,PowerPoint成为微软Office套餐程序的一个标准成员,成为一款受到大众喜爱的演示文稿制作软件。

[资料来源] http://zh.wikipedia.org/wiki/Microsoft_PowerPoint

自1990年PowerPoint成为Microsoft Office套餐程序的一个标准组件以来,伴随着Windows的更新,PowerPoint已经产生了十余个版本。目前比较流行的版本是PowerPoint 2010。

(1) PowerPoint的工作界面。作为Microsoft Office 2010组件的PowerPoint 2010,它的工作界面与Word、Excel等软件相似,都沿袭了Windows的风格,由标题栏、菜单栏、幻灯片编辑窗口、大纲/幻灯片窗格、备注窗口、视窗切换按钮和状态栏等部分构成。

(2) PowerPoint的视图方式。PowerPoint 2010有普通试图、幻灯片浏览视图、阅读视图和幻灯片放映视图四种常用的视图。①普通视图。普通视图是PowerPoint 2010的默认视图,它是演示文稿制作过程中最基本的视图模式,如图4-14所示。普通视图主要由大纲幻灯片窗格、幻灯片编辑窗口以及备注窗口组成。普通视图主要应用于编辑单张幻灯片的内容和调整幻灯片的总体布局,还可以在备注窗格中添加需要注明的信息。②幻灯片浏览视图。单击幻灯片浏览试图按钮,演示文稿将切换到幻灯片的浏览视图。在该视图中,幻灯片以缩略图的形式排列,用户可以方便地查看幻灯片的背景及其配色方案等整体效果。通过幻灯片浏览视图，可以进行复制、粘贴、删除幻灯片以及直观地调整幻灯片的顺序等操作，但是无法编辑单张幻灯片的内容。③阅读视图。单击幻灯片阅读按钮，演示文稿将切换到类似于幻灯片全屏显示方式，只不过保留了Windows的状态栏。④幻灯片放映视图。单击幻灯片放映视图按钮，演示文稿将切换到幻灯片放映视图模式，它以全屏幕方式显示演示文稿中的幻灯片。通过幻灯片视图，演示文稿的书写者可以查看演示文稿的演示效果，幻灯片放映视图模式就是真实的演示文稿播放效果。

图4-14　普通视图

2. 深入理解PowerPoint

（1）PowerPoint是一个程序开发系统。PowerPoint是一种基于图形的演示文稿编辑或制作软件。首先，利用PowerPoint演示文稿的开发者，可以独自或联机创建视觉效果的电子出版作品。其次，PowerPoint具有较强的多媒体支持功能，利用PowerPoint制作的文稿是一个优秀的视听作品。最后，通过超级链接技术，能完成复杂的人机互动编程，制作功能强大的交互作品。

（2）PowerPoint也可以理解成一个作品。用PowerPoint制作的作品叫做演示文稿，是由不同的页面构成的，其中每一页面叫幻灯片。每张幻灯片都是演示文稿中既相互独立又相互联系的内容。我们不仅可以在计算机上演示文稿，也可以将演示文稿打印出来，或制作成胶片，应用到更广泛的场合。演示文稿由多个幻灯片组成，文字、图像、视频和其他对象被安置在个别幻灯片上。演示文稿中的每一个幻灯片上有可以包含多种类型的对象并给这些对象赋予动作。幻灯片上包含的对象有文本框、艺术字、表格、图表、曲线图、图片、照片、动画、音频、视频以及Microsoft Office文档、PDF文档等。

更关键的是，通过对对象施以动画设置，那些属于静态的对象能够动起来，可以创作出动感十足的演示文稿。

（三）用 PowerPoint 制作课件

由于PowerPoint使用简单、容易上手、功能强大，所以越来越多的人使用PowerPoint来辅助演讲和教学，PowerPoint演示文稿已经成为教师制作课件的主流工具。下面我们以PowerPoint 2010为例，来制作课件。

1.演示文稿的创建

在PowerPoint 2010中，创建演示文稿有四种方法。

（1）空演示文稿。创建演示文稿不使用任何模板，可以根据课件的需要来设计幻灯片的背景颜色、文字格式等效果。

（2）使用主题设计模板。应用设计模板可以为演示文稿提供完整、专业的外观，内容可以自主定义和添加。操作过程是在空演示文稿状态下，选择设计选项卡，点击相应的主题选项。

（3）利用内容提示向导。内容向导提供了不同主题及结构的演示文稿示范，通过对这些演示文稿的修改，可以制作出相应的演示文稿。操作过程是在空演示文稿状态下，选择文件→新建，使用可用的模板与主题或微软官方网站上提供的内容导向模板。

（4）运用现有的演示文稿。通过修改现有的演示文稿来获得新的演示文稿。

2.幻灯片的编辑

一个演示文稿有多个幻灯片构成。在演示文稿的编辑过程中，要在演示文稿中进行幻灯片的添加与删除或者重新排序，这就需要了解幻灯片的编辑操作。

（1）添加新幻灯片。在PowerPoint 2010普通视图中，在大纲/幻灯片窗格中鼠标右键单击要添加幻灯片的位置，选择弹出菜单中的新建幻灯片，便可以在该幻灯片之后插入一张新幻灯片；在浏览视图中的操作与普通视图相同。

（2）删除幻灯片。当某一个幻灯片不再需要时，可以在普通视图的大纲/幻灯片窗格或浏览视图中通过右键单击要删除的幻灯片，在弹出菜单中选择剪切或删除幻灯片命令，就可以完成幻灯片的操作。

（3）移动幻灯片。当某一个幻灯片的位置需要改变时，可以在普通视图的大纲/幻灯片窗格或浏览视图中通过鼠标左键拖动相应的幻灯片到需要位置即可。

（4）复制幻灯片。复制幻灯片命令能够提高演示文稿的编辑效率，可以有两种方法。①当某一个幻灯片需要复制时，可以在普通视图的大纲/幻灯片窗格或浏览视图中通过右键单击要复制的幻灯片，在弹出菜单中选择复制命令，幻灯片的信息就放入系统的剪切板，然后在需要的位置通过单击鼠标右键，执行弹出菜单中的粘贴命令就在这个位置粘贴上一个相同的幻灯片。②可以在普通视图的大纲/幻灯片窗格中通过右键单击要复制的幻灯片，在弹出菜单中选择复制幻灯片命令，就会在该幻灯片之后产生一个和原幻灯片相同的幻灯片。

（5）幻灯片的隐藏。由于班级学生基础的差异，教师会在不同班级使用有差异的教学信息。教学课件设计中可以考虑设计一个大而全的课件，在不同班级使用有选择地播放。当某一个幻灯片需要隐藏时，可以在普通视图的大纲/幻灯片窗格或浏览视图中通过右键单击要隐藏的幻灯片，在弹出菜单中选择隐藏幻灯片命令，这个幻灯片的信息在放映时就不会出现。当需要播放时，再次使用隐藏幻灯片命令，该幻灯片就可以正常显示了。

3. 课件中媒体元素的添加

PowerPoint演示文稿中丰富多彩的教学信息是通过多媒体形式呈现的，如何在幻灯片上添加这些信息呢？PowerPoint 2010系统中的插入选项卡提供了这一功能。通过普通视图的插入选项卡，我们可以在幻灯片上添加各种需要的对象。

（1）文本的添加。每一个幻灯片可以理解成一个画片，我们可以书写需要的文字或符号。①文本添加的方法。第一，使用文本占位符。插入一张新幻灯片后，幻灯片上会出现一些虚线框，虚线框内部有提示性的文字，如“单击此处添加标题”或“单击此处添加文本”。这些虚线框被称为文本占位符。在文本占位符中单击，就可以输入所需要的文字。第二，使用文本框。通过单击插入选项卡也可以自行添加一个文本占位符，称为文本框。第三，使用图形。通过单击插入选项卡，在幻灯片上添加一个需要形状的图形后再添加文字。第四，从其他应用程序中复制粘贴。从Word、Excel、PowerPoint或网页等应用程序中选取文字并复制到PowerPoint演示文稿中，插入文本后，占位符、文本框和形状的大小可以通过选中占位符、文本框和形状，执行设置形状格式命令来完成大小的定义。②特殊符号的添加。特殊符号，如汉语拼音、国际音标、拉丁文字符等，是课件中不可缺少的元素。特殊符号无法使用键盘直接输入，要通过插入特殊字符来完成。在PowerPoint 2010中，特殊符号和文字一样要求完整地放入一个占位符、文本框中。③公式的添加。数学、物理、化学等科学课程课件中不可缺少公式。在PowerPoint 2010中，公式的输入有两种方法：添加一个文本框，再使用插入→公式命令添加符号与公式，该方法提供了比较常用的公式，通过公式的修改，实现公式的快速输入；使用Microsoft公式3.0编辑器输入的公式。

（2）图形或图像的添加。PowerPoint 2010的图形功能较为强大，可以支持形状、SmartArt、图表、剪切画，以及外部图片。①插入图形。第一，图形。这可以是文本占位符的一种，用来输入文字和字符，也可以使图像占位符，用来放置图像。第二，SmartArt。SmartArt是一种有组织的图形，是信息和观点的视觉表示形式，如图4-15所示。当你需要反应信息之间的关系时，可以通过从多种不同布局中进行选择来创建SmartArt图形，从而快速、轻松、有效地传达信息。第三，图表。图表是一种将对象属性数据直观、形象地表达，是数据信息“可视化”的手段。插入图表时，系统会为你提供不同图表的选择提示，选择后，点击确定，自动打开微软的Excel数据处理系统。通过在Excel上编辑数据来达到对图表的输入和修改，数据输入完成后，关闭Excel，图表输入完成。②插入图像。第一，插入剪贴画。剪贴画是Microsoft Office系统中自带的图像。剪贴画的插入有两种方式：一种是在含有剪贴画版式的幻灯片中，双击剪贴画图标，弹出选择剪贴画对话窗口，单击需要的剪贴画，就完成了剪贴画的添加；另一种方法，使用插入→剪贴画来完成剪贴画对话窗口的调用。第二，插入屏幕截图。插入屏幕截图有两种方法：一种是将要截图的屏幕是当前窗口的情况下，按下键盘上的$\frac{\text{PrtSc}}{\text{SysRq}}$键，再使用粘贴命令放置在需要插入的幻灯片上；另一种是使用插入→屏幕截图，选择需要的屏幕完成。第三，插入外部图像。Microsoft Office允许使用其他图像编辑软件处理的图像文件。插入图像文件有两种方法：一种是使用插入选项卡上的命令，选定要插入图像的幻灯片，单击“插入”选项卡中的“图片”命令，会弹出“插入图片”对话窗口。另一种，是找到图像文件，通过复制和粘贴操作来完成图像文件的引用。

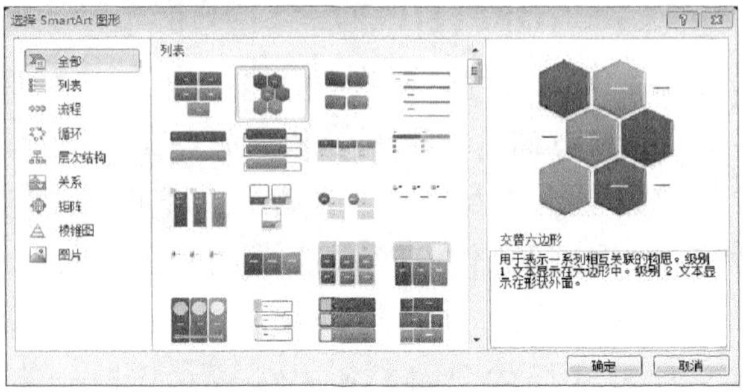

图4-15 SmartArt图形

（3）音频的添加。PowerPoint 2010系统中插入选项卡中的音频命令提供了插入音频对象的三个命令，即文件中的音频、剪贴画音频和录制音频。①文件中的音频。可以从多种音频文件中选择，将它们嵌入或链接到PowerPoint 2010演示文稿中。选择要插入音频的幻灯片，点击插入选项卡中的音频项目中的文件中的音频命令，系统会弹出类似插入图片窗口的插入音频的对话窗口。在插入音频对话窗口中，通过选择音频文件所在的位置和文件，单击确定按钮，完成音频文件的引用。②剪贴画音频。PowerPoint 2010自带了一个媒体剪贴库，提供了音频媒体类型。选取要插入音频的幻灯片后，单击插入选项中音频选项的剪贴画音频命令，会出现“剪贴画”任务窗口，该窗口中罗列了系统自带的音频剪切文件。单击声音文件图标，可将其插入幻灯片中。③录制音频。在PowerPoint课件中有时需要添加自己录制的声音，如语文或外语课文中对文章的朗读、对某些文字的解说、让学生听写词语的片段等。PowerPoint提供了这样的录音功能，为课件的制作提供了方便。选择插入选项卡中音频选项中的录制音频命令，系统将打开录制音频的对话框口，录制完成后，单击确定按钮，就可以将录制的音频插入到幻灯片中。

（4）视频的添加。PowerPoint 2010提供了对视频的支持功能，能够方便地向幻灯片中添加视频文件，以丰富演示文稿的内容。执行插入选项卡中视频选项，会弹出插入视频文件对话框，插入PowerPoint直接支持的视频文件，如表4-2列举了系统直接支持的视频文件格式。与音频片段定义类似，PowerPoint也可以定义视频片断，其操作方法与音频片段定义相似。

表4-2　常用的视频格式

文件类型	扩展名	文件类型描述
Windows 视频文件	.avi	音频视频交错。这是一种多媒体文件格式，用于存储格式为 Microsoft 资源交换文件格式（RIFF）的声音和运动画面。这是最常见的格式之一，因为很多不同的编解码器压缩的音频或视频内容都可以存储在 .avi 文件中。
电影文件	.mpg 或 .mpeg	运动图像专家组。这是运动图像专家组开发的一组不断发展变化的视频和音频压缩标准。这种文件格式是为与 Video-CD 和 CD-i 媒体一起使用而专门设计的。
Windows Media Video 文件	.wmv	Windows Media Video。这种文件格式使用 Windows Media Video 编解码器压缩音频和视频，这是一种压缩率很大的格式，它需要的计算机硬盘存储空间最小。

（5）动画文件的添加。PowerPoint 2010支持用于网页的图形交换格式的动画，即GIF动画。使用搜索引擎找到动画后，通过复制粘贴可以直接添加到幻灯片中，也可以将动画下载到本地计算机，直接复制粘贴到目标幻灯片。但是，在普通视图下，添加的动画并不动，只有在阅读视图或幻灯片放映视图下才能看到动画的动作效果。

（6）其他文件对象的添加。文件也可以作为对象添加在幻灯片中，如图4-16所示。在工作中，我们会搜集到大量与授课内容相关的Word、PowerPoint、Excel以及PDF文档，往往将它们放在一个文件夹中来保存着，当需要时再一次进行查询，不便之处是显而易见的。PowerPoint提供了用文件创建对象的功能使得这种情景改变了。我们可以将这些文件作为一个对象放置在幻灯片中，在使用时调用。PowerPoint的这一功能，使得它更像一个功能强大的电子资源管理器，或者是一个万能的笔记本。

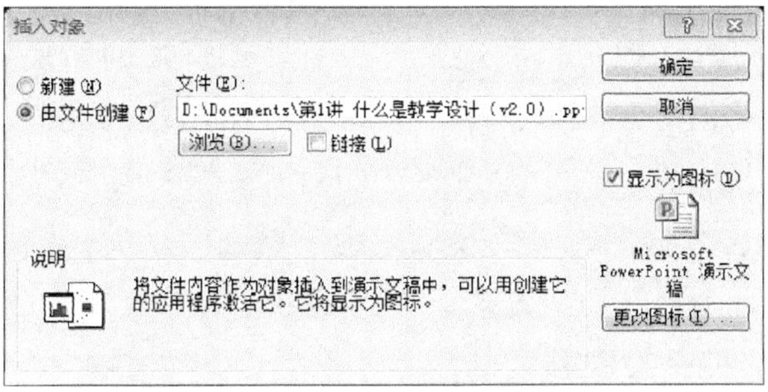

图4-16　插入文件对象

4.动画效果的设置

PowerPoint能够赋予幻灯片上的文本、图形、图片以及其他对象以动作，实现动画效果的自定义。系统的这一功能使得我们的课件增加了趣味性，能够突出重点和难点，能够吸引学生的注意力，有助于改善教学效果。

（1）为幻灯片上的对象添加动画效果。PowerPoint 2010的动画功能相当完善，我们可以借助系统提供的对象进入、退出、强调和动作路径效果命令，组合出对象的各种动画模式。①在普通视图中，选定一张幻灯片，并选中一个以动画形式实现的对象，点击工具栏上的动画选项卡，如图4-17所示。②点击添加动画选项，能够看到对象进入、退出、强调和动作路径效果设置的子选项，点击需要的选项便可以完成对象动画动作的定义。③为选定的对象设置一定的动画效果后，通过动画窗格对动画的效果和动画的播放做进一步的设置，包括动画的开始方式、动画的播放速度控制、动画播放顺序的调整以及动画效果的删除等。

图4-17 动画设置选项卡

（2）幻灯片切换效果的定义与设置。幻灯片的切换效果是指幻灯片放映过程中从一张幻灯片切换到另一张幻灯片时出现的类似动画的效果。在普通视图或浏览视图中，选中要设置的幻灯片；选择切换选项卡，在切换到此幻灯片一栏中选中需要的切换效果。为了增强演示文稿的播放效果，可以每一张幻灯片设置不同的切换方式，以达成丰富演示效果的目的。

5.课件中的交互控制

交互性一直是PowerPoint早期版本的一个弱点，PowerPoint 2010在这方面有一定的改进，提供实现交互的三种方式，即设置超链接、动作和高级动画。

（1）设置超链接。在多媒体演示文稿中，超链接主要用于制作导航。选择幻灯片中的字符、文本框、图形、图像或其他对象，然后选择插入选项卡中的超链接选项，打开超链接对话窗口，如图4-18所示；在“链接到”列表中选择“本文档中的位置”，在“请选择文档中的位置”列表中列出可以选择的幻灯片；选择需要超链接的幻灯片；单击“确定”按钮，完成超链接设置。如果要链接到已有的演示文稿或其他文件，需要在“链接到”列表中选择“现有文件或网页”，在相应的对话框中选择文件的位置和文件的名称；如果要链接的是网页，可以在相应的地址栏中输入网页所在的地址。演示文稿播放时，单击超链接就会打开相应的幻灯片、文件或网页了。

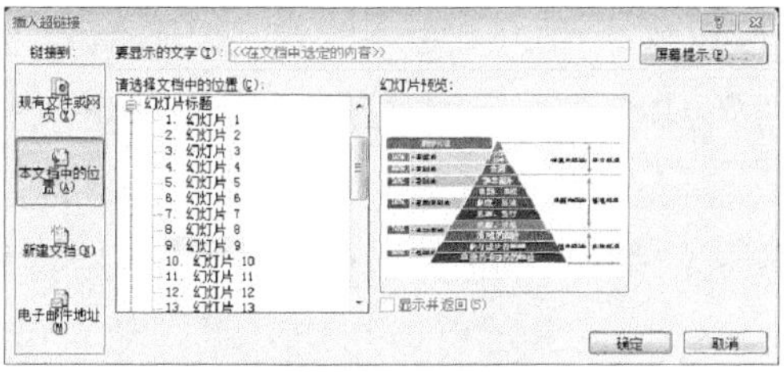

图4-18　超链接对话窗口

（2）动作。使用PowerPoint 2010的“动作”也可实现交互设置。在幻灯片上选择对象，在选择插入选项卡中的“动作”选项，会出现动作设置的对话窗口；通过动作设置对话窗口来完成动作的设置。在动作设置窗口中，“单击鼠标”选项卡用于设置在对象上单击鼠标时的动作，“鼠标移过”可以设置当鼠标指针移动经过对象时所产生的动作，两者设置的动作内容完全一样。选择“无动作”单选按钮，表示单击该对象时没有任何动作发生；选择“超链接到”单选按钮，可以展开超链接列表，从中选择超链接的对象；选择“运行程序”单选按钮，则单击该对象将自动运行所选择的程序。如果选择“播放声音”复选框，执行动作时会播放相应的声音。

（3）高级动画。在以前的版本中，高级动画又叫触发器。当幻灯片中的某个动画效果只有在单击某个对象后才会出现，这个对象就叫做触发器。在PowerPoint中，文本框、形状、图形和图像都可以称为触发器，利用触发器可以实现动画对象的随机播放。要为某个对象的动画效果设置触发器，需要使用“动画”选项卡中的“高级动画”和“计时”选项，并在“计时”选项卡中具体进行设置。

6.课件的放映

不同的场合、不同的演示环境需要不同的放映方式。

（1）设置放映方式。打开“幻灯片放映”选项卡，选择“设置幻灯片放映”选项，系统会出现设置放映方式对话窗口，如图4-19所示。通过设置“放映类型”选项组中的内容可以指定放映类型。①演讲者放映（全屏幕）：演示文稿全屏幕显示，演讲者拥有全部的控制权，既可以自动播放，也可以人工播放。②观众自行浏览（窗口）：演示文稿以小型窗口方式播放，类似于幻灯片的阅读视图，用户可以通过PgUp和PgDn键来控制幻灯片播放的前进或后退。③在展台浏览（全屏幕）：演示文稿自动播放。使用这种放映方式，需要预先为演示文稿的播放设置好排练计时，否则演示文稿永远停留在第一张。使用“排练计时”功能为每一种幻灯片设置放映时间，以便在放映时自动播放。同时，不要忘记在“换片方式中”设置“如果存在排练时间，则使用它”项目。在“放映幻灯片”选项组中，可以指定要放映的幻灯片，可以播放演示文稿中的全部幻灯片，也可以指定从某一张连续播放到某一张。

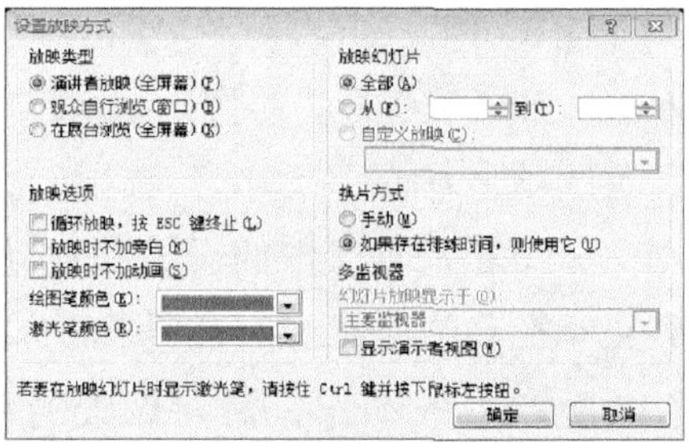

图4-19 设置放映方式对话窗口

（2）自定义放映。自定义放映功能允许设置演示文稿的某部分展示给学生，这样一个演示文稿可以适应于不同的班级教学的场合。选择“幻灯片放映”选项卡中的“自定义放映”选项，系统出现“自定义放映”对话窗口，通过“新建”命令，定义出多个放映方式。不同的幻灯片放映组合可以满足不同班级的实际教学需要。

三、多媒体课件艺术化

长期以来教师提供给学生的多媒体课件过分依赖文字符号的使用，这种做法制约着学生学习兴趣的激发、学习效率的提升和学习质量的改进。在知识可视化高度发展的今天，如何直观地表达信息和知识结构，给学生提供具有视觉美感的学习材料是教师必须面对的课题。

（一）幻灯片上对象的处理

幻灯片上添加的对象都是以缺省的面貌呈现的。PowerPoint 2010拥有强大的艺术化处理功能，能够帮助我们制作出绚丽的幻灯片。

1.占位符、文本框和形状的处理

在PowerPoint 2010中，占位符、文本框和形状可以使用相同的处理方法，来达到填充、边框、轮廓以及形状效果（如阴影、映像、发光、边缘柔化、棱台和三维旋转等）的定义，增加文字和字符信息显示的效果。

①选择幻灯片中要处理的占位符、文本框和形状；②点击“格式”选项卡；③使用“格式”选项卡中“形状式样”栏的快捷式样选项（如图4-20所示），来快速定义；④打开“形状填充”“形状轮廓”和“形状效果”下拉菜单，使用相应的图标对对象的属性做精细定义，一个艺术化和专业化的占位符、文本框和形状就呈现在幻灯片上。

图4-20　形状式样定义选项

2.图片和图像的处理

PowerPoint 2010拥有强大的图像格式处理功能，如设置图片的式样、图片的剪裁、清除图像背景、更正图片的颜色、添加艺术效果等。虽然这些功能没有图像处理软件专业，但是简单又直观的操作为非专业人员创建艺术化演示文稿提供了可能。

使用这些功能时，首先要选择幻灯片上要处理的图片，接着点击系统的“格式”选项卡，这样就可利用工具栏中的“剪裁”“图片式样”和“调整”工具来处理选择的图片了。

（1）图片的剪裁。在“格式”选项卡“大小”栏中“剪裁”选项的下拉菜单中，系统不仅提供了图片大小剪裁的命令，也提供了将图片剪裁为不同形状的命令。使用这些命令，可以将图片的大小和形状剪裁成任何期望的

样子。

（2）图片式样的设定。通过选择“图片式样”栏中的快捷工具，可以对图片式样，如边框颜色和式样进行快速的设定；在“图片效果”下拉菜单的提示下，可以实现图片阴影、映像、发光、柔化边缘、棱台和三维效果的设置；通过“图片板式”下拉菜单中的命令，选定的图片将快速成为SmartArt图形的一个组成部分。

（3）清除图片背景。PowerPoint 2010这一功能类似于图像处理软件中的抠像。①选中幻灯片中的图像；②点击“格式”选项卡；③在“格式”选项卡中点击“删除背景”选项，系统显示“背景消除”选项卡；④通过调整从图像处理区域的大小和使用“背景消除”选项卡中的“标记要保留的区域”和“标记要删除的区域”将保留和删除的区域严格定义好；⑤鼠标点击图片以外的任何位置，完成图像的背景消除任务。

图4-21 清除图片背景

（4）图片的艺术处理。图片的艺术处理，如图4-22所示，包括：①改变图片的分辨率；②改变图片的亮度、对比度和清晰度；③更改图片颜色，改进质量，以匹配文档的内容；④将艺术效果添加到图片，使得图片更像是草图或者油画。

图4-22 图片颜色和艺术处理效果

以上这些技术是通过“格式”选项可中的“更正” “颜色”和“艺术效果”选项来轻松实现的。

（二）幻灯片的视觉艺术设计

视觉最重要的作用是为概念提供一个具体的参照物。语言看起来、听起来都不像他所表达的事物，但是视觉元素是图标，和所表达的事物在形象上具有相似性，能够让学生容易捕捉到真实事物的更多特征。视觉符号更能够吸引学生，使学生保持注意力，引起情感上的反应，从而激发学生的学习兴趣。同时，视觉符号还具有信息的组织功能，可以简化那些难以理解的信息，如流程图和时间线图可以直观地表达信息元素之间的关系。所以，幻灯片设计就是创作艺术化的视觉图画。

1.幻灯片艺术化的基本原则

面对平面视觉设计，专业的设计师会考虑许多因素，如元素、色彩、构图、心理效应等，是一个非常复杂的系统工程。作为一个教师，我们不是视觉设计专业人士，仅仅从更好地传递教学信息出发，坚持视觉设计的基本原则就可以了。

（1）清晰易读。只有让学生看清楚文字、符号、图像，这些视觉符号才能起到清晰传递信息的作用。但是，有很多课件的幻灯片上密密麻麻都是文字，字体太小，文字的颜色和背景色比较近似，或者幻灯片的背景就是一张图片并且图片和文字重叠在一起等，根本看不清幻灯片上的文字或字符，更谈不上传达信息了。这样的幻灯片就达不到清晰传递教学信息的作用，所以视觉设计的首要目标就是尽可能地剔除那些影响信息传递的障碍。

（2）表达直观。作为视觉设计者，必须了解怎样使学生花费很少的工夫就能够明了视觉符号的意义，让学生将更多的精力投入到理解信息背后的意义上，而不是揣摩信息是什么。

（3）突出重点。把学生的注意力吸引到授课内容上来是课件设计的目标之一。整体设计风格加上定向的引导应该是一个好的方法。

（4）吸引学生。吸引学生的注意力并引导他们思考是课件的最终目标。例如，利用学生的新奇感，吸引他们的注意力；使用特殊的图形或图像和交互元素，引导学生积极主动地理解教学内容；选择适合学生视觉风格的画面，抓住学生的注意力。

2.幻灯片艺术化的基本考虑

为了实现上述的四个基本目标，教师在进行课件版面视觉设计的时候，就面临如何选择和安排多媒体元素，以达到视觉设计的良好效果。

（1）元素。在进行幻灯片设计的时候，我们首先要收集一些媒体素材，如文字、图片、图像、音频和视频。①视觉元素。在特定的环境中，要按照学习任务的需要来进行视觉元素的选择。在戴尔“经验之塔”中，作为一种学习资源，视觉符号可以分为三种：图像符号、图示符号和语言符号，如图4-23所示。不同的视觉表现形式反映了从高度真实到高度抽象的不同层次。真实的视觉符号呈现显示的学习对象，逼真的色彩增加了图片的真实感，但是真实的视觉符号也不能完全代表现实世界的真实，图片永远不能反映现实世界的特征，即使三维的彩色动画也是如此。人们倾向于，视觉表达越真实，传播效果越好。实际上，过分真实的图片可能会干扰信息的传播和学生的学习，因为学生从大量的无关信息中挑选出有用的信息的能力随年龄增加而增加，对于第一次接触新知识的学生来说，细节过于丰富的图片反而会干扰他们的注意力，降低学习效率。这种情况下，简单的能够表达事物特征的格式画或概念图式会更为合适和恰当。②文字和字符。教学多媒体课件无法绕过的素材就是文字和字符。在使用文字和字符的时候，要保证文字和字符清晰，易于学生识别和阅读；让学生能迅速地看清楚信息，并突出重点。为了提升课件的艺术性，我们总是习惯使用太多的字体。实际上，这种做法并不合适。幻灯片设计使用的字体格式的数量不要太多，使用的字体风格要一致，并与其他视觉元素的风格相协调，最好选择简洁、没有修饰过的字体。此外，必须注意的是，不同学段的学生对字体的习惯是不同的。幼儿园和小学生更习惯楷书字体，因为他们的课本都是使用楷书字体印刷的；中学生更习惯使用宋体和黑体。考虑学生们观看幻灯片时的平均距离是在6米左右，所以文字的大小也要充分地考虑。按照经验，要保证屏幕上的文字大小在12厘米×12厘米左右，才能保证坐在后排的同学看清楚文字信息。对于小学生，还要是用更大一点的文字。文字的颜色必需和幻灯片的背景色形成鲜明的对比，一方面是为了清晰易读，另一方面是可以突出主题，把学生的注意了吸引到重要的文字信息上。③增加吸引力。如何通过幻灯片的艺术化处理来增加对学生的吸引力？提高视觉冲击力是可靠的手段！如一个强烈冲突的文字大小和颜色的安排，都可以造成学生的新奇感，使学生精神振奋。

图像符号		图示符号			语言符号	
					承载人的交通工具	小汽车
照片	图解	概念图示	格式画	简笔画	语言描述	名词
具体 ←——→ 抽象						

表4-23　视觉符号的类型

（2）布局设计。精心设计的画面整体布局牵引学生对画面的阅读。当画面中使用的要素之间存在一定的关系时，元素的排列方式能够帮助学生理解信息背后的意义，所以确定好画面中要使用的元素后，接下来的问题就是考虑画面的整体布局。①元素的排列方式。幻灯片画面设计中，认真地安排各元素之间的相对位置，清晰地呈现他们的视觉关系，有助于学生将注意力集中在画面传达信息的重要元素上，有效地提取重要的信息。当元素在水平和垂直方向上对齐的时候，学生就容易注意到元素的内容。当使用形状和文本框的时候，对齐文本框，让他们构成一个规则的图形，是我们常用的策略。如果各元素之间存在某种逻辑关系，尽可能将这种关系图示化，将他组合成一个学生习惯的图示形状，如三角形、矩形或者圆，这样更能够表达和有效传播教学信息。指导元素排列的另一个法则是1/3法则。也就是说，将重要的元素放在画面的1/3分割线附近，以凸显元素的重要性，体现其生动性。无论是水平的还是垂直的1/3分割线，都是最显著、最有活力的位置。在画面中，最稳定或者说最没有活力的位置就是画面的中心位置，放在角落的或者边缘上信息最容易忽略，有的时候还会影响画面的平衡。②画面均衡与对称。当画面中的元素在水平或垂直方向上出现密度上的不均匀时，画面的阅读者就会在心理上产生一种不均衡感；当画面上元素排列均匀，就会产生均衡和稳定的感觉。对称是实现均衡的方式，但是大多说情况下，为了吸引学生的注意力，视觉上往往追求一种不对称的视觉设计。在不对称的情况下，力求兼顾元素排列的相对均衡，这是画面设计追求的境界。这样既能消除不均衡感，又能够使用有冲击效果的非对称设计。通过背景画面颜色的调整也能够调整画面的均衡与对称，如渐变色的使用，使得画面更具有艺术性。③设计风格与配色。对不同年龄的学生、不同的教学情境需要不同的设计风格，为小学生设计的幻灯片和为教师培训准备的幻灯片不可能会使用相同的视觉设计风格，在字体、大小、颜色和图片使用上会有很大不同。为画面选择颜色方案的时候，要考虑色彩的和谐与学生的情绪反应。

（3）排列设计。在确定了总体布局方案之后，就要考虑如何安排不同的视觉元素项目了。①接近性原则。一般认为，接近的项目是相关的，而远离的项目之间关系疏远甚至是无关的。这就要求我们在排列元素的时候，将内容相关的元素排列在一起，而把内容无关的元素分开放置。如果不遵守这一原则，画面就会有乱的感觉。如果画面中有对图片的说明，一定将图片与说明放在一起。②导向性原则。在学生阅读画面的时候，视线总是从一个部分移到另一个部分。元素布局的排列方式决定学生阅读画面的方式。如果想让学生的注意力吸引在特定的元素上，就要使用导向性原则，也就是说要使用不同的策略来引导学生的视线，抓住学生的眼球，如箭头或类似箭头的图形是一种有效的引导学生视线的有力工具。在文字材料中，可以使用加粗关键词或关键词设置成不同的字体，或者使用项目符号来列举清单。③一致性策略。对于某一个问题的解释，如果需要多个页面来完成，应使用相同的页面形式。因为学生在浏览一系列画面的时候，会很快地、不自觉地形成一套认知惯性，他们会在画面中的相似位置寻找重要的信息。画面设计中坚持这一原则，有助于降低学生的认知负荷，如在不同的页面中，标题设计在相同的位置及正文排放在相同的位置就是在使用一致性原则。当学生发现用自己的阅读惯性不能处理新的画面时，就会提醒自己上一主题的阅读已经完成，一个全新的主题开始了。

（三）幻灯片的母版设计

一个完整、优秀的课件就像一本书。从内容上来说，这本书总是试图向读者讲述什么东西，所以有一个清晰的逻辑结构是最为基本的要求。从形式来说，它还要有一个赏心悦目的封面，要有目录，要有正文，也要一个漂亮的封底。从这个视角来说，教师应该为自己的课件设计一个母版，使用母版的变化来调整学生的注意力分配。

1. 幻灯片母版

幻灯片母版是演示文稿的框架性组成部分。PowerPoint 缺省的母版包括封面、内容页两张，供添加多媒体素材。如果说每个幻灯片是一个个画片，母版就是首先将要作画的纸张印刷上适应不同需求的画面。一套好的母版可以让一篇演示文稿的形象迅速提升，大大增加可观赏性，同时母版可以让演示文稿的思路更清晰、逻辑更严谨，更方便处理图表、文字、图片等内容。

2. 母版的设计与应用

幻灯片母版的设计和幻灯片的设计完全相似，不同点在于幻灯片设计是在PowerPoint普通视图下完成的，母版设计是在幻灯片母版视图下完成制作，其结果也是一个演示文稿。

（1）打开PowerPoint编辑系统。

（2）选择系统中的“视图”选项卡，打开“幻灯片母版”选项，出现一个类似“普通视图”的编辑窗口界面，如图4-24所示。该窗口上部区域是选项卡，左边部分是PowerPoint系统缺省的母版式样列表，右边部分是选定式母版式样的显示和编辑区域。母版式样列表中的第一个是“Office主题幻灯片母版”，我们可以将它理解成幻灯片母版的母版。如果在这个页面上添加文字、形状、图形、动画，那么所有的幻灯片上都会出现。下面有“标题幻灯片版式”和“标题和内容板式”。

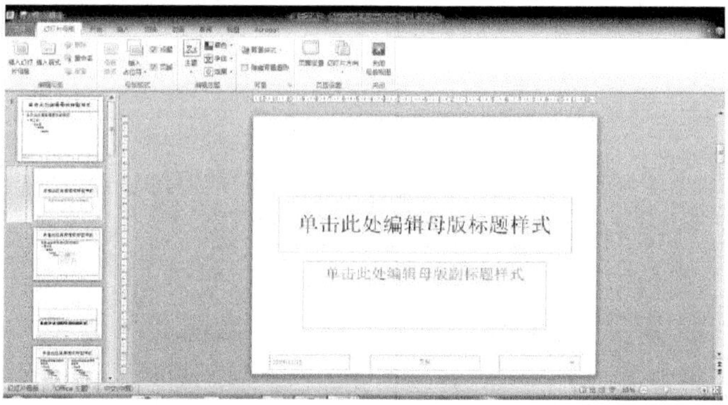

图4-24 幻灯片母版编辑视图

（3）与制作演示文稿的过程相似，通过改变各个母版上占位符的位置和大小，定义字体和大小，添加需要的图形和形状，我们可以制作演示文稿所需要的幻灯片母版。图4-25展示了《现代教育技术》课件的模板，我们为不同的主体幻灯片页面设计了不同的模板，包括课程名称、教学主题、教学目标、教学内容概要、教学内容详解、作业布置、课程结束以及问题讨论幻灯片的母版，并保存为一个演示文稿，名称是“现代教育技术课件母版”。

图 4-25　幻灯片母版案例

（4）书写课件时，通过打开“现代教育技术课件母版”来书写新的课件，并保存为需要的名称。当课件中添加一个新幻灯片时，通过右键单击要设置的幻灯片，在弹出的菜单中选择“板式”命令来完成不同幻灯片母版的调用。

由于使用了自定义的幻灯片母版，而不是调用PowerPoint系统中的幻灯片式样，就使得个人的媒体设计风格和偏好得以彰显，更关键的是课件在形式上是完整的。

第三节　微格教学与发展

微格教学的英文为Microteaching，意为“微型化教学”，在我国被译为“微型教学”“微观教学”“小型教学”等，目前国内用得较多的称谓就是“微格教学”。从媒体的视角来说，微格教学为师范生提供了从演戏的经验和设计的经验中获取教学技能知识的实物直观媒体。

一、微格教学

微格教学是一种利用现代化教学技术手段来培训在职教师教学技能的系统方法，其核心理念是训练课题微型化，技能动作规范化，记录过程声像化，观摩评价及时化。

信息窗4-4

微格教学

1963年,美国斯坦福大学的教育学博士德瓦埃·特·爱伦和他的同事率先使用微格教学来培训教师教学技术。他认为,微格教学是“有控制的实习系统,它使师范生有可能集中解决某一特定的教学行为,或在有控制的条件下学习”。

微格教学就是将要学习的教学技能分解为某些单一技能的组合,对以单一的技能进行学习或训练。

[资料来源]李森.教师职业技能训练教程[M].北京:高等教育出版社,2009:181.

(一)微格教学的基本特征

微格教学的基本特征在于微型、具体、模拟和客观。

1.课堂教学微型化

这里的微型化有两层含义。第一，课堂规模微型化，课堂规模一般由5～10人构成；第二，教学内容微型化，学生根据教学技能训练目标的要求，选择某一段教学内容进行教学设计，进行授课教学训练；第三，教学时间微型化，受训学员或教师利用5～10分钟的时间进行微型课堂教学实践，以便训练某一项教学技能。

2.训练目标具体化

微格教学与传统的教学方法明显不同在于其对教学过程进行分解，从简单的单项教学技能（语言技能、提问、板书、演示、导入、讲解、结束）入手，制定科学的训练计划。每一项技能的达成目标要求翔实、具体，常用行为目标表述，具有可操作性。在对教学技能进行科学分类的基础上构成完善的目标系统。

3.课堂教学模拟化

微格教学过程中，学员都是由受训者的同学、教师或者同事来充当，他们扮演学生的角色为教师的授课提供课堂互动支持，也是评判者为教师的教学结果提出教学建议。

4. 评价结果客观化

利用声像设备把每一位受训者的讲课过程通过录像设备如实、客观、完整地记录下来，为小组讨论及自评提供直观的现场资料。受训者能及时看到自己的教学行为，获得自我反馈信息。有些不太注意的教学细节，如多余的习惯性动作、口头禅，经细节放大以后一目了然、印象深刻，有利于及时修正，收到旁观者清的效果，产生“镜像效应”。

（二）微格教学系统

微格教学是在严格控制的条件下训练师范生或在职教师教育教学技能的一种教学手段与方法。微格教学系统是一个可以控制的实践系统，该系统由微格教室、录播控制室和观摩教室构成，如图 4-26 所示。

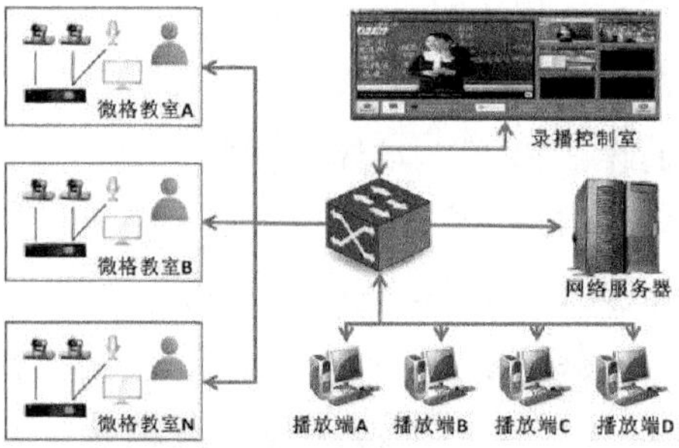

图 4-26　微格教学系统

1. 微格教室

微格教室是一个完整的多媒体教室，面积一般在 20 ~ 30 平方米，可以容纳 10 ~ 20 人。教室配备有与录播控制室相连的交互系统和声像记录设备。交互系统用来与录播控制室交流信息，声像记录设备用来记录“模拟教师”授课声音和教学活动的影像。

有的微格教室还装备有记录学生活动的摄像系统，采用双路录像的方式将学生和教师的活动同时记录下来。考虑到教室形状对声音的影响，微格教室一般采用 4∶3 的“胖矩形”结构，这样能够有效地减少驻波的产生，可以获得优秀的声音效果。

2. 录播控制室

录播控制室是微格教学系统的中枢，配备有声音调节系统、视频录播系统和视频合成系统。授课教师声音高低不同，话筒效果存在差异，通过调整调音台，能够将录音效果调整到最佳的效果。视频录播系统和视频合成系统合作，能够在记录各路影像的同时将教师教学影像、学生活动影像、教学课件等以画中画的形式合成为一个综合的视频文件，将教师和学生的活动呈现在一个画面上，以便课后的观摩与分析。

录播控制室的功能在于：①对多个多媒体微格室观察、指挥和监控。②通过网络可以将某室的上课情况调到录播控制室和广播到其他观摩教室的播放终端上，同时指导教师根据需要可以将某室讲课实况实时发布网上进行远程观察、学习。③通过网络组织各个微格室之间进行视频交互研讨。④可以任意控制微格室任意摄像机的推拉、变焦和平台运动，保证摄录质量。⑤可对前端视音频进行设置、控制。直播、录制现场，通常音量、音色设置通过调音台完成，设置是固定的，但是不同的主讲人语音大小会不相同，甚至相差很远。一般微格室即使配备了调音台，通常也是放在讲台内部，因此可能会出现管理人员到讲台调节调音台，重新设置音量、音色而打断主讲人讲课的意外。

3.观摩教室

目前的微格教学系统大都是基于互联网的数字录播系统，录播的视频可以在任何一个网络多媒体计算机上播放和观看，一般不再设定专用的观摩教室。

（三）微格教学的实施

微格教学是师范生教学技能训练的课程，是与教学设计、教材教法课程同步的实践课程，是真实授课过程模块化的训练。目前，微格教学的训练过程已经形成了相对稳定的系统模式。

1.理论学习

微格教学是一种模拟教学行为，通过演戏的经验，师范生获得直接的教学知识。它是教师实践性知识增长的基本途径，也给师范生应用和检验教学理论提供了机会。在微格教学之前，作为模拟教师一定要认真学习现代教学理论和学习理论，把握教学设计和教学过程的基本要点，理解有关教学分析、教学目标、教学策略、教学方法、教学评价等方面的知识，尤其是要学习教学技能的分类体系，为微格教学训练提供基础。

2.确定培训技能

微格教学的目的是训练和培训教师的专项教学技能或组合，特点是把真实课堂教学中不同的单向教学技能分解进行训练，每次训练只涉及一个教学技能（如教学导入技能、讲解技能、媒体操作技能、教学中的变化技能、板书技能、提问技能、强化技能、反馈技能、结束技能和教学组织机能等），或者是两三个技能的组合，以便容易掌握技能的要点。

指导教师和学生根据教学技能的分类，确定需要训练的具体教学技能，同时教师要提供技能相关学习材料供学生学习和观摩。例如，要训练“教学导入技能”，指导教师要向学生提供有关教学导入技能的优秀微格教学视频、微格教学教案示范或者给学生做示范，让学生对该技能的训练有一个感性的、初步的了解，通过讨论让学生了解不同导入策略（开门见山、回忆旧知识、巧设案例和讲故事等）的适用情景和特点，为学生进行微格教学设计和教学实施提供基础。

3.微格教学设计

根据选定训练的教学技能，学生要选择恰当的教学内容并根据教学目标的要求进行教学设计，编写比较详尽的教学方案。需要注意的是，微格教学的教案具有不同于一般教学方案的特点，要详尽描述教师的教学行为、学生的学习行为以及时间的分配。

教师的教学行为指的是教师使用的方法、技巧、将要在课堂上说出的话和完成的动作，学生的学习行为就是学生应该做什么动作，说出什么话，试图达成的目标。所以，微格教学设计是对课堂进程的预设，要写出“教师说、教师做”和“学生说、学生做”，以及二者使用的时间预设。

4.角色扮演

微格教学是一种演戏的经验，没有真正的教师和学生在场，课堂上的教师和学生都是受训者的同学和指导教师扮演的。教师角色要在微格教学设计的基础上，用10～15分钟给在课堂中的学生角色上一节课的一部分，展示1～2种教学技能。作为教师角色，无论课堂中是你的同学还是你的指导教师，你都要将他们视为你的学生，要像真正的教师那样准确地使用教学语言和他们对话与交流。学生角色要认真听教师角色的讲解，并配合教师角色完成教学进程，如回答教师角色提出的问题、演算教师角色给出的题目、跟着教师角色朗读课文等，要给教师角色创设一种真实的教学情境。

5.评价与讨论

能否对教师角色扮演过程给予准确、及时的反馈和恰如其分的评价，是受训者教学技能能否得到提升的关键。

（1）教学过程录像的回放。为了使受训者及时获得反馈信息，角色扮演完成后要进行教学过程录像的回放，让受训者耳听目睹自己的教学行为，并与预设的教学设计对照，找出成功与不足。这种方法产生的强烈刺激，使受训者对成功与不足的印象会更加深刻。

（2）自我分析。受训者看完录像后，要分析自己的教学行为与预设的教学行为之间的差距，反思教学目标是否实现，是否掌握训练的教学技能，是否存在预先没有考虑到的问题，提出改进的方向。

（3）讨论和评价。参与人员根据观看教学过程的录像，对教师角色扮演者的活动提出自己的看法，要求能用概括性的语言总结教学的成功之处，要从自己的立场来对教学过程的不足之处提出自己的改进意见。指导教师的评价要客观、全面、准确，同时在评价过程中要考虑被评价者的自尊心和积极性。

6.修改教学设计

对教学技能的获得不是通过一次训练就成功的，受训者根据自我分析、同学和指导教师的建议进一步修改自己的教学设计。若第一次的教学比较成功，就可以选择其他教学技能的训练。

二、微格教学的新发展

近年来，从教学内容的微型化和碎片化出发，人们发展出了微格的课程，简称微课。微课已经成为教学的一种新的教学形式，并在网络教育和正规的学校教育中蓬勃发展。

（一）微课程的界定

在我国，胡铁生先生被视为微课研究的先锋。他认为[①]，微课是指按照新课程标准及教学要求，以教学视频为主要载体，反映教师在课堂教学过程中针对某个知识点或教学环节而开展教与学活动的各种教学资源的有机组合，

① 胡铁生．“微课”：区域教育信息资源发展的新趋势[J]．电化教育研究，2011（10）：62.

其核心内容是课堂教学视频（课例片段），同时还包含与该教学主题相关的教学设计、素材课件、教学反思、练习测试及学生反馈、教师点评等教学支持资源，它们以一定的结构关系和呈现方式共同营造了一个半结构化、主题突出的资源应用生态环境。后来，胡铁生先生在此前定义的基础上又给出了新的定义。微课又名“微课程”，是“微型视频网络课程”的简称，是以微型教学视频为主要载体，针对某个学科知识点（如重点、难点、疑点、考点等）或教学环节（如学习活动、主题、实验、任务等）而设计开发的一种情景化、支持多种学习方式的在线视频课程资源。

焦建利教授认为[①]，微课是以阐释某一知识点为目标，以短小精悍的在线视频为表现形式，以学习或教学应用为目的的在线教学视频。黎加厚教授指出[②]，“微课程”是指时间在10分钟内，有明确的教学目标，内容短小，集中说明一个问题的小课程，除了包括教师讲授教学内容的微视频，还要包括学习单元和学生学习活动的安排；微课程主要使用微视频作为记录教师教授知识技能的媒体，教师还可以根据不同学科和不同教学情境的需求，采用其他方式，如音频（录音）、PPT、文本等格式的媒体，不一定局限在微视频格式。

微课程是一个在内容和时间上都比较微小的课程，是教师给学生设计并制作的供学生使用的视频学习资源。可以说，微课是顺应网络时代将教学内容碎片化的产物。

（二）微课的特点

（1）课程时间短。微课的时间长度一般为5～8分钟，最长不宜超过10分钟。相对于传统的40～45分钟的一节课的教学课例来说，“微课”可以称之为“课例片段”或“微课例”。

（2）教学内容少。微课用来解决课堂教学中某个知识点或某个问题的解答，针对课堂中某个教学环节、教学主题、某个问题、某个概念或某个方法等，相对于正常一节课要完成的教学内容来说，微课的内容更加精简，是名副其实的微课堂。

（3）资源容量小。从视频大小上来说，课程容量一般在几十兆左右，师生可流畅地使用手机、学习机和电脑上浏览或观看，方便地实现移动学习、随时随地学习。

---

① 焦建利．微课及其应用与影响[J]．中小学信息技术教育，2013（4）：13-14.

② 黎加厚．微课的含义与发展[J]．中小学信息技术教育，2013（4）：10-12.

（4）使用效果好。学习时间短，有助于学生注意力集中在学习内容上，符合学生学习心理需求。这种资源能够提升学生的学习效率，已经被科罗拉多州林地公园高中的化学教师乔纳森·伯尔曼和亚伦·萨姆斯的教学实践所证实。

（5）制作成本低。教师使用自己的电脑，通过PowerPoint的放映与录音便可以实现授课视频的制作。这种灵活而低成本的信息技术创造了为学生提供时间和空间相对分离的课程指导机会，为学生的个性化学习营造了条件。

（三）微课的录制

微课的录制有许多方法，如使用专业的微格教室和录像机。在日常的教学过程中教师给自己学生制作微课时，可以创造性地使用手边的设备，如电脑和手机，而无需对设备提出苛刻的要求。

1. 屏幕录制方法

该方法是使用视频录像软件，如Camtasia Studio或CyberLink YouCam，通过录制PowerPoint演示屏幕录制并辅以录音而实现。

课程制作过程是：第一步，针对选定的教学主题，搜集教学材料和媒体素材，制作PowerPoint课件；第二步，在电脑屏幕上同时打开视频录像软件和教学演示文稿，教师带好耳麦，调整好话筒的位置和音量，并调整好PowerPoint界面和录屏界面的位置后，单击“录制桌面”按钮，开始录制，教师一边演示一边讲解，可以配合标记工具或其他多媒体软件或素材，尽量使教学过程生动有趣。第三步，对录制完成后的教学视频进行必要的处理和美化。

2. 使用手机录制

这种方法简单，仅仅需要使用手机、几张白纸和若干不同颜色的记号笔，将你讲课过程、书写、演算过程记录下来。第一，针对微课主题，进行详细的教学设计，形成教案；第二，用笔在白纸上展现教学过程，可以画图、书写、标记等行为，同时在他人的帮助下，用手机将教学过程拍摄下来，尽量保证语音清晰、画面稳定、演算过程逻辑性强，解答或教授过程明了易懂。第三，进行必要的编辑和美化。

（四）走在教学改革中的微课

1. 助力课堂翻转

在基础教育领域，许多教师尝试教学实验与革新，翻转课堂就是其中之一。翻转课堂是一种混合学习，它是把我们面对面的教学与在线教学进行优势互补，通过创造性地使用媒体技术来提升学习的效果。

在传统的学校教学中，课堂通常被认为是学生识记和理解新课的地方，教师把知识传授给学生，在下课的时候，教师给学生布置作业，学生回家完成作业，依靠作业来实现所传授知识的应用、内化、迁移和创造。从布鲁姆的教学目标分类学来看，从识记到创造，学习的难度越来越大。传统的学校教育恰好是把“识记”和“理解”这些难度比较小的环节，放在学校和课堂中进行，而把“应用”“分析”“评价”和“创造”这些难度比较大的环节，放在学生家中让学生自己解决。

翻转课堂是传统教育情境中家庭与学校功能的倒置。学生通过在家庭中观看教师制作的微课视频资料来预习新课，课堂中主要在教师的指导下修习作业、参加研讨、开展研究性学习。在反转课堂的教学模式中，微课成了教师课外辅导学生“识记”和“理解”课程知识的指导。通过微课学习，学生明晰教学目标，识记课程中涉及的事实性知识，了解课程的重点难点，理解课程的基本概念并形成有关课程的知识框架。在课堂上，学生与学生、学生与教师之间有充分的时间和机会通过研讨、讨论和合作来实现应用、分析、评价，完成个人知识建构的活动。

在全球基础教育领域中，翻转课堂作为一个炙手可热的术语，一种创新的教学模式，它是复杂的、系统的、整体的改革，而不是局部的变革，它不是仅仅有了微课、平板电脑就可以实现的，更需要教师教学思想和教学理念的解放与创新，微课仅仅是促进课堂翻转的一种手段。

2.改变学习生态

微课借助新的课程理念、思维方式和新的技术手段来实现，能够导致学习方式的变革，从而影响教育生态。

我们习惯了传统大而全的讲授式课堂教学模式，而这一模式恰好忽视了基于某一故事、某一问题、某一策略的非典型知识的分析和教学，原因是我们认为它们不构成具有严密逻辑体系的课程。正像微格教学能够训练教师的教学技能一样，微格学习也能成为学生学习技能训练的好方法。例如，几何教学中如何添加辅助线，通过构词方法理解概念，如何阅读一个段落，如何写出精彩的文章开头，如何让文章的结尾更出彩等，这对开发学生智力和建构知识来说可能是极其重要的策略，微课在这方面显然更具有优势。

以时间短、内容少、容量小为基本特征的微课程，能够通过在线化或存储方式让学生利用碎片化时间借助手持终端随时随地地阅读，形成移动时代的学习新方式。随着技术的进步，移动互联网时代的儿童已经产生，教师的工作不是让他们远离移动终端，应该是引导他们如何使用移动终端来获取知识和训练智力。我们应该投入精力和时间，为他们设计出丰富多彩的微课程并建构课程索引数据库，引导学生进行微格学习，为他们提供个性化学习的环境。

印刷时代，课本是学习的唯一媒介，阅读书本几乎成了学生自主学习获得知识的唯一路径。电视时代，儿童通过观看电视学到了许多在学校里没有学到的知识。移动互联时代已经到来，学校并没有做好充分的应对。在线微课能够给学生提供学生喜爱的学习资源，具有要把在线学习、个人学习、自主学习、混合学习有机地结合起来的优势。通过微课来促进学生的学习是一个复杂的过程，它包括了许多不同的维度，如非正式学习与正式学习、自主学习与社会性学习、在线学习和非在线学习。我们在设计创新学习活动的时候，要把它放在这三个维度、六个不同层次（在线的、面对面的，正式的、非正式的，个人的、集体的）中来进行，可能会产生出一种新的学习形式，来提升学生的智力。

问题思考与讨论

1.美国传播学家梅尔闻•德弗勒认为：媒介是指承载并传递信息的物理形式，包括物质实体和物理能，前者如文字、各种印刷品、记号、有象征意义的物体、信息、传播器材等，后者如声波、光、电波等。而通常语境下，我们并不区分媒体与载体、渠道、讯息等，并认为媒介就是传递大规模信息的载体，是通讯社、报纸、杂志、书籍、广播、电视、电影等的总称，一般又称大众媒介。你是如何理解媒体的呢？

2.19世纪作家和教育家夏洛特•梅森说过，教育是空气，是一门学科，是一种生活，这就意味着儿童不应该隔绝在所谓的儿童的环境中。今天，互联网已经俨然成为环绕儿童自然环境的一部分，他们的生活、学习、娱乐甚至交往活动都常常与之发生紧密关联。在许多时候，网络给了他们崭新的活动材料、活动技巧与活动架构,更有观念上的颠覆性革新。令人遗憾的是,有相当一部分儿童上网是热衷于聊天、玩电脑游戏和浏览垃圾信息。这些行为对他们的心理造成了一定的负面影响,有的甚至出现认知能力的迷失,产生了对互联网强烈的依赖心理,而他们在现实生活中的人际关系变得淡漠,个别的因长期沉迷于网络,产生网络心理障碍,而被迫辍学,有的还因此走上违法犯罪的道路。面对两难的情景,作为教师是否应该让儿童使用互联网呢?

3. 对于教师在课堂教学中是否该使用PowerPoint的问题上,大致存在两种观点:①使用PowerPoint可以提升教学速度,增加教学内容,扩大课堂容量。与使用粉笔与黑板相比较,PowerPoint字迹清晰、亮度更足,有利于学生阅读,配合声音动画等多媒体,可更形象地演示抽象含义,超链接赋予内容逻辑结构;②有一些缺点或者说是欠缺是它永远不可跨越的,如PowerPoint上的东西来得快去得也快,学生根本就没有时间来领悟和接收,一个页面上的文字太多,甚至全文字,缺乏重点,听课者很容易对其产生疲劳,多余的动画和声音常常会使学生注意力转移。你持有的观点是什么?

4. 有人说,微课热是暂时的,但微课是长期的。之所以说微课热是暂时的,是因为它与近年来的多媒体热、电子书包热、电子白板热一样,都是一些基于现代数字技术的带有过渡性质的变革。说微课是长期的,是因为我认为微课符合网络时代学习碎片化的需要,尤其是微课与翻转课堂结合之后,微课在改变课堂教学方面确实发挥了正面的作用。对今天的微课热,你有什么看法?

5. 在当今互联网高度发达的时代,教师与学生获取信息的机会平等,教师需要重新定位自己的角色,不断学习新技术获取新知识。美国语言学家瑞•克利福德警示我们,"科技不能取代教师,但是使用科技的教师却可以取代不用科技的教师。"珍妮特•沃斯和戈登•德莱顿在《学习的革命》中说过,"学校如不飞速改变,就会全面崩溃。"谈谈你对这些话语的理解?

6. 网络使我们能够方便而快速地获取自己想要的信息,满足了当今人们快节奏生活的需要,所以有人认为网络阅读已经势不可挡,必将取代传统的图书阅读,并相信会有一场阅读革命的到来。但是,网络阅读往往是碎片化的,非稳定的,这与传统图书阅读的系统性与稳定性形成了鲜明的对比。所以,又有人说,网络阅读与传统的图书阅读不可相提并论,不能替代传统的图书阅读。你的观点是什么?

阅读指南

1. 卜卫．媒介与儿童教育[M]．北京:新世界出版社,2002．

2. 李玉平、刘静波．微课程设计与案例赏析[M]．北京:中国人民大学出版社,2014．

3. 李克东．新编教育技术基础[M]．上海:华东师范大学出版社,2002．

4. 罗岗,顾铮．视觉文化读本[M]．桂林:广西师范大学出版社,2003．

5. 马歇尔·麦克卢汉．理解媒介:论人的延伸[M]．何道宽,译．北京:商务印书馆,2000．

6. 彭保发．微格教学与教学技能[M]．南京:南京大学出版社,2011．

7. 荣静娴．微格教学与微格教研[M]．上海:华东师范大学出版社,2012．

8. 萨尔曼·可汗．翻转课堂的可汗学院[M]．刘婧,译．杭州:浙江人民出版社,2014．

9. 孙方马．PowerPoint让教学更精彩[M]．北京:电子工业出版社,2011．

10. 张剑平．现代教育技术 [M]．3版．北京:高等教育出版社,2013．

第五章　教学设计技能

【本章学习目标】

掌握教学设计的基本原理与方法，初步具有运用系统方法分析教学问题和解决教学问题的能力；培养学生对教学设计的兴趣，能够在教育实习及今后的教学工作中有意识地利用其理论与方法进行教学实践及创新。

第一节　教学设计的基本原理

一、教学设计的内涵

(一)教学设计的定义

教学设计是为了实现有效教学而对教学要素、过程、资源及环境等进行系统性组织、安排和评价的实践活动。教学设计的根本目的是解决教学中的问题，形成优化教学的方案。

(二)教学设计与备课联系与区别

教学设计与备课既有联系，也有区别：教学设计的工作对象是由教学目标、教师、学生、教学内容、教学媒体等要素构成的教学系统，工作内容是对这些要素之间的关系和相互作用的方式进行合理的设计和安排。在教师备课工作中，要求备教学大纲、教材、学生和教学方法等，就工作对象而言，二者并不存在原则性差异。但教学设计更加注重以现代学习理论和教学理论为依据，运用系统性思维分析和解决教学问题；而在教师备课工作中，教师通常是依据自身的教学实践经验来分析和处理教学问题。

二、教学设计的过程要素

教学设计的过程随着教学情境的不同会表现出差异性，但总体而言，教学设计的过程要素包括：

（1）教学目标分析。分析并具体阐明一定教学活动结束后，学生的身心将发生哪些变化。

（2）学生分析。通过对学生身心情况的分析，了解其现有的知识基础、认知能力、认知结构、学习动机、学习风格等。

（3）教学策略的选择与设计。在分析教学目标、学生和教学内容的基础上，选择或设计科学的教学策略，以优化教与学。

（4）教学评价设计。对通过教学设计活动“开发”出的教学目标、教学内容、教学策略、学习环境、评价工具等进行评价。

三、教学设计的层次

教学设计可以在多种层次上进行。从现代基础教育的学校教学活动领域所涉及的主要问题看，教学设计分为课程教学设计、单元教学设计和课堂教学设计三个层次。

（1）课程教学设计。课程教学设计主要指一门具体课程的教学设计，在学校教学活动中，课程教学设计工作一般需要一个专门的小组来共同研究完成，如学校的学科教研组。

（2）单元教学设计。单元教学设计是介于课程教学设计和课堂教学设计之间的一种阶段性教学设计。单元教学设计由同年级的同一课程任课教师共同参与完成。

（3）课堂教学设计。课堂教学设计一般是针对一节课或者某个具体问题所进行的教学设计活动，也称即时教学设计。课堂教学设计一般由任课教师来完成。

四、教学设计的应用范围

随着现代教学理论、教育技术以及心理学等相关学科的发展，教学设计的重要作用日益受到教育工作者的关注。目前，教学设计已被广泛应用于学校教育、企业培训、继续教育、远程教育、教育产品开发等众多领域。

第二节 分析教学目标

一、教学目标概述

教学目标是指教学活动对学生身心产生的影响，以及预期所能达到的标准和要求。教学目标在教学活动中处于核心地位，是一切教学活动出发点和归宿点。在教学设计中，最为关键的工作是确定教学目标。如果教学目标确定得不合适，再好的教学也可能无法满足教育组织或者学生的真正需求。在教学实施过程中，教学目标分析既有定向功能，又有调控功能，具体表现在：

（1）指导教师的教。教学目标确定后，教师可以依据教学目标选择和运用适当的教学过程、方法、技术和媒体。

（2）指导学生的学。学生的学习一般都是以目标为导向的。通常在学习活动开始之前，教师必须明确告诉学生既定的学习目标。目标的明确有助于学生集中学习注意力，保持清晰的学习方向，也有助于其保持克服困难、完成学习的动力。

（3）指导对教学结果的评价。一门课程、一个教学单元或一节课结束后，最可靠、最客观的评价标准是教学目标是否达到。不管是评价教师的教学质量，还是评价学生的学习结果，都必须以教学目标为参照。

二、教学目标的分类

1. 布鲁姆教学目标分类

布鲁姆等人在20世纪五六十年代，提出了教学目标的系统性分类框架。该分类框架将教学目标分为三个领域，即认知、情感和动作技能。

2. 加涅学习结果分类

加涅将人类学习结果分为言语信息、智力技能、认知策略、动作技能和情感态度。

3. 三维教学目标分类

按照我国当前基础教育的课程标准，课程教学目标分三个领域：知识与技能，过程与方法，情感态度价值观。

一般而言，教师在从事教学设计工作时，可以根据教学实际情况，选择合适的目标分类。还可以依据具体的教学情境和需求，对已有目标分类进行适当改造或加以创新。

三、教学目标的确定

1.课程教学目标的确定

当教师在接到教学任务后，会得到相应的教学资料，这些教学资料一般会提供该门课程的教学目标，但此类教学目标只是关于该课程的统一性目标，只体现对学习结果的基本要求。在实际教学过程中，教师需要依据教学对象、教学环境、教学条件等的实际情况，对统一性目标进行丰富和完善。通常，只要教学条件允许，教师实际确定的课程教学目标会超越原先的统一性课程目标。课程教学目标的确定通常需要经历以下过程：

（1）熟悉既有的课程目标；

（2）将既有的课程目标与自身教学实际相对照；

（3）对既有课程目标进行调整；

（4）确定符合教学实际的课程教学目标体系。

2.单元教学目标的确定

单元教学目标通常在确定课程教学目标的基础上，通过分解、分化等途径加以确定。单元教学目标的确定有以下常见方法：

（1）直接分配法。将课程教学目标直接分配到各单元，形成各单元教学目标。例如，一门课程有10个教学目标，该门课程由6个单元组成，可以将这10个目标直接分配到6个单元，各单元的教学目标数分别为1、2、2、2、2、1。

（2）归类分解法。在课程教学目标具有高度概括性的情况下，可以在单元教学目标层次上将课程目标按类别进行分解。

（3）层级分析法。如果一门课程的教学目标是逐渐提高的，可以将这些目标分成若干个层次，分别作为若干单元的分层或分步教学目标。例如，计算机编程能力是一类逐级提升的教学目标，可以依据计算机编程能力的逐步提高设计若干个教学单元，将课程总目标以逐步提升层级的方式分配到各教学单元中。

3. 课堂教学目标的确定

课堂教学目标是指一节课的教学目标，一般以课程教学目标或单元教学目标为基础，用于日常教学和评价工作。课堂教学目标可以通过任务分析加以确定。所谓任务分析是指在教学活动实施之前，预先对教学目标中所规定的需要学生习得的能力或倾向的构成及其层次关系加以分析，从而确定教学目标。[6]任务分析的基本流程：

（1）明确终点能力。终点能力是指一节课结束后学生身心的某方面能够达到的终点目标。

（2）确定学生的起点能力。起点能力指学生在接受新的学习任务之前，已有的知识技能准备，它是实现终点能力的基础。

（3）分析使能目标。使能目标是起点能力到终点能力的中间性教学目标，即从起点能力到终点能力，需要学生掌握的知识技能。

案例5–1

身边的行程问题

1. 概述

本课是小学五年级的一堂数学课；1课时，40分钟；本课是在学习了“速度、时间、路程间的数量关系”“24时计时法”“小数乘、除法”等知识基础上进行的教学活动课，训练学生对大量数学知识进行综合运用的能力；主要学习内容是：通过上网收集有用信息，并且利用速度、时间、路程之间的数量关系，将收集的信息加工整理后应用于现实生活，解决实际问题。

2. 教学目标分析

（1）从具体事例中找出路程、时间、速度这三个变量；

（2）会计算起始时间到终点时间的经过时间；

（3）已知三个量中的两个量就可以求出另一个量，可以将相关公式用于计算实际问题；

（4）会将网上查找到的速度、时间或路程数据转换成统一的数量单位；

（5）能共同分析、讨论所收集的信息，利用信息共同协商解决问题；

（6）会将课上学到的数学知识、方法应用到日常生活中；

（7）通过体验，将学到的数学知识、方法用于解决实际问题，感受数学价值。

第三节　分析学生特征

一、学生特征

教学设计的目的是有效促进学生的学习，学生的认知、情感、态度等特征是教学设计的出发点，它们既限定教什么，又限定如何教。因此，学生特征分析是教学设计的一项重要内容，必须予以重视。学生的特征众多而复杂，作为教学设计者不可能也没有必要去获知学生的所有特征。在进行教学设计时，我们只需要了解那些对教学活动有直接影响的学生特征，这些特征主要包括学生的起点能力、学习动机、学习态度、学习风格等。受生理、心理、文化、生活环境等的影响，学生的特征既表现出一定的共同性、稳定性，又表现出差异性、变化性。因此，在进行学生分特征分析时，应做到共同性与差异性、稳定性与变化性相统一。

二、学生起点能力分析

(一)认知发展的阶段特征

认知发展的阶段特征是指个体在一定的年龄阶段，普遍具有的一般性、典型性认知特征。瑞士心理学家皮亚杰把儿童的认知发展分为四个阶段：

(1) 感觉运动阶段（出生至2岁）。认知活动主要是通过探索感知与运动之间的关系来获得动作经验。

(2) 前运算阶段（2～7岁）。感觉运动行为内化为形式模式，具有符号功能，认知活动不再局限于对通过动作感知周围环境，开始运用语言或抽象符号来代表所经历过的事物。

(3) 具体运算阶段（7～12岁）。认知结构发生显著变化，能凭借具体事物或从具体事物中获得的表象进行逻辑运算，获得思维的可逆性，开始处理局部与整体的关系。

(4) 形式运算阶段（12～15岁）。认知活动超越对具体可感知事物的依赖，形式从内容中解脱出来，推理能力得到提高，能从多种维度进行抽象思维。

皮亚杰的认知发展阶段论为分析个体发展的阶段特征提供了启示。教学设计者可以依据相关认知理论，并结合自身经验，推断学生认知发展的阶段特征，作为教学设计工作的依据。

（二）知识与技能基础

学生的知识与技能基础主要是指学生在教学活动开始之前，已经掌握的与教学目标相关的知识与技能。一般情况下，学生很少对即将学习的新知识完全不了解或者缺乏最起码的认识，但是他们的了解或认识往往是模糊的、片面的，甚至是错误的。教师在教学过程中，通常要用学生已经掌握的相关知识来阐释新知识，而学生总是在他们原有知识的基础上建构新的知识与能力。因此，确定学生的知识与技能基础显得十分重要。

学生的知识与技能基础的内容主要包括：学生的整体知识与认知结构，学生已经具备的相关课程或领域的知识，学生对即将学习的新知识的了解和认识。对学生知识与能力基础的确定可以通过多种方式实现，比较常见的有考试或测验、作业布置、提问或谈话、观察等。对学生的知识与能力基础的分析存在于教学工作的各个时段，如教师在一门新课程、一个新单元、一节新课或是一个新知识点的教学开始之前，都必须全面分析并明确学生的知识与技能基础。

三、学习动机分析

学习动机是推动学生进行学习活动的内部动力，是影响教学效果的重要因素，历来为教学设计者所重视。学生对知识价值的认识、对知识的兴趣、对自身学习能力的认识、对学习成绩的归因等构成了学习动机的主要内容。在教学实践中，凯勒（1983）的ARCS模型是分析和激发学习动机的常用模型。其中，A指注意力（Attention），R指关联性（Relevance），C指自信心（Confidence），S指满意感（Satisfaction）。要激发学生的学习动机，首先要引起他对学习任务的注意，然后使他了解学习活动与自己具有某种相关性，再使他相信自己有能力完成学习任务，最后在学习任务完成后，让他体验到满足感。

（1）注意力。分析学习内容、学习方式、学习活动过程等有哪些兴趣因素能够吸引并维持学生的注意力。

（2）相关性。分析学习目标对学生个人的价值，如某方面能力的提升有何作用，或者对个人发展有何意义。

（3）自信心。分析学习目标对学生的难易度，通过合理设置学习任务的难度，让学生保持自信心。

（4）满意感。在学习活动告一段落后，分析学生的满意度和成就感，运用评价、激励等措施，增强学生对自身学习结果的满意感。

四、学习态度分析

学生的学习态度包括学生对教学内容以及由教学方式、教学媒体、教学环境、教师等组成的教学传递系统的态度或喜好，其中学生对教学内容的态度是核心。分析学生的学习态度对于设计教学内容、选择教学环境、确定教学方法等具有重要影响。学习态度分析的内容主要涉及：学生对所学内容的喜好；学生对其他教学要素（教学方式、教学媒体、教学环境、教师、学习伙伴等）的喜好；学生对学习活动喜好的广泛性、深刻性和持久性等。学习态度分析的方式主要有问卷、访谈、观察等。

五、学习风格分析

学习风格是学生一贯的、带有个性特征的学习方式，是学习策略和学习倾向的总和。每个学生在学习过程中都会表现出一定的学习倾向，都会习惯运用一定的学习策略，这些倾向和策略在时间上具有稳定性，它们对学习活动具有重要影响。

学习风格理论和分类方法比较多，Curry（1983）把学习风格设计为一个三层模型，其他学习风格理论可以归到该模型的某一个层次上，从而确定了关于学习风格的总框架。

1.学习偏好(外层)

包括学生对学习环境、学习期望、情感期望等的偏好，这些偏好容易观察到，也容易受到影响。

（1）环境：噪声、光线、温度、学习空间布局等。

（2）情感：动机、持久性、责任等。

（3）社会因素：学习小组，学习方式，权威人物的出现。

（4）生理因素：知觉、吸收、时间和灵活性。

2. 信息处理方式（中间层）

人们在处理信息时，在时间和空间组织上存在个体差异。Gregorc学习风格理论认为，个体有两种重要的调节能力：感知和排序。感知有两个性质：抽象和具体；排序有两个性质：序列和随机。这两个维度构成了四种不同的学习风格，其特点如下所述：

（1）具体—序列型。这种学生喜欢通过直接的动手经验来学习，希望把学习经验组织得逻辑有序。学习手册、程序教学、演示和实验等适合此类学生。

（2）具体—随机型。这种学生喜欢通过试误法，从探索的经验中获得结论。游戏、模拟、承担设计项目等适合此类学生。

（3）抽象—序列型。这种学生喜欢理解以逻辑序列呈现的词语、符号类信息，阅读、讲授等教学方式适合此类学生。

（4）抽象—随机型。这种学生善于从演讲中抓住要点，理解其内涵。小组讨论、有问答的教学、播放影视节目的教学方式适合此类学生。

3. 认知的个性风格（内层）

认知的个性风格是指为了获得知识信息而选择的个性化方法，如把学习风格分为场独立型与场依存型、沉思型与冲动型。

（1）场独立型与场依存型。场独立型学生较多地依赖自己的内部参照，习惯依据自己的感知去获取信息、建构知识，喜欢单独学习、独立思考，不易受外界因素的影响和干扰。场依存型学生较多地依赖自己所处环境的外在参照，喜欢在集体环境中学习，容易受环境、他人暗示（如教师的鼓励）的影响。

（2）沉思型与冲动型。沉思型学生在学习过程中倾向于用较多的时间去思考和审视问题，在深思熟虑、多重权衡之后才下结论，反应速度慢，但错误率低。冲动型学生在学习过程中倾向于很快地完成判断，对问题未做全面分析便下结论，反应速度快，但错误率高。

需要注意的是，绝对的场独立型或者场依存型很少，绝对的沉思型或者冲动型也很少，大部分学生都是介于两种典型认知风格之间的。

案例5-2

教学背景：本案例是初中一年级的一堂数学课，使用教材是某出版社七年级“数学”。本课是关于“概率”的教学活动课，主要内容是概率的初步知识，训练学生对大量数学知识进行综合运用的能力。

教学对象：某中学初一学生。

1. 知识基础

本节课是概率的第一节，学生对概率的概念、概率事件、概率知识在生活中的运用了解甚少。

2. 能力基础

(1)学生思维活跃，能积极参与讨论，口头汇报能力较强。

(2)已经具有一定的抽象思维能力，但还需要借助一些具体形象事物的支持。

(3)具备一定的分析、概括、归纳能力。

(4)在教师给予一定支持的情况下，学生具有一定的自主学习能力和协作学习能力。

(5)学生的自控能力还不强，需要教师做好课堂调控。

3. 情感态度

(1)学生能够认识到数学知识对个人学习和生活的重要性，以及数学在各门课程学习中的重要地位，大多数学生乐于并能够认真学习。

(2)学生对枯燥的数学知识的学习兴趣不浓，但对数学知识的实际应用内容非常感兴趣。

(3)学生对利用网络进行学习和交流有非常浓厚的兴趣，乐于参加相关活动。

第四节　设计教学策略

一、教学策略概述

教学策略是在一定教学条件下，为实现特定教学目标而采用的策略与方法。关于教学策略的定义，学者们有不同的认识。有的认为“教学策略是在教学目标确定以后，根据已定的教学任务和学生的特征，有针对性选择与组合相关教学内容、教学组织形式、教学方法和技术，形成具有效率意义的特定教学方案”；有的认为“教学策略是为了达成教学目的，完成教学任务，而在对教学活动清晰认识基础上对教学活动进行调节和控制的一系列执行过程”；有的认为“教学策略是对为实现特定教学目标而采用的教学内容顺序、教学环节、教学组织形式、教学方法和教学媒体等因素的总体考虑”。若无特别说明，本书采用最后一种定义。教学策略并非一成不变，针对不同的教学情境，应该选择或设计相应的教学策略，以优化教学效果。

二、教学策略的类型

教学策略的分类方法有很多，依据不同的角度和标准能够获得不同的分类结果。从教育观念和思想出发，教学策略可以分为以教为主的教学策略、以学为主的教学策略和“教学并重”的教学策略。按照功能划分，教学策略可以分为组织策略、传递策略和管理策略。按照学生对信息加工过程的控制划分，教学策略可以分为替代性策略、生成性策略和指导性策略。

三、教学策略的选择与设计

(一)制定教学顺序

制定教学顺序主要是指对教学内容的各组成部分进行合理安排，从而确定先教什么，后教什么。教师在制定课程教学顺序时，要分析课程各个教学单元之间的相互关系，合理安排课程教学顺序；在制定单元教学顺序时，要分析该单元各个知识模块之间的相互关系，合理安排教学活动；在制定课堂教学顺序时，要分析各知识要点之间的相互关系，并据此把教学内容和时间划分成一个个可教的单位，从而形成一节“课”。

对于教学顺序的制定，可以在分析学生及课程特点的基础上，选择以下方法进行安排：

（1）依据知识内容演化与发展的进程编排教学顺序。

（2）依据由简单到复杂的过程编排教学顺序。

（3）依据先整体后局部的模式编排教学顺序。

（4）依据先具体后抽象的过程编排教学顺序。

（5）依据由起点技能到复杂技能的过程编排教学顺序。

另外，教学目标通常包括一个主要教学目标和若干子教学目标，主要教学目标的达成需要依赖各个子教学目标的实现。在确定教学顺序时，要考虑主要教学目标与子教学目标以及各子教学目标之间的关系。从学习结果角度看，各类学习结果（言语信息、智慧技能、认知策略、运动技能、情感态度）的实现都需要依赖特定的条件，在教学设计过程中，应针对不同类型的学习结果灵活制定相应的教学顺序。

（二）设计教学环节

教学环节一般是指在教学过程中实施的各类教学活动，如导入新课、讲授新知、作业布置、复习、课堂提问等。按照加涅的教学设计理论，学习是学生与其所处环境互动的结果，学生的内部状况和外部条件相互依存、相互作用，与学生的内部状况是相对应的，对内部认知活动起促进作用的外部条件即是教学环节。教学有法，教无定法。教师应根据教学实际情况灵活选择或设计教学环节，通常需要综合分析学生特征、学习目标类型、课程类型等因素。下面以凯勒的ARCS模型依据，阐述教学环节设计的一般流程。

1.引起学生注意

要想激发学生的学习动机，首先需要引发他的注意和兴趣，使他了解完成学习任务与他个人需求的相关性。有经验的教师一般会在讲授新知识之前，呈现一些与新知识相关的信息来引起学生的注意，如讲故事、提问、播放视频或运用体态语言等。通过合理呈现此类信息，能够较好地吸引学生的注意，进而激发其学习动机。

2.阐明学习目标

教师在教学活动开始之时，应向学生阐明具体的学习目标，如告诉学生：教学要求是什么？学习结束后他们能做什么？教师期望的学习结果是什么？对学习结果将如何评价？教学目标的阐明能够激发学生的学习动机，使其保持学习的专注度，不断克服困难完成学习。同时，明确的教学目标还能帮助学生把握正确的学习方向，适时调控自己的学习过程，提高学习效果。

3.复习、导入新课

学生总是基于原有的知识体系和认知结构来学习新知识。因此，教师在讲授新知识之前，通常需要先带领学生复习与新课有关的旧知识，然后以新旧知识之间的关联为切入点，导入新知识。这种方式可以方便学生利用其认知结构中已有的、合适的观念来同化或顺应新知识，避免机械学习，也有利于学生建立学习新知识的自信。

4. 讲授新知识

在完成前期准备工作后，便可以开始新知识的讲授。讲授过程中，应注意突出新知识的鲜明特征，以帮助学生对新知识进行编码和记忆；应注意控制每次传递新知识的量，维持合理的认知负荷。此外，在教授过程中可以穿插一些练习，并及时提供反馈，让学生不感到单调，提升学习兴趣。

5. 提供学习指导

在新知识学习过程中，教师应提供必要的学习指导，通过提问、提示要点、点拨方法、总结等方式帮助学生掌握新知识。提供学习指导应注意适应学生的特点，指导过多会剥夺学生思考、判断的机会，指导过少会让学生感到学习有难度，降低其学习信心，继而影响学习效果。

6. 练习

练习作为一种学生主动参与学习的环节，可以让学生更好地理解课堂上所呈现的信息，促进信息经过处理后进入长时记忆。在教学过程中，围绕知识内容适当加入练习环节，或是在讲授过程中插入问题环节，是十分必要的。此环节能够让学生主动参与教学过程，有助于教学效果的提升。

7. 评价学习结果

对学习结果进行评价既可以让教师了解上一阶段的教学效果，为后续教学设计及其实施提供依据，又可以促进学生对所学习知识进行回忆、巩固，让其运用学到的知识与技能，实现对所学知识的进一步检索与强化。通过对学习结果的评价还可以帮助学生增强信心，使他们产生成就感，激发进一步学习的动机。

（三）选择教学方法

教学方法是在教学过程中教师和学生为实现教学目的、完成教学任务而采取的教与学相互作用的活动方式的总称。随着教学理论、教学技术、教学媒体的发展，教学方法日益丰富。教师需要依据不同的教学情境，灵活选择和运用不同的教学方法。以下介绍几种在课堂教学中常用的教学方法。

1. 讲授式教学方法

讲授式教学方法是指教师运用言语信息系统地向学生传授知识的方法，是一种教师讲、学生听的教学活动。讲授式教学法包括讲解、讲读、讲演、谈话等主要形式。讲解是教师以叙述或描述方式，对概念、原理、理论等进行解释、分析和论证；讲读是讲和读在教学活动中交叉进行，同时可能穿插练习活动；讲演是教师针对一个完整的主题，进行系统的分析、概括与评论，并给出结论；谈话又称为问答法，是教师根据教学目的和学生的特征，以问答和对话方式使学生获得知识、发展智力。讲授教学法的优点是能够在短时间内让学生获得大量的系统性知识，缺点是学生比较被动，师生之间难以及时获得反馈信息，学生的个性差异也难以得到关注。

2. 问题探究式教学方法

问题探究式教学方法是指教师提出或教师引导学生提出问题，在教师的组织和指导下，通过学生的独立探索和研究活动，探求问题答案而获得知识的方法。问题探究式教学方法的主要特点是，在探索、研究问题和解决认知过程中，充分发挥学生在学习活动中的独立性、主动性和创造性，有助于培养和提高学生的探究能力、问题解决能力和创造能力。这种教学方法突出了学生的主体地位，同时强调教师对学生学习的指导性作用。

3. 讨论式教学方法

讨论式教学方法是在教师指导下，学生围绕某个中心议题发表自己的看法，在交流中实现相互学习的方法。谈论法的用途十分广泛，除了能促进学生加深对知识的理解外，还能为学生提供思考的机会。学生在群体思考中进行思维碰撞，互相启发，有利于提升协作能力。此外，讨论法还可以促进学生的交往，促进他们掌握各种社交技能。运用讨论法要求学生具备一定的理解能力和独立思考能力，适用于高年级学生。

（四）确定教学组织形式

教学组织形式是教学活动中教师与学生组合的结构形式。在由教师和学生实施的教学活动中，必然存在教师与学生如何组合起来发生相互作用的问题，存在如何合理调控时空条件的问题，这就是教学组织形式。常见的教学组织形式包括集体讲授、小组教学和个别化教学。

1. 集体讲授

集体讲授是教师通过自己的讲授把教学内容传递给一个班级的学生。教师可以通过口头传递，也可以使用图像、视频、音频、动画等媒体配合讲解，或是通过电视、网络等手段，扩大教学规模。集体讲授的优点主要有：

教师和学生均熟悉这种教学组织形式，教学准备和实施较方便；能在规定时间内呈现较多的内容，而且接受教学的面广，教学效率高；教师面对学生，能够较快得到反馈意见，有利于及时调整教学内容与方法。集体讲授的局限在于：学生人数多，存在个别差异，教学活动难以适应所有学生。集体讲授较适合在引入新课、介绍学习目标、阐述教学要求、叙述背景知识、专家演讲、复习总结等教学情境运用。

2. 小组活动

小组活动的显著特征是人与人的互动。在教学过程中，教师和学生在小组中共同工作，开展讨论、研究问题、汇报学习结果等。这种教学组织形式为教师和学生提供了面对面相互了解的机会。一般来说，将小组教学活动安排在教师向班级讲课和学生自学之后是最有效的。为了充分发挥小组活动的长处，在小组活动过程中，教师应作为小组成员，而不是主导者参加；小组活动之前，应有充分的组织准备工作，力求使所有小组成员都积极参与活动；教师或小组讨论主持人应控制好讨论过程，把讨论引向学习目标方向。

3. 个别化教学

个别化教学的主要特征是学生独立学习、自定进度、接受教师个别指导。个别化教学内容应是经过仔细安排的，内容划分为较小的独立步骤，每个步骤针对一个单独的内容，学习顺序的编排要符合课程内容的特点。此外，学生对每步学习的掌握情况应在他们进行下一步学习之前予以检验。在运用个别化教学时，应注意适当安排学生参加有教师指导的小组学习活动，加强师生或学生之间的互动。对于一些缺乏自我约束力的学生，应规定学习进度，帮助他们培养良好的自学习惯。

第五节 设计教学评价

一、教学评价概述

教学评价是指按照一定的标准对教学的各种状况进行价值判断的过程。评价者可以是教师、学生、教学管理人员。教学评价是教学活动的重要环节，是判断教学行为、对象是否达到预期教学目标的手段。评价过程需要系统地搜集信息，考试是搜集信息的常用方法，但不是唯一方法。不同的教学目标，需要使用不同的工具来搜集信息。从本质上讲，教学评价不是独立于教学活动之外的，而是作为教学活动的组成部分，贯穿整个教学过程。教学评价的功能主要包括：

（1）诊断功能。教学评价可以提供评价者需要了解的教学诸方面的情况，并且对这些情况做出判断，为制定教学目标、设计教学策略、选择教学方法提供依据，也可以为改进下一步教学提供指导建议。

（2）比较功能。评价对象常常是一个群体，教学评价的结果会通过数字或文字表达出来，从而作为个体间比较的依据。

（3）目标达成程度。对于一项实施过的课程计划，评价可以判定其结果，并通过与预定目标的比较对照，判断其达成目标的程度。

二、教学评价的类型

根据评价的功能和性质，可以分为总结性评价、形成性评价和诊断性评价；根据评价结果的表现形式可以分为定量评价和定性评价。

1. 总结性评价、形成性评价和诊断性评价

总结性评价是指在一个教学阶段结束后对教学结果进行的评价。这类评价的主要目的是评定学生的学业成绩和教师的教学成绩，确定教学目标的实现程度，证明学生掌握知识、技能的程度和能力水平。总结性评价着眼于课程或某个教学阶段结束后教学状况的全面评定，因而评价的概括水平较高。

形成性评价是在教学进行过程中，为改进和完善教学活动而进行的对教学过程及其结果的评定。形成性评价类似非正式考试和单元测验，但它更注重对学习过程的测试，注重利用测量结果来改进教学，使教学在不断测评、反馈、修正过程中趋于完善，而不是强调评定学业成绩。

诊断性评价是在教学活动开始前，对教与学的准备情况及影响学习的因素实施的评价，其目的在于使教学计划或活动的安排具有针对性。在教学过程中，教师要想设计一套适合的教学方案，就必须深入了解学生已有的知识和技能的掌握程度，了解他们的学习动机及学习过程中存在的问题及原因。诊断性评价是获取这些情况的常用途径。

2. 定性评价和定量评价

定性评价是指对教学评价的内容，通过观察法、调查法等收集教学信息，运用分析和综合、比较和分类、归纳和演绎等方法，筛选出集中趋势的判断，对事物本质进行决策性判断。定性评价是以非量化的手段搜集教学信息，对评价对象做出价值判断的方法。

定量评价是指对教学评价内容，通过教学测量、统计等方法，收集数据资料，进行定量分析、处理，找出集中趋势的量化指标和离散度，给出综合性定量描述与判断。定量评价是综合各种信息进行量化统计的方法。

三、教学评价设计的过程

教学评价的对象是学生、教师、教学活动、教学环境等教学现象，因此教学评价的过程应该是在有计划地、系统地、全面地收集教学活动信息基础上做出判断。在评价活动之前，必须进行周密的评价设计，以保证评价活动的有效、顺利进行。设计教学评价一般需要经历以下步骤：

1. 确定为什么评价和评价什么

即确定评价的理由和内容。教学评价的对象涉及一切教学现象，但具体的评价总是针对某一具体教学对象的某个方面，所以教学评价的第一步是明确评价的理由和内容。通过此项工作，教师可以明确自己教学行为的依据，帮助他们更好地做出各类教学决定。

2. 确定怎样评价

即确定评价的标准和类型。在做出评价的决定后，便要考虑如何评价的问题，评价的目的和内容不同，需要选择不同的评价标准和类型。因此，做好此项工作，需要考虑以下内容：

（1）确定评价的对象是人还是物，是学生还是教师。

（2）对确定好的评价对象，要进一步明确了解哪些方面情况。例如，对教师和学生，是想了解智力方面的还是情感或技能方面的；如果是对事件或行为，要明确是想了解目的、手段还是结果。

（3）在完成上述选择的基础上，确定具体的评价标准和类型。

3. 设计具体的评价方案

评价方案是整个评价过程的计划和蓝图，是实施评价工作的基本工具。

它是教学评价组织者根据教学评价目的，遵循教育活动客观规律，在评价实施前拟定的有关教学评价目的、内容、范围、方法、手段、程序和预期结果的纲领。设计评价方案应遵循以下原则：

（1）以教学评价标准为核心。评价标准是对教学活动质量或数量要求的规定，在确定评价标准时，要以科学研究结果为基础，依据教学实际情况，最大限度提高评价标准的质量和可行性。

（2）把评价活动组织者、评价者和被评价者的价值取向体现在评价方案中，这样能提供评价结果的真实性、准确性。

（3）以评价程序的科学性、规范性和可操作性为根本。

4.设计评价内容

（1）备课。备课工作主要体现为编写教案，评价备课情况主要是通过评价教案来进行。教案的主要内容及要求是：课题和教学目标恰当、具体、明确，教学重点和难点清晰准确，课时安排合理，教学方法选择恰当，教学步骤完整清晰，教学内容容量恰当。

（2）上课。主要应从教学目标、教学内容、教学过程、教学方法、教学能力及教学效果等方面进行综合考察和评价。

（3）辅导和作业。布置与批改作业是教学工作的重要组成部分，是辅助课堂教学的有效手段。在此项工作中，要求教师能够提供必要的辅导时间对学生进行辅导，包括查漏补缺、学习方法指导、学习习惯培养等。

（4）课外活动。课外活动评价的主要内容是活动的目的、计划是否明确，是否有利于培养学生的兴趣和特长，是否有利于培养学生独立动手、协作和社会交往能力等。

（5）学生学业成绩。学业成绩的优劣是教学效果评价的最显著指标，因而成为学校最重视的一项教学评价内容，评价学生学业成绩是教师必备的教学能力，其结果也是评价教师教学效果的最重要指标。学业成绩评价一般以测验、考试、问题解决、完成项目任务等方式进行。

（6）教研活动。通过教研活动，不仅可以加强教师间的交流合作，也可以提高教师的教学能力和科研能力。此项工作对教师的具体要求是能主动参与教科研项目研究；制定教科研计划并按计划开展研究工作；有一定研究成果，对教育教学工作有一定促进。

问题思考与讨论

1. 什么是教学设计?

2. 教学设计与备课有何联系与区别?

3. 教学设计的过程要素主要包括哪些?

4. 教学目标有哪些分类方法?

5. 如何确定课堂教学目标?

6. 什么是学生特征? 分析学生特征有何意义?

7. 什么是教学策略? 设计教学策略时需要注意哪些问题?

8. 教学评价的主要类型有哪些?

9. 请简要陈述教学评价的基本过程。

阅读指南

1. 何克抗,林君芬,张文兰. 教学系统设计[M]. 北京:高等教育出版社,2006.

2. 皮连生. 教学设计[M]. 北京:高等教育出版社,2009.

3. 皮连生. 智育心理学[M]. 北京:人民教育出版社,1996.

4. 孙立人. 教学设计——实践基础教育课程改革的理论与方法[M]. 北京:电子工业出版社,2004.

5. 乌美娜. 教学设计[M]. 北京:高等教育出版社,1994.

6. 谢利民. 教学设计应用指导[M]. 上海:华东师范大学出版社,2007.

7. 张祖怡. 教学设计——原理与应用[M]. 北京:高等教育出版社,2011.

第六章　课堂教学技能

学习目标

了解课堂导入的技巧和方法;了解传统课堂环境下如何设计和运用板书;把握讲授的类型和技巧;掌握提问的类型、过程和技巧;了解课堂管理的内容和方法,从而学会调控课堂。

课堂教学是教学的基本形式。通过这种活动，教师有目的、有计划、有组织地引导学生积极自觉地学习和加速掌握文化科学基础知识和基本技能，促进学生多方面素质全面提高，使他们成为社会所需要的人。在古代，教师的教学就是传道授业解惑，突出表现为对传统经典的传授。在现代社会，由于人际关系的平等性，课堂教学已经不能停留在“传授”的水平上，可以把课堂教学看做是教师主动与学生交流、促进学生成长的组织形式。教师不仅要具备所教学科的专业知识和技能，解决“教什么”的问题，同时还要具备传递知识、技能的技巧，解决“如何教”的问题。因而，课堂教学技能就是熟练引导学生学习的智力工作方式。因此，教师除了具有扎实的专业基础外，还有必要掌握包括导入、讲授、提问、总结和课堂管理等方面的课堂教学技能。

第一节　导入

课堂导入是教师引导学生做好学习新知识的心理准备、认知准备，并让学生产生学习期待，参与需要的一种教学行为。能在开始上课便将学生课前分散的注意力转移到课堂上，使其处于积极的学习状态，是上好一堂课的首要问题。有了成功的课堂导入，也就从一定程度上把握了教学秩序的大致走向，为教学的顺利进行埋下了伏笔，奠定了师生情感交流的基础。

一、导入的功能

1. 引起注意，激发兴趣

苏联教育家乌申斯基有个形象的比喻："注意力是个大门，如果没有它，外部世界的所有东西都无法进入人的心灵。" 课前学生注意力主要集中在课间的各种活动上，因此上课伊始，教师要通过一定的方式，给学生一些恰当的、较强的信息刺激，抑制与教学无关的心理活动，把兴奋点迅速转移到新的学习任务上，把注意力集中于教学活动，使之保持下去。导入设计得巧妙合理，就能激发起学生的学习兴趣，使他们很快集中注意力，产生直接的学习动机。

学生的学习动机和求知欲在很大程度上受制于兴趣。恰如其分、引人入胜的导入，可以强烈地激发学生的学习兴趣和求知欲，使学生迅速做好学习新知识的心理准备，并产生学习期待。

2. 联结知识，明确目的

学习是循序渐进的，好的导入能迅速使学生忆起先前所学知识和已有经验，从而为学习新知识做好准备，有利于学生创建新旧知识间的连接，减少学习中的困难和障碍，更好地把知识内化到认知结构中去。此外，如果学生事先明确学习目的，学习效果会相对好很多。所以，课堂导入可以对课堂教学起到定向的作用，并由此展开教学，把课堂教学引向深入。

3. 沟通情感，营造气氛

优秀的课堂导入，犹如乐曲的引子，如同戏剧的序幕，能帮助教师迅速营造出一种融洽的教学情趣和课堂氛围，把学生带入一个与教学任务和教学内容相适应的兴趣境界。在这种境界和氛围里，更有助于学习目标的达成。

4. 引入课题

合格的课堂导入能够使学生明确学习目标，建立新旧知识之间的联系，为学习新知做好铺垫；能够创设适宜的教学情境，营造和谐的课堂氛围。因此，课堂导入可以对课堂教学起到定向的作用，并由此展开教学，进入主题。

由此可知，良好的导入可以保证师生关注目标的一致性，使学生对即将要学的内容产生浓厚的兴趣，并怀着期待、迫切的心情渴望学习过程的继续。良好的导入，奠定了一节课顺利进行的基石。

二、导入的类型

常用的导入有直接导入、复习导入、悬念导入、演示导入、故事导入等类型。

1. 直接导入

直接导入是指教师直接阐明本节课的学习内容、目标和要求的导入方法。直接导入是最简单和最常用的一种导入方法。开门见山，直接点题，可以使学生很快进入主题，节省教学时间。例如，一位教师在讲《茶花赋》时这样导入："同学们，我们今天学习《茶花赋》，作者杨朔。这篇散文是一首歌颂伟大祖国的赞歌。我们伟大的祖国有5000多年的古老文明史，有960万平方公里的辽阔大地，有许多令人神往的名山大川，还有勤劳勇敢的各族人民。每当提起这些，我们的心中就涌起热爱祖国的感情来，可是每当我们拿起笔来写的时候，就写不出了。有的同学问，祖国那么大，怎么表达呀？对于这样一个主题，怎样才能表达得具体形象，写出新意呢？我们一起来看看《茶花赋》这篇文章，它在这方面给了我们与众不同的感受。"

由此可见，直接导入要求教师的语言简洁明快，条理性强，富有启发性和感染力，否则平铺直叙，流于平淡，难以使学生在短时间内集中注意力，起不到导入的作用。有的教师经常千篇一律地导入："同学们，打开书，今天我们学习……"，这不是直接导入，而是敷衍了事的简单化处理。

2. 复习导入

复习导入是指教师通过复习已有知识，从中引出新知识的导入方法。它主要是根据知识之间的逻辑联系，以旧引新或温故知新，过渡自然，适用于连贯性和逻辑性较强的知识内容，如数学和历史。复习导入是由已知导向未知，它能够加深学生对旧知识的复习，增强学习自信心，集中学生的注意力。

复习导入最关键的是要找准新旧知识的联结点，而联结点的准确定位需要认真分析教学内容，深入了解学生。但要注意，回顾旧知识应当简明扼要，不应占用太多时间，而且应该尽量引导学生自己回忆，以提高学生的参与程度。

3. 直观导入

直观导入是指教师借助实物、标本、挂图、模型、图表、幻灯、投影、电视等直观教具的演示，引导学生观察，提出新问题，自然进入新课学习的导入方法。这种导入由形象思维过渡到抽象思维，有助于学生获得感性知识，有利于形成学生生动的表象，调动学生学习的积极性。

案例6-1①

小学数学课“用刻度尺测长度”

师：请同学们看黑板（出示板图，所示线段AB、CD两端的拐把可绕端点转动。开始如图1，转动拐把后如图2，AB为红色，CD为白色）。

图1

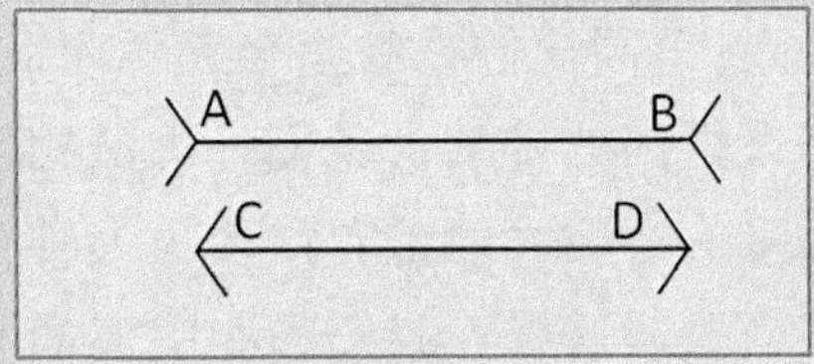

图2

师：你们看！这两条线段是红的长，还是白的长？

生：红的长！

师：好，大家说红的长，现在不准改动线的长度，只是转动一下拐把（转动后如图2），你们看，现在是红的长还是白得长呢？

生：是白的长！

师：到底是红线长，还是白线长？怎样确切地知道？哪位同学出个点子？

某生：可以用尺子量一下，看谁长。

师：回答得很好，用尺子测量，哪位同学上讲台测量一下？

另一学生：（上讲台用米尺测量）这两根线一样长。

师：可见，凭感觉不能确定两根线谁长谁短，必须进行测量。那么，什么叫做测量？怎样进行测量？这就是本节课大家要学会的问题。好，我们现在一起学习第三节：用刻度尺测长度（板书）。

①胡淑珍. 教学技能[M]. 长沙：湖南师范大学出版社，1996：68.

4. 问题导入

问题导入是指教师提出富有启发性的问题，引出新的教学内容的导入方法。问题导入可用于所有学科，尤其是理科。疑问是学习的真正起点，也是学习的动力。教师提出有价值的问题，能激发学生思维，活跃课堂气氛，使学生带着问题学习，从而促使学生对知识的理解更加深刻。问题导入的形式多种多样，教师可结合学科特点、自身素质、教学风格进行选择与设计，扬长避短。

5. 实例导入

实例导入是指教师通过讲述生活实例，引出教学内容的导入方法。应用实例导入新课，可使抽象的问题具体化，复杂的问题简单化，深奥的问题浅显化。提供实例的方式可以是口头的，也可以是书面的。运用实例导入应注意，所选实例必须真实，学生熟悉，且紧扣教学内容；所选实例要典型、生动、符合学生特点。

6. 审题导入

审题导入是指教师从探讨题意导入新课的方法。这种方法直截了当，可以高度概括教材内容，突出主题，使学生很快进入对新内容的探讨。审题导入是各科教学中常用的导入方法。运用审题导入新课，关键在于教师应围绕标题或课题，精心设计一系列的问题，通过反问、设问等方式，激发学生思考，起到导入的作用。

7. 故事导入

故事导入是指教师通过讲述与教学内容有关的故事，引出新知识的导入方法。许多故事情节生动，蕴涵哲理，既能创设幽默轻松的学习氛围，又能启迪智慧，创设学习情境。故事导入的效果不仅与故事本身的趣味性有关，还与讲故事的方式有关。运用故事导入需要注意的是，所选故事必须与教学内容紧密相关，并力求简短，否则会占用过多的课堂教学时间，事倍功半。

8. 游戏导入

游戏导入是指教师精心设计一些知识性、趣味性强的游戏，使学生不知不觉地进入学习情境的导入方法。通过做游戏，可以使学生轻松愉快地进入新知识学习状态，掌握所学知识。但要注意的是，导入的游戏必须具有教育性，能使学生获得丰富的精神体验和实践经验。

9. 悬念导入

悬念导入是利用学生对悬而未决的问题和现象的关切心情而巧妙导入所讲内容的方式。教师利用悬念激发学生的好奇心，引入思考，往往能收到事半功倍的效果。制造悬念的目的有两个：一是激发兴趣，二是启动思维。悬念一般出乎人们的预料，或展示矛盾，或让人迷惑不解，常能造成学生心理上的渴望、兴奋和矛盾。但须注意，悬念的设置要从学生的“最近发展区”出发，恰当适度。不悬，难以引发学生的兴趣；太悬，学生百思不得其解，二者都会降低学习的积极性。只有不思不解，思而可解，才能有效地激发学生的思维。

案例6-2

《牛顿第三定律》的悬念导入

师：拔河比赛时，两队拔河，从拉绳上看是赢的一方拉力大，还是输的一方拉力大？

生：赢的一方拉力大。

师：不对！拉绳两端的拉力一样大！

生：为什么？

师：这是作用力和反作用力的关系，是牛顿第三定律所要说的问题，学完这一节，我们就可以明白为什么了。现在我们开始学习这一问题。

10. 情景导入法

情景导入法是利用刚刚发生的事情或正在发生的情景，或者利用语言、设备、环境、活动、音乐、绘画等各种手段，制造一种符合教学需要的情景，以激发学生兴趣、诱发思维，使学生处于积极学习状态的一种导入方法。苏霍姆林斯基说：“任何一种教育现象，孩子们越少感到教育者的意图，它的教育效果就越大。我们把这条规律看成是教育技巧的核心。”情景导入法如果运用得当，能使学生身临其境、感同身受，意识不到是在上课，从而在潜移默化中受到教育，获得知识。

11. 对话导入

古希腊教育家苏格拉底擅长对话，通过对话，从普通的话题引出智慧。著名特级教师孙双金在执教《天游峰的扫路人》一课时，导入新课就是有寻常话题开始的，可谓是“大雪无痕”。

案例6-3

师：我姓孙，咱孙家有个名人，他叫孙悟空。大家知道他有什么本事吗？

生：他会七十二变，想变什么就变什么。

生：他武艺高强，斩妖除魔。

生：……

师：你们还知道我们孙家有哪些名人？

生：孙中山先生，他领导了辛亥革命。

生：孙武，他曾经写过一本有名的兵书《孙子兵法》。

生：还有三国时吴国的国君孙权。

师：是啊！咱孙家出过政治家、军事家、思想家等。每次提到他们，我心里特别自豪。你们家都有哪些名人、伟人呢？

生：我叫姚奕迪，姚明是我心中的偶像，他现在在美国的NBA打球。

生：我姓章，我们这个家族中出了革命家章太炎，我到他的纪念馆参观过。

生：……

师：同学们，你们可知道名人在成名之前都是些什么人呢？

生：伟大的人。（众笑）

生：老百姓，一般人。

生：普通的人。

师：对！之前他们都是普通人！今天，我们就来学习一篇写普通人的文章，他是一个扫路人。

孙老师与学生似朋友间的聊天，无拘无束地聊，快快乐乐地聊，坦坦荡荡地聊，聊得踏实，聊得有趣，毫无雕琢之感。要达到如此境界真得下一番苦工夫。从孙双金老师身上我们得到以下启发：第一，精心寻找一个学生感兴趣的话题。孙双金老师选择了“孙悟空”这一小朋友特别喜欢的形象，又巧妙地把话题引入孙家名人，再让学生谈自家名人。谈着，聊着，学生的紧张情绪没有了，学生与老师的距离感也消失了，进入了“零距离”的心理状态。第二，开场白内容与教学内容力争紧密相连。当我们听学生谈到名人产生于普通人之时，不禁会问：孙双金老师有何用意？往下一听，豁然开朗：哦，原来是导入新课。

此外，常用的导入类型还有衔接导入、练习导入、经验导入等。

三、导入的程序

导入一般有四个环节，即唤起注意、引入信息、分析信息、引出主题。

1. 唤起注意

导入的第一步是问候。对于经常见面的师生而言，按道理是非常熟悉的。但即使如此，也要问候同学们，这是礼貌的反映，是一个老师的基本文明素养。当然，问候本身就是对学生进行文明礼貌的示范。

2. 引入信息

教师问候之后，就要引入准备好的信息。引入的信息无论是情景性的，还是叙述性的，都必须由教师予以陈述，让学生知晓，以备分析之用。

3. 分析引入的信息

任何事例都可以有多种分析角度，所以一定要对引入的信息进行与主题有关的分析。在分析的时候，不可过分牵强。所以，必须审视事例或情景的普遍意义，以确保引出的主题既合乎逻辑，又符合事实。

4. 引出主题

在上面的信息分析基础上，教师应该适时引出主题，做到自然过渡到主要内容的交流表达上。

四、导入的技巧

1. 要目的明确

运用导语是为了导入新课，增强教学效果，其设计与运用要紧扣教学目标，不能单纯追求形象性和故事性，喧宾夺主，违背了既定的教学目标。因此，导入语必须紧扣教学目标，为吸引注意而偏离教学目标是不可取的。

2.要有针对性

课堂导入要与学科性质、教学内容和教学目标以及学生的心理特点、知识能力基础、认识水平相适应。脱离教学目标、教学内容，不适合学生特点的导入，不管多么别致、吸引人，都不能发挥应有的作用。北京一位年轻的语文老师讲丰子恺先生的《白鹅》。这是一篇生活散文，层次分明、语言生动、感情真挚。这位老师一上课就用丰子恺的若干幅漫画引入，漫画内容既和课文内容无关，又与白鹅无关，一边看漫画还一边问孩子“感动了没有？为什么感动？”还说“透过小事，小画面之后，我们得到的感觉是不一样的，丰子恺说最喜欢弦外有余音，今天我们就来看看这篇散文的弦外之音”①。对一篇小短文，老师如此无关地导入，不能不说是失败的。

3.要有启发性

积极的思维活动是课堂教学成功的关键。富有启发性的导入能引导学生去发现问题，激发学生解决问题的强烈愿望，能给学生思维上创造矛盾冲突，调动学生积极的思维活动，使他们更好地理解新的教学内容。教师可以通过设置悬念、创设情境、做游戏、展示现象等方法来设计具有启发性的课堂导入。

4.要有趣味性

课堂导入要简练概括，巧妙自然，独特新颖，引人入胜。

导入的关键在于引起学生对教学内容的兴趣和重视。有效的导入一定要具有趣味性，能吸引学生的注意力。要做到这一点，必须熟悉学生的生活，这样才能让导入贴近生活，拉近与学生的距离。

导入的趣味性包括内容的趣味性、运用方法的趣味性和教师语言的趣味性等。为提高趣味性，课堂导入的设计要尽可能生动活泼、含蓄有趣，但不要故弄玄虚，做到雅而不俗，分析角度新颖，思维别致，才能起到引导学生、发展学生的作用。

5.简洁明了

尽管课堂导入和正式教学有着密切的联系，但二者并不等同。课堂导入的主要目的是把新旧知识联结起来，引出新知识，使学生更好地学习新知识。因此，课堂导入要精心设计，要短小、精练、简洁，力争用最少的话

①王旭明．语文课堂“假语文”泛滥成灾[N]．新京报，2014-12-23.

语，迅速而巧妙地缩短教师与学生、教材与学生间的距离，将学生的注意力集中到课堂上来。课堂导入应力争用最短的时间导入新课，使导入既能够引出新的教学内容，又不冗长拖沓，挤占新课的教学时间。

6. 要有艺术性

导入的艺术性主要是指导入的创造性，即不同寻常地靠智慧而创造性地成功导入。导入的艺术性表现在导入的内容与形式具有高度的统一性，表现在导入设计上的科学性和教育性，表现在导入语言上的准确性和生动性，表现在导入与新课衔接上的自然巧妙性。导入的艺术性是课堂导入的最高要求，也是教师导入技能的综合体现。

第二节 板书

板书是指教师在课堂教学中，为了帮助学生理解和掌握知识，配合讲授，把设计好的教学要点书写在黑板上的教学行为。板书主要通过简练的文字、符号、线条或图形等书写，向学生展示教学内容、传递教学信息。因此，板书包括文字板书、演算板书和图画板书三种形式。文字板书是指教师写在黑板上的文字，它是各学科教学经常使用的一种板书形式；演算板书是教师在黑板上推导数学公式、演算数学例题；图画板书是教师在黑板上描画的各种图形、符号、表格等。板书从表现形式上看似课堂口语表达的辅助方式，但与课堂口语表达的瞬间性相比，板书是教学思路和教学内容的浓缩，展示的时间较长，更为清晰，是师生在教学中通过视觉交流信息的主要沟通形式。所以，板书技能是教师教学能力的综合体现，是现代教师的基本技能之一。了解、研究、运用板书的技能是提高教师素质的重要措施。

一、板书存在的价值

板书是课堂教学的重要组成部分，是老师的微型教案。板书的功能是多种多样的，现分述如下：

1. 提纲挈领地引领学生掌握知识的基本结构和基本内容

因为课堂板书受到黑板面积和书写速度的限制，所以教师只能把主要内容或重要内容表述出来。课堂板书内容都是教师在确保教学内容准确、科学的基础上对讲授内容进行的高度概括、浓缩，精心提炼和认真筛选，因而板书是对教学内容的高度概括。好的板书有提纲挈领的作用，能条理清楚、层次分明地显示一节课的教学内容。学生在听课的过程中，随时看一眼黑板，便对教师所讲的重点内容一目了然，因此板书可以让学生更好地理解现在所讲的教学内容；听课结束时，黑板上内容便是整节课教学内容的浓缩，便于学生记录和课后复习。

2. 辅助口语表达，增强表达效果

板书具有直观形象的特征。它把教学内容转化为视觉符号书写到黑板上，丰富了学生的感知表象，弥补了口语容易引起歧义的缺陷。教师在课堂教学中一边讲解一边把重点内容用各种形式的板书表达出来，使学生从听觉刺激转向视听刺激的结合，使教学内容更直观，更生动。一般来说，课堂教学以口语表达为主，口语表达虽然在表面上占据了大部分时间，但作用于学生的听觉，只能产生瞬间记忆，遗忘很快，所谓“充耳不闻”，表达的就是这个意思。更何况，还有许多事物、事理、感情难以用口语表达清楚；其次，板书比口头表达在表达问题上更准确、更清晰、更直观。因此，如果教师在讲述的同时，能辅以适当的板书，让学生将听觉与视觉结合起来，显然能取得更好的教学效果。

3. 显示思路

板书最能体现教师的思维过程。特别是理科中一些逻辑性强、需要进行的推演的知识，用板书讲解是最有效的讲解方法。教师一面讲解一面写板书，有利于引导学生的思路沿着教师的讲述而发展，有助于学生理清思路。讲解完毕之时，亦即板书亦完成之时，所以板书的先后顺序反映了教师的思维过程。

4. 审美价值

板书具有艺术性的特点。在某种程度上说，课堂板书是一种美术。课堂板书的内容、形式、构图及字体的和谐搭配，能引起学生的美感，给学生以美的享受和美的启迪，激发和提高学生的学习兴趣和求知欲望。

在中小学，教师的板书可以对学生的发展产生很多影响。首先是书法的影响，即教师用自己工整美观的字体熏陶学生，引导学生把字写好；其次，教师合理布局的板书可以影响学生写字的整体布局，生活用品的合理布局，甚至事务的安排，形成做任何事都有条有理的习惯。因为有条理的板书本身就是资源安排的结果，是管理思维的反映。

二、课堂板书的内容

课堂板书作为课堂教学的辅助手段，不可能也没有必要把全部教学内容都表现出来。因此，板书的内容应该是教师经过精心设计和挑选的。一般来说，课堂板书包括以下主要内容：

1.教学内容的内在逻辑结构

教材内容总是按照一定的逻辑结构组织起来的，有的是以时间顺序为主，有的是以空间顺序为主，有的是以逻辑关系为主，有的则以对比关系为主等。板书反映了教材内容的系统结构，使学生容易理清教材的线索和脉络，便于学生知识结构的建构。

2.教学的重点和难点

教学重点是学科体系中学生必须理解和掌握的核心知识，教学难点是学生认识过程中的疑难处。课堂板书可以对教学重点和难点起到强调作用，集中学生注意力，加深学生对重难点知识的把握。

3.公式及其推导过程

只有学生真正懂得公式的由来，才有可能举一反三地应用于其他情境中。此外，板书公式及推导过程还可以培养学生思维的严密性和逻辑性。

4.教学内容的补充知识

为了拓展学生的知识面，开阔学生的思路，教师有时会补充一些背景材料或其他信息。这些补充知识有助于学生加深对教材的理解。

此外，容易产生歧义的概念、生僻的字词及需要特别强调的知识等都可以在黑板上板书出来。

三、课堂板书的类型

根据不同的标准，板书的类型可以多种划分。

(一)文字板书

文字板书是教师在黑板上以文字形式表述教学内容的一种板书形式。文字板书需要以一定的格式书写到黑板上。内容与形式完美统一，才称得上是成功的板书。文字板书主要有纲要式板书、语词式板书、表格式板书、线索式板书和演算式板书五种类型。

1. 纲要式板书

纲要式板书是指教师以讲授内容的内在逻辑关系为线索，体现教学信息结构体系的板书形式。纲要式板书是最常见的一种板书形式，几乎适用于所有学科。这类板书的主要特点是层次清楚，重点突出，文字简明扼要，便于学生理解和记忆教学内容。

2. 语词式板书

语词式板书是指教师从讲授内容中选择或概括一些关键性的词语，随着教学的进展依次书写到黑板上的板书形式。这种板书格式常用于语文、政治等学科中，其主要特点是紧扣教学内容，重点突出，使学生能够以这些词语为生长点再现全部教学内容。

3. 表格式板书

表格式板书是指教师把在讲解过程中提炼出的关键词以表格形式绘制在黑板上的板书形式。表格式板书通常用于可以明显分项或具有明确对比性的教学内容中，最大的特点就是对比性强，通过分析和比较，使学生准确把握事物的本质。

4. 线索式板书

线索式板书是指教师在黑板上板书教材内容的行文线索的板书形式。线索式板书指导性强，有利于学生认识的条理化和明晰化。

5. 演算式板书

演算式板书是指教师在黑板上用文字、数字和数学符号表述证明过程的板书形式。演算式板书书写格式规范，条理清晰，逻辑性强，广泛应用于数学、化学、物理等理科教学中。

（二）图画板书

图画板书是指教师在黑板上用图画来表述事物的形态和结构等内容的板书形式。由于课堂时间和空间的限制，教师在教学中不可能把要介绍的事物全部带入教室，图画板书就可以弥补这方面的不足。图画板书可分为示意图和简笔画两种类型。

1. 示意图

示意图是指教师借助图示、图表等示意图，形象生动地表现事物的发展变化过程以及事物间的联系。示意图板书一般用于物理过程、化学现象和抽象的逻辑知识的教学中，常见的示意图有关系图、流程图、系统图等。

2. 简笔画

简笔画是指教师以最简练的线条来表述事物的形象和特征。简笔画板书运用恰当，可以使教学生动直观，吸引学生的注意力，提高学习兴趣，加深印象，增进理解。

（三）综合式板书

综合式板书是指教师综合运用各种板书形式来表述教学内容。综合式板书不是各种板书形式的生硬拼凑，而是要对课堂板书进行综合整体设计，科学合理地发挥各种视觉符号的优势。这类板书对图文的布局关系要求很高，教师必须精心设计，巧妙布局，统筹安排，实现课堂板书效果的最优化。

四、板书的技巧

任何事情都是有规律可循的，板书也是如此。在长期的教学实践中，产生了很多板书的经验，这些技巧反映了板书的一般规律。

（一）内容精练，重点突出

内容精练是指板书要以凝练的文字或简洁明了的图形、符号反应教学的主要的内容；重点突出是指板书要反应教学的重点、难点和关键。板书用词要精练、准确、恰当，图表要规范，线条要匀称流畅，切忌造成混乱、歧义甚至错误。板书不能主次不分或颠倒主次，更不能把所有内容都写到板书上，而要通过分析、综合、归纳，使板书提纲化，形成体系，使其既能体现授课内容的精髓，又做到纲目分明，突出授课重点，科学地表述教学内容及其内在逻辑关系。这是因为板书的容量是有限的，课堂时间也是有限的，教学需要口头语言、书面语言（板书）、体态语言三者的有机结合，而尤以口语为主，板书的主要作用在于提纲挈领，或在口语容易误会时辅助说明。当然，精炼不是简单，更不是大而化之，不能简练到只剩下要点的序号。精炼必须有内容，哪怕只剩下核心词汇。

（二）形式灵活，布局合理

形式灵活是指板书没有固定模式，可以根据不同的学科，不同的教学内容，不同的教学对象，选择不同的板书方式，灵活多样，不拘一格。课堂教学是千变万化的，是师生的双边活动，教师要根据课堂实际灵活处理包括板书在内的各种事务，使事先设计好的板书灵活展现。

布局合理指板书布局应匀称得体，要讲求整齐美、对称美、协调美，给人以美感。布局合理的关键是在实际教学过程中，要根据教学内容的多少及黑板的大小、形状将黑板进行区域划分。一般情况下，板书可划分成两个区域，即“主板”和“副板”，写在主板部分的称为“主板书”，写在副板区域的称为“副板书”。

主板书是教师在对教学内容进行概括的基础上，提纲挈领地反映教学内容的板书，是体现教学目的与教学内容内在联系的重点、难点、关键点的板书；是能够反映教学内容的结构及其表现形式的板书，是课堂板书的主体部分。它一般包括课题名称、主要教学内容（如重要概念的表述及其注解，重要公式、定理、法则的表述及其推导过程，典型例题的关键步骤，重要规律方法的概括和总结等）、重要结论等。主板书既然是最基本、最重要的内容，应写在黑板中间，可以用下划线或彩色粉笔予以强化。每个课题都应该有它的主板书，要保留并持续整个教学过程，以便辅助传播，加深印象。主板书必须条理清晰，即指板书的层次分明，各层次之间通过特殊的板书语言形成一个整体。要使板书条理清晰，首先要使相同层次的内容排列整齐，其次要使各层次的内容的标号要一致。

副板书是提示有关零散知识的板书，是正板书的补充，有辅助口语表达的功效。副板书是教师在教学过程中为了强调某个字词或帮助学生理解的工具性内容时，就会启用副板书。副板书一般置于黑板或白板的两侧，其书写可以较为随意。副板书在板书空间不足时可以随时擦去。

（三）书写规范，清晰美观

板书的美观首先取决于文字的书写。一般来讲，板书对文字的要求是规范工整、清晰、准确、整齐、美观，对于小学教师板书应该注重笔顺正确，结构匀称。字的大小以后排学生能看清为标准，行间疏密、字画要搭配平衡。当然，在做到书写规范的同时，还应有适当的书写速度，尽量节省时间。如果老师的板书字体漂亮，图表规范，版面排列整洁美观，辅以幽默风趣的语言、优雅得体的体态语言，就可以有效地提高学生的学习兴趣，让学生感觉上课是一种美的艺术享受。

（四）时机要恰当

板书应安排在讲授教学内容之前还是之后，还是同时并进，要根据教学内容来确定。具有启发性的知识，板书应在推导过程之前；演算板书要与讲授结合进行，采用并进方式，边讲边写；具有结论性的知识，板书应在分析推理之后。讲授与板书的有机结合能够调动学生视听感官的综合参与，有效地传递和接受教学信息。脱离讲授的板书不但不能发挥积极作用，反而会形成对讲授的干扰，影响讲授效果。

一般情况下，教师要做到讲写结合，以避免冷场。板书与口语讲解是一个不可分割的整体，二者有机结合才能较好地传递教学信息。书写速度与讲课时的口头语言表述速度应基本一致（这需要有意识地训练自己写粉笔字的速度），只有两者速度协调，快慢适宜，才能保证课堂教学的密度和节奏与学生的思维节拍基本相适应。只讲不写，就会淡化重点；只写不讲，教师往往会用自己的身影挡住板书内容，造成教学活动的空白。新教师的课堂一般会出现板书太慢的情况，这种现象不仅影响教学进度，同时也严重影响教学效果。老师讲课速度太慢，滞后于学生的思维时，必然出现空档，学生也就必然无事可做而产生混乱，而当学生运用自己的自制力又把注意力集中到讲课内容上时，可能会错过一些内容。如此反复，学生会产生视听疲劳。

传统上，优秀的教学板书要求做到内容精练，重点突出，形式灵活，布局合理，书写规范，清晰美观，时机恰当。但值得注意的是，在多媒体作为一种教学辅助手段进入课堂教学前，好的板书设计一直是衡量课堂教学成功的一项重要指标。随着多媒体辅助教学的日益普及，板书在课堂教学中呈现出一种弱化的趋势，逐渐形成了多媒体为主、板书为辅的局面。相比较而言，在信息量和表现力方面，多媒体课件优于板书。但在灵活互动方面，教师的板书明显优于多媒体课件，尤其是在一些理工科课程教学中，存在大量的定理、定义和公式，特别是逻辑推理或公式推导，不但要求学生掌握结论，更重要的是在推导的过程中学习分析、解决问题的方法。多媒体课件虽然可以准确无误、清晰明白地逐步演示其推导过程，但其现场感不强，尤其是缺少参与感。这样的课程就需要教师一面讲解推导过程，一面在黑板上板演，把这种推导过程从无到有地重现一遍。对于书法和语文这类课程，教师的板书就是个性化的作品，它可以传递教师的情感、表达教学过程中某些含义，所以教师在课堂教学中，情感的变化会表现在字体的大小，线条的粗细，字间距的疏密，从而形成参差错落感，整体上展现出文字的灵动、节奏和韵律，起到一定的示范作用。由此可见，在具体的教学实践中，无论选用多媒体课件还是板书，都要把握好它们的适用条件和场合，扬长避短。

第三节 讲授

讲授是一种古老的、经久不衰的教学方法。目前，它是我国课堂教学中使用最广泛、最重要的教学方法之一。在所有教学方法当中，讲授法最灵活，最经济，对物质和技术条件依赖最少。自20世纪以来，批评讲授法的声音此伏彼起。时至今日，一提到讲授，人们就会把它和“满堂灌”“填鸭”联系在一起。事实上，教学方法本身并无优劣之分，关键在于教师怎样使用。某些教师的课堂讲授效果不好，是因为他们经常不分条件、不分场合地一味采用讲授法。如果教师充分考虑学生的原有认知结构、心理发展规律和内容的逻辑顺序，在新旧知识间建立起实质性的联系，调动学生的情感，那么这样的讲授就不是灌输，而成为学生有效学习的重要途径。

一、讲授的含义

讲授是教师运用系统的口头语言，通过分析、解释、说明、论证、叙述、描绘等向学生传授知识的教学行为方式。讲授在课堂教学最为常用。教师讲授需要用准确清晰、逻辑严密、生动流畅的语言传递信息，有利于学生在短时间内接收最多的信息，有助于学生形成良好的思维能力，唤起学生学习的热情及对生活的热爱，使师生产生情感共鸣。

因此，从实质上讲，讲授是一种交流，是感觉学生的需求之后而主动发起的专业交流。它不是自说自话，也不是街头巷尾在茶余饭后漫无目的的闲谈，而是有指向的高水平交流。

二、讲授的类型

根据讲授内容和方式的不同，讲授可以分为讲述、讲解、讲读和讲演四种基本类型。

（一）讲述

讲述是指教师通过系统地叙述或描述教学内容，使学生理解和掌握知识的一种课堂讲授方式。根据讲述的特点将其分为叙述和描述。

1.叙述

叙述是指教师对事物的发展变化及其前因后果所作的口头表述。其作用在于使学生了解事物发生发展的进程，并在此基础上把握事物的发展趋势和变化规律。叙述在文科教学中多用于叙述学习要求、社会面貌、时代背景、人物关系、故事梗概、写作方法、历史事实、地理状况等；在理科教学中多用于叙述学习要求、数量之间的关系、自然现象的变化、物体结构和功能、实验过程和操作方法等。

叙述要求线索清楚，遵循合理的逻辑顺序，语言详略得当，简洁明快，朴实无华，通俗易懂。线索是思路的反映，是对人物、事件发展过程中主要思想和脉络的把握。围绕线索选择叙述材料，能使叙述富有逻辑性和条理性。对主要材料详细叙述，便于学生把握知识的体系、重点和关键点。叙述时可以按照事情发展的顺序，也可以按照地点变化的顺序，还可以按照时间的先后顺序，但无论采用哪种方式，都不能颠倒事物间的因果关系。

2.描述

描述是指教师用生动形象的语言，把事物的外部特征、内部结构以及人物的心理状态表达出来。用绘声绘色的语言再现客观事物，使学生如见其人，如闻其声，可以在头脑中形成对事物的直观印象，加深对事物的理解。描述在文科教学中用于刻画人物、描绘环境、介绍细节、渲染气氛、表达感情等；在理科教学中用于描述与课题内容密切相关的科学家或发明家的经历或业绩。

根据描述内容和形式的不同，可以把它分为概要式描述、例证式描述和程序性描述。概要式描述是指对人、事物的特征或要素做总的概括性介绍，它要求语言简洁，注意解释事物各层次间的关系，让学生对所描述的事物有整体印象。例证式描述是指选择有代表性、有说服力的例证来具体描述事物，所选用的例子要有针对性、科学性和生动性。程序性描述是指按照事物的发展过程、层次结构或操作程序进行一步步地描述，它要求关注事物发展的阶段性，必要时可以用体态、手势、眼神、板书及挂图等配合。

叙述和描述都是在说事，而不是说理。其不同在于，叙述的语言简洁明快，朴实无华；描述的语言生动形象，富有情趣。

（二）讲解

讲解是指教师运用语言对教材内容进行解释、说明、分析、论证等，引导学生理解和掌握事物的一种讲授方式。其作用在于通过解释概念，说明事理背景，阐述知识本质，论证逻辑关系，使学生理解和掌握事物。讲解重在讲理，有利于发展学生的逻辑思维能力。

根据讲解的层次，可以把讲解分为事实性知识的讲解和抽象性知识的讲解。根据讲解的主题，可以把讲解分为原理中心式讲解、问题中心式讲解和叙述式讲解。根据讲解方式的不同，把它分为解说、解析和解答三种类型。

1. 解说

解说是指运用学生熟悉的事例或现象，引导学生在情境中接触概念，以感知为起点对概念进行理解，或者把已知问题与未知问题联系起来，说明事物的本质属性和基本特征的讲解方式。解说一般用于文科教学。

2. 解析

解析是通过解释和分析教学内容中的规律、原理和法则等，使学生理解和掌握知识的讲解方式。它是基础知识教学和基本技巧训练的重要方式之一，可通过归纳和演绎、分析和综合、类比和推理等途径来完成。

3. 解答

解答就是对问题的回应和解释。解答具有一定的探索性，有利于启发学生的思维。它从事实或现象中引出问题，或向学生直接提出问题，明确解决问题的目标或标准，选择最优的讲解形式和方法，进而找出论据，展开论证，通过逻辑思维得出结论并对整个讲解过程进行总结。

在运用讲解技能时，教师首先要有针对性，即符合学生的年龄特点、兴趣爱好、知识水平和认知能力等；二要有科学性，就是要用本学科的专业术语和符合语法的教学用语，准确地解释概念、原理，做到观点正确，论证充分；三要有启发性，即能够激发求知欲望，启发联想；四要有简明性，就是要用精炼准确生动的语言，条理清楚、层次分明地叙述事物，切忌散乱无序、平淡无味；五要有教育性，即教师在语言中凝结对教材的体会，饱含对学生的殷切希望，使学生既能准确地掌握知识，又能受到思想教育和感情的熏陶。

（三）讲读

讲读是在讲授过程中，按照所要处理的材料的顺序朗读并分析的一种讲授方式。讲读通常是一边读一边讲，以读助讲，讲读结合。讲读在语文教学中较为常用。

教师在讲读时要精讲，体现重点、难点和关键点，还要体现思路及方法。根据需要和可能，可以突出读，通过教师读、学生读、默读等方式引领学生体悟，也可以突出讲，通过讲体现思路和方法。

（四）讲演

讲演是教师在深入分析教材的基础上，论证事实，解释道理，进行比较、综合、概括、推理、判断等，做出科学的结论，使学生理解和掌握理论知识，形成正确的立场、观点和方法的一种讲授方式。讲演是讲授的最高形式，多用于中学高年级和大学的教学活动中。由于讲演所需要的时间较长而且集中，形式又单一，因此在运用时要注意：一是语言要具有逻辑性、科学性、启发性；二是语言要有趣味性；三是要与其他言语形式如板书相结合，加深对学习内容的印象，提高讲演效果。

三、讲授的技巧

从技巧上讲，有效的讲授必须满足以下要点：

1. 目的明确

教师的讲授不是闲言碎语，必须有目的，而且目的要明确。如果作者生平没有教育价值，可以一笔带过；若要讲作者生平，就要有明确的目的，那就是用作者的成长道路和经验教训服务于青少年学生。

2. 突出重点

课堂教学时间很短，作为一名教师不可能面面俱到，如果什么内容都想涉及，其结果是什么内容也不可能深入。没有重点的课必然味同嚼蜡。一个教师上完课有没有成就感，就取决于他有没有重点。有重点的话，必然在重点方面投入的备课时间多，资料多，上课花费的时间多，能够让学生感觉到重点，进而产生认同感，并深入思考，才可能有师生互动。

3. 有启发性

启发二字来源于孔子。子曰："不愤不启，不悱不发。"（《论语·述而》）朱熹这样解释孔子的这句话："愤者，心求通而未得之状也；悱者，口欲言而未能之貌也。启，谓开其意；发，谓达其辞。"（《论语集注·述而第七》）即如果不是心里想明白却想不明白，就不要去开导他；如果不是想说却说不出来，就不要告诉他答案。孔子关于启发的见解成为中国古代教育传统的重要组成部分。在这句话后面，孔子还说，"举一隅不以三隅反，则不复也"，翻译成白话文即是说，举出一个角为例来告诉学习的人，而他不能推断其他三个角如何，就不用再教他了，这句话的实质更能表达孔子关于启发教学的真义。教师举例说明事物来启发学生，而学生不能实现迁移，说明学生心不在焉。这就需要教师去激发学生，引导他产生思考。所以，优秀的教师总是把激发学生的学习愿望放在第一位，继而让学生自己去探究，容易达到事半功倍的效果，而平庸的教师往往把大量时间用于讲授，忽视对学生的激发，其结果自己疲惫，学生劳累，事倍功半。

4. 使用交流的语气

讲授要用交流的语气，这是现代课堂的要求，也是信息传播的必然选择。现代课堂提倡平等的师生关系，因而作为一个老师，要放弃师道尊严的认识。从古至今，儒学大师一般都非常谦和地与人交流，如和风细雨，反映出的经验就是交流的方式。课堂教学多采用平缓的速度，娓娓道来，没有必要慷慨激昂，或者正颜厉色。

四、讲授的注意事项

1. 从学生的实际出发

从学生的实际出发，就是要联系学生已有的知识经验，引导学生积极地参与教学过程，主动地思考，在旧经验的基础上发展学生的新经验。特别是要运用好生活中的各种经验和实例，帮助学生理解事物的基本特征，加深对概念内涵和外延的认识和理解。

2.要时刻关注学生的反应

讲授过程是信息传递的动态活动。为了取得良好的教学效果，教师在讲授时要密切关注学生的表情变化，感受学生的接受程度，及时调控讲授的方法、内容和进度。

3.语言要规范、简明、生动

每门学科都有自己特定的范畴和表达方式，从语言上说，讲授要求教师运用规范的专业术语，保证学生准确掌握系统的学科知识。教师简明扼要地阐述知识点，有助于学生把注意力集中到重点内容上。教师生动活泼、诙谐幽默的语言有助于提高学生学习的积极性。因此，课堂讲授要求教师用规范、简明、生动形象的语言表达教学内容。

4.要与板书相结合

讲授有助于学生掌握学科的基础知识和事实材料，获得比较系统的思想和观念。但在课堂讲授中，教师是主要的活动者，学生主要是以听讲的方式进行学习，缺乏视觉途径的配合，学生难以产生深刻的印象，甚至会产生对讲授知识的误解。讲授与板书、教师的体态语言相结合，使学生多种感官参与学习，从而加深对知识的理解。

第四节 提问

课堂提问是教师在课堂教学中，通过创设问题情境，设置疑问以引导和促进学生积极思考的教学行为方式。课堂提问是教师及时了解学生的必要手段，也是发展学生的方法。

一、课堂提问的功能

在教学过程中，教师恰当地运用提问，可以引起并维持学生的注意力，能够激发学生学习兴趣，活跃课堂气氛，促进学生积极开展智力活动，养成良好的思维习惯，发现教学中存在的问题，及时调控教学内容和进度；促进师生之间教学信息的交流和反馈，帮助学生复习和巩固所学的知识和技能，检查、督促学生的学习，锻炼学生的胆量，提高答问的能力。全面认识课堂提问的功能，不仅有助于教师正确认识提问在课堂中发挥的作用，而且有利于教师在实践中更好地发挥提问的功能。

1. 引起注意

提问能使学生的思维迅速统一到课堂上来。由于提问的公开性和教师的权力，学生总是要积极去应对教师的提问。当然，教学的目的不只是简单问题的解决，还有能够发展学生认知、情绪情感和能力的问题。无论是回忆复习的简单问题，还是需要动脑的复杂问题，提出时都能起到引起注意、激活思维的作用。

2. 强调重点，复习巩固

提问是促进记忆、理解、建立更多意义联系的主要途径，能使学生有目的地把注意力转移到教学的重难点上。在一节课的开始提问，可以对刚学过的知识中的重点部分进行提问，以达到复习巩固的目的，在一节课的结尾提问，可以达到强调重点的目的。

3. 引发思考

课堂提问，尤其是激疑性提问，能引起学生认知上的矛盾，这种矛盾诱使学生不由自主地去寻求问题的答案，以消除自己认知上的矛盾。这种“不由自主”想为问题提供答案的心理行为使得当时教师所希望学生关注的教学内容成为了学生直接的思考对象。

从发展上讲，人类最需要的是经验。限于时间和年龄，学生无法通过实践得到很多操作性经验，但可以通过思考获得认知的经验。当教师的提问不是简单的回忆性内容时，思维就开始了。当问题得以在思维层面得以解决时，学生就完成了一个思维过程，同时也获得了认知的经验。此时，学生不只解决了问题，还获得了解决问题的成就感。

4. 反馈教学

课堂提问是教学信息反馈最便捷的途径。与单元测试，期中考试，期末考试相比，课堂提问作为反馈信息的手段，更为及时、简明、具体、简便易行，可以随时开展。另外，课堂提问还有独到的反馈作用，即可以发现学生情绪情感的状况。

如果教师的提问是合适的，而且聆听同学们的回答足够认真，那么这些问题和回答可以帮助教师了解同学们的思维轨迹，感受学生的情感变化，有助于教师了解教学目标和学生实际发展水平之间的差距，便于分析造成这些差距的原因，找出合适的办法，以缩小差距。

5. 促进学生参与，优化课堂管理

当一个人感觉自己没有参与一项活动中时，会很容易产生边缘心理。在课堂上，如果教师长时间讲授，学生容易产生疲倦，尤其是遇到不感兴趣或自认为“无用”的讲授内容，学生的思维会有意无意地游离出课堂。这时候，适当的提问能激起学生思维的火花，把学生重新吸引到课堂上来。

当课堂提问激活学生思维的时候，大多数学生都能够表达自己的见解，而其他学生则可以分享这些答案。这种现象可以称为信息共享。因此，课堂提问既调动了人，也发挥了信息的作用，是对课堂管理的优化。

其实，课堂提问的作用是多方面的。每一次提问的功能都会是多方面的。被提问的学生因思考回答问题而受到明显的锻炼；其他同学也不得不经历思考，最后在教师点评时也会获得教益。所以，不能对课堂提问等闲视之。在运用课堂提问的时候，在评价提问的时候，多角度的考察是必要的，多元的价值是可能的。

二、课堂提问的类型

根据标准的不同，课堂提问可以有不同的分类。依据信息交流形式的不同，可以把提问分为特指式提问、泛指式提问、重复式提问、反诘式提问和自答式提问。根据提问的内部结构的不同，可以把提问分为总分式提问、递进式提问、连环式提问和插入式提问。根据提问的具体方式的不同，可以把提问分为直问与曲问、正问与反问、单问与复问、快问与慢问。

布鲁姆的“教育目标分类法”把认知领域的教育目标分为知识、领会、应用、分析、综合、评价。这一分类没有把认知停留在知识层面，而是在知识基础上更加深化认知。据此，可以把课堂提问划分为回忆提问、理解提问、应用提问、分析提问、综合提问和评价提问六种类型。

（一）回忆提问

回忆提问是巩固所学知识的提问，通过提问让学生回忆、复习学过的知识，并结合旧知识，获得新知识。回忆提问也可以称为知识提问，因此回忆提问的答案往往能够从教材上找到，学生只需回忆所学知识而无需多加思考。回忆提问有复述、认知和选择等形式。复述要求学生口头重复所学的知识。认知要求学生能表达事物的构成、性能、与他物的关系、发展的动力、发展方向以及基本规律。选择要求学生能根据回忆辨别相似事物或从相似事物中指出认知对象。

（二）理解提问

理解提问是检查学生对事物本质和内部联系把握程度的提问。理解提问需要学生对已学过的知识进行回忆、解释、重新整合，对学习材料进行内化处理，并用自己的语言表达出来。理解提问有变换、解释、重组和对比四种类型。变换要求学生用另一种文字或另一种形式表达；解释要求学生用自己的话对事物进行说明；重组指将学习材料重新归类或列举新的例证以加深对概念的理解；对比则要求学生比较已经学过的两个或两个以上的内容并表达出来。

（三）应用提问

应用提问是检查学生运用所学概念、规则、原理解决问题能力的提问。应用是一种从抽象到具体、从一般到特殊的过程。通过应用，学生把理论知识和社会生活实践联系起来，培养其解决问题的能力。

（四）分析提问

分析提问是引导学生识别条件与原因、各部分之间的关系、原因与结果之间的关系的提问。学生认识事物，必须对材料进行分解、加工、组织、解释和鉴别，通过认识部分，进而认识整体，解决问题。分析提问多用于分析事物的构成要素、事物之间的关系和组织原理等方面。构成要素分析即把整体分解为若干要素再分别加以研究。关系分析是对事物各个组成部分的联系和相互作用进行分析。组织原理分析指研究事物的不同部分组成一个整体所遵循的法则和规律。

分析提问没有现成的答案，需要运用已有的知识和经验，寻找根据，组织语言，进行解释或鉴别，进行比较高级的思维活动。解决这类问题要求学生前后联系，确定原因，进行推论。分析提问的表达形式一般如：

——你认为……是由哪几部分组成的？

——有了……就会怎么样？

——……与……有怎样的关系？

——你说的……有什么根据？

——为什么……

在教学中，分析水平的提问能够帮助学生梳理知识体系，在不同的知识间建立联系，从更高的角度认识学科的特点和意义。

（五）综合提问

综合提问是要求学生在脑海里迅速检索出与问题有关的知识，并对这些知识进行分析与综合，得出全新结论的提问，如要求人们有预见性地回答的提问，要求人们敏捷地表达自己的思想和印象的提问等。综合提问的表达形式一般如：

——根据……你能想出解决问题的方法吗？

——为了……我们应该怎么办？

——如果……会出现怎样的一些情况？

——假如……会产生怎样的后果呢？

综合提问可以帮助学生在所学知识基础上表达自己的创造性理解。这类问题有助于发展学生的创造力，考查学生对某一课题或内容的整体理解，要求学生能进行预见，创造性地解决问题。

（六）评价提问

评价提问是让学生运用一定的准则和标准对观念、作品等做出价值判断，并指出为什么这样评判的理由的提问。评价提问是最高层次的提问，目的在于训练学生对人、事、物进行比较、鉴赏和评价的能力，如要求学生评价他人观点的提问，或者判断各种解决问题方法的优劣的提问，或者判断艺术品、文学作品等的优缺点的提问。学生在回答此类问题时，必须先设定标准和价值观念，再据此对事物做出判断和选择。评价提问对学生的思维、想象和创造能力要求都很高，适用于实现较高的学习目标，不仅可以帮助学生认识学习活动中的很多行为的价值，同时也有助于学生建立正确的价值取向。

除了价值判断的总体结论，评价提问一般还通过“为什么”深化学生对事物的判断，有时还进行追问“还有什么想法？”“还有其他的办法吗？”等。评价提问的表达形式一般如：

——你同意……为什么？

——你认为……为什么？
——你觉得……为什么？
——你相信……为什么？

三、提问的过程

提问的过程分成6个阶段：问题设计、情景创设、提出问题、获取答案、有效反馈、评价与总结。在实际应用提问的过程中，以上六个阶段并非是固化了的，而是要根据不同的情况灵活运用。

（一）问题设计

设计精当的问题是保证提问取得良好效果的必要条件。问题设计得不好，提问时机把握得再好，提问方式设计得再妙，都无济于事。

课堂提问的问题最好是预设的。因为没有准备的提问会导致提问的随意性和盲目性，会使课堂提问的质量大打折扣，成为一种过场。为了实现有效教学和良好的课堂互动，教师在备课时必须"备问题"，即围绕教学目标预设有效的问题和提问模式，使问题措词正确、目标合宜。虽然课堂上的情况瞬息万变，是任何一个教师都无法精确预料的，但教师预先把一些重要的问题写到教案当中的做法依然是非常值得提倡的。

在设计问题时需注意以下几点：

1.问题的目的性

每一个提问都是为教学目的服务的，根本上是为了发展学生，因此任何一个问题都需要经过精心设计和编排，必须杜绝形式化的问题，不提与教学目标联系不紧密的问题。如果教师为提问而提问，课堂看起来气氛活跃，其实并无实质效果，反而浪费学生的宝贵时间。

2.问题的整体性

课堂中提问的问题要成体系，这些问题是为整节课的教学目标服务的，千万不能只见树木不见森林，纠缠于细节而遗忘或淡化本节课的主题。各个小问题之间不是独立的，整节课的提问应是一个有机整体，一步步引导学生去思考、共同为本节课的核心目标服务。

3.问题的有序性

提问序列要科学、有序，符合学生实际情况，难易适中，由浅入深。随意、凌乱的设问不但不能促进学生的思维发展，还会打乱学生的思路，分散学生的注意力。因此，提问的设计要综合考虑问题内部的逻辑关系、学生的认知规律以及课堂教学的规律。

4. 问题的启发性

要想使问题变得有效，就必须具有启发功能，这意味着教师要避免问一些只有唯一答案或不用深入思考即可回答的问题。为了让学生有更加深邃、精确的反应，教师要尽可能多设计发散式问题，避免学生仅仅做出“是”或“否”的反应。即使某些简单问题非提不可，也要精心设计，以期使其具有启发价值。

5. 问题的趣味性和数量

有趣的问题总是能天然地激起学生的学习兴趣，达到事半功倍的效果。但即使是好的提问，也不宜过多，问题太多容易造成学生疲劳，挫伤他们的兴致，影响学习的效果。某些教师为了营造互动热烈的课堂气氛，一个问题接着一个问题，提问占去了大量的课堂时间，使课堂教学变成了“满堂问”。实际上，“满堂问”只是“满堂灌”的一种变相的形式罢了。教师应该把核心问题集中在具有思考性价值的点上，确保课堂上提问的每一个问题都确实具有提问价值。课堂提问的成功与否，并非看提问了多少个问题，而是看提问是否能引起学生探索的欲望，是否包含分析问题的观点和方法。

6. 语言的准确性

教师表述问题的语言要准确。提问的表述准确，意味着教师提问的预设清楚，信息清晰，思维明确。教师提问的语言准确对于学生的正确回答有非常重要的影响，模糊的提问往往会导致学生的思维误入歧途，或者引发争议。

（二）创设提问情境

课堂提问需要有前奏做铺垫，即教师在提问开始之前，需要引入问题产生的背景和相关知识。只有当问题给出的条件和情境与学生原有的知识储备和生活经验有相通之处时，问题才能引发学生的思考。如果学生在提问前对提问涉及的内容一无所知，听到提问后毫无头绪，那么提问也就失去了价值。

同时，学生回答问题需要放松的心情。这就要求教师平时平易近人，在课堂上不会用提问来为难学生。这个心理氛围非一日之功，需要教师认识到现代师生关系的平等性。

（三）选择合适的对象提问

一般来说，提问是面向全体学生的。面向全体学生提问首先要面向全体学生发问，要让所有学生都能积极思考教师提出的问题，之后做短暂的停顿，再指定学生回答。这样，既可以使全班学生都积极思考问题，因为每个学生都有可能被提问，又可以使全班学生对某一同学的答案进行评定，因为每个学生都可以将思考的答案与被指定的同学的答案进行比较。其次，面向全体学生提问还要面向不同层次的学生。根据学生的水平提出不同要求的问题，对中上等学生可以合理提高要求，对学习困难的学生可以适当放宽要求，对沉默寡言的学生提问其力所能及的问题可以使其得到锻炼。此外，也可以随机提问，避免因提问不均而产生师生矛盾，使所有学生都能保持积极参与的状态。

（四）获取答案

在提出问题之后，教师要给学生思考的时间，思考会使学生回答问题更有把握，会自愿地给出更为详细的答案，随意回答的情况就会减少。

在学生回答的过程中，教师要注意耐心倾听，面带微笑，注意保持与被提问者的目光接触。如果回答正确，要适时点头表示认可；对回答过程中出现的任何状况，在不打断学生回答的情况，可回应以生动的表情。

（五）应答和反馈

一般情况下，只要不是惩罚式的提问，学生都会积极思考教师提出的问题，但未必都能给出完美的答案。面对各式各样的回答，教师要欣然点头表示接受他们的回答，可以适当追问，让学生的思考更深入、更清晰，使学生的回答更规范、更详细。

（六）评价和总结

当学生回答问题后，教师应引导学生对其发言予以分析并做出客观的评价，肯定正确部分，纠正错误部分，使问题有明确的结论。

教师恰当的评价应该是多样的。一般说来，应该以表扬为主，鼓励求异，帮助有困难的学生。当学生完整作答时，教师要给予肯定；当回答富有创意时，教师要给以赞扬；当回答错误时，教师要亲切指导，适当点拨，给以鼓励。同时，教师还要对学生回答问题的情况进行及时的归纳和总结，以有利于学生知识的系统、认识的明晰、思维的深化，便于学生找出自己学习上的不足，养成良好的思维习惯。

从以上可以看出，提问不是一项简单的随意行为，它需要遵循一定的步骤，具有一定的技术含量。

四、提问的技巧

有效的课堂提问往往包含一些要素，当分析优秀的课堂提问案例时，这些要素会鲜明地呈现出来。

(一)以发展学生为目的

教学是为了发展学生。教师和教学材料都是为学生发展服务的。讲解教学材料的目的是为了利用教学材料发展学生的知识、能力、情感和价值观。新课程改革提及的这些教学目标超越了基本知识和基本技能的传统教学目标，就是要把基本知识和基本技能与情感和价值观的发展结合起来，让基本知识和基本技能的学习服务于态度、情感和价值观的形成，让态度、情感和价值观激活基本知识和基本技能的学习，其目的就是服务于学生的成长。因此，课堂提问不能为提问而提问，也不能把提问仅仅看做是知识和技能的提问。

(二)结合学生生活和生长

课堂提问的关键是问题本身及其过程。提问的问题能不能结合学生的成长，是衡量课堂提问的一个标尺。课堂提问的内容必须是基于教学内容与学生的成长以及未来的需要密切相关。如此，课堂提问才能引起学生关注。

(三)提问要有深度

课堂提问不能过于简单，必须适当高于学生的发展水平。俗语说“跳一跳，能摘桃”，就是说做事情要有挑战性，具体在课堂提问方面，就是要提出有深度的问题，必须是经过思考才能回答的问题。

(四)态度要温和自然

教师提问的目的是为了了解学生的学习效果，促进学生思考，最终服务于学生的发展，这里的发展当然不仅仅包括知识和能力，还包括更为重要的高层次目标，即态度、情感、价值观的形成。所以，教师在提问时的态度要温和自然。这样不但可以拉近学生和教师的心理距离，使学生乐意与教师一起去思考，主动去解决问题，更重要的是轻松自由的气氛本身就为学生心理的健康发展提供了环境。教师要切忌把提问作为惩罚学生的手段，否则会引起学生的抵触情绪，不利于教学的顺利进行和师生积极情感的培养，当然也不利于教师自己的身体健康。

案例6-4

提问的范例:美国老师讲解“灰姑娘的故事”

上课铃响了,孩子们跑进教室,这节课老师要讲的是灰姑娘的故事。

老师先请一个孩子上台给同学讲一讲这个故事。孩子很快讲完了,老师对他表示了感谢,然后开始向全班提问。

老师:你们喜欢故事里面的哪一个?不喜欢哪一个?为什么?

学生:喜欢辛黛瑞拉(灰姑娘),还有王子,不喜欢她的后妈和后妈带来的姐姐。辛黛瑞拉善良、可爱、漂亮。后妈和姐姐对辛黛瑞拉不好。

老师:如果在午夜12点的时候,辛黛瑞拉没有来得及跳上她的番瓜马车,你们想一想,可能会出现什么情况?

学生:辛黛瑞拉会变成原来脏脏的样子,穿着破旧的衣服。哎呀,那就惨啦。

老师:所以,你们一定要做一个守时的人,不然就可能给自己带来麻烦。另外,你们看,你们每个人平时都打扮得漂漂亮亮的,千万不要突然邋里邋遢地出现在别人面前,不然你们的朋友要吓着了。女孩子们,你们更要注意,将来你们长大和男孩子约会,要是你不注意,被你的男朋友看到你很难看的样子,他们可能就吓昏了(老师做昏倒状)。

老师:好,下一个问题,如果你是辛黛瑞拉的后妈,你会不会阻止辛黛瑞拉去参加王子的舞会?你们一定要诚实哟!

学生:(过了一会儿,有孩子举手回答)是的,如果我辛黛瑞拉的后妈,我也会阻止她去参加王子的舞会。

老师:为什么?

学生:因为我爱自己的女儿,我希望自己的女儿当上王后。

老师:是的,所以我们看到的后妈好像都是不好的人,她们只是对别人不够好,可是她们对自己的孩子却很好,你们明白了吗?她们不是坏人,只是她们还不能够像爱自己的孩子一样去爱其他的孩子。

老师:孩子们,下一个问题,辛黛瑞拉的后妈不让她去参加王子的舞会,甚至把门锁起来，她为什么能够去，而且成为舞会上最美丽的姑娘呢？

学生：因为有仙女帮助她，给她漂亮的衣服，还把番瓜变成马车，把狗和老鼠变成仆人。

老师：对，你们说得很好！想一想，如果辛黛瑞拉没有得到仙女的帮助，她是不可能去参加舞会的，是不是？

学生：是的！

老师：如果狗、老鼠都不愿意帮助她，她可能在最后的时刻成功地跑回家吗？

学生：不会，那样她就可以成功地吓到王子了。（全班再次大笑）

老师：虽然辛黛瑞拉有仙女帮助她，但是光有仙女的帮助还不够。所以，孩子们，无论走到哪里，我们都是需要朋友的。我们的朋友不一定是仙女，但是我们需要他们，我也希望你们有很多很多的朋友。下面，请你们想一想，如果辛黛瑞拉因为后妈不愿意她参加舞会就放弃了机会，她可能成为王子的新娘吗？

学生：不会！那样的话，她就不会到舞会上，不会被王子遇到，认识和爱上她了。

老师：对极了！如果辛黛瑞拉不想参加舞会，就是她的后妈没有阻止，甚至支持她去，也是没有用的，是谁决定她要去参加王子的舞会？

学生：她自己。

老师：所以，孩子们，就是辛黛瑞拉没有妈妈爱她，她的后妈不爱她，这也不能够让她不爱自己。就是因为她爱自己，她才可能去寻找自己希望得到的东西。如果你们当中有人觉得没有人爱，或者像辛黛瑞拉一样有一个不爱她的后妈，你们要怎么样？

学生：要爱自己！

老师：对，没有一个人可以阻止你爱自己，如果你觉得别人不够爱你，你要加倍地爱自己；如果别人没有给你机会，你应该加倍地给自己机会；如果你们真的爱自己，就会为自己找到自己需要的东西，没有人可以阻止辛黛瑞拉参加王子的舞会，没有人可以阻止辛黛瑞拉当上王后，除了她自己。对不对？

学生：是的!!!

老师：最后一个问题，这个故事有什么不合理的地方？

学生：（过了好一会）午夜12点以后所有的东西都要变回原样，可是，辛黛瑞拉的水晶鞋没有变回去。

老师：天哪，你们太棒了！你们看，就是伟大的作家也有出错的时候，所以，出错不是什么可怕的事情。我担保，如果你们当中谁将来要当作家，一定比这个作家更棒！你们相信吗？孩子们欢呼雀跃。

第五节　总结

总结是指教师在课堂教学即将结束时，为使学生所学的知识得以转化、升华、条理化和系统化，对学过的内容进行归纳提升的教学行为。总结可以应用于一节课的结束，一章知识学习的结束，也可以相对独立地发生于教学阶段的结尾。总结在课堂教学中具有举足轻重的作用，它有助于学生巩固所学知识，有助于对教学内容进行归纳并使之系统化，有助于检查教与学的效果，能够在一定程度上让学生获得成功体验和自我实现的满足感，进一步激发学生学习新知识的兴趣和愿望，为学习新知识奠定心理基础。

一、总结的类型

（一）归纳

归纳是指教师用总结性的语言提纲挈领地再现一节课或一个章节的知识结构体系，结束课堂教学的方法。归纳可以通过高度概括教学内容帮助学生把握主要知识点，可以引导学生加深对教学内容的理解，还可以使学生对以往相关知识融会贯通，以有利于知识的系统化。归纳的重点和方向明确，便于学生理解和记忆，并有效地培养学生思维的条理性。运用归纳应注意：不能对讲授内容简单重复，而应有所创新，可以从新的视角或利用言词转换进行总结，以吸引学生注意；要简约概括，重在突出整体，使知识系统化，形成知识体系，而不应把过多时间花在个别知识的细节问题上。

（二）比较

比较是指教师通过分析和比较使学生掌握新旧知识关系，从而结束课堂教学的方法。课堂即将结束时，对教学中一些容易混淆的知识加以区分和对比，帮助学生加深理解和记忆。比较可以是对同类事物的不同阶段的纵向对比，也可以是同一阶段的不同事物的横向对比。比较可以是比较同一作家的不同作品，也可以是比较不同作家对同一事物的不同描写，如一位教师在《孔乙己》的总结环节引导学生对孔乙己和蒲松龄进行比较，指出两个人同样都是清代人，同样是科场失意，但孔乙己放不下架子，只能扮演一个迂腐可笑可怜的角色，而蒲松龄虽然榜上无名，却脚下有路，从考场败将成为文坛巨匠，从而让学生正确对待高考。比较一般用于具有明显可比较的教学内容。比较时要找准可比点，其目的是为了掌握新知识，因此不要把精力过多地集中于过去学过的知识上。

（三）活动

活动是指教师采用讨论、试验、演示、竞赛等形式进行总结的方法。总结活动可以用于一些比较枯燥的内容或实践性较强的内容，其主要目的是通过多种形式的活动，引导学生主动参与分析、综合、对比等思维活动，验证所学知识。一节课即将结束的时候，学生往往因为疲惫而难以集中注意，这种总结方式活泼有趣，能调动学生的积极性，促进学生在实践中进一步明确原理和思路，既有利于知识的迁移又能培养学生的多种能力。运用活动进行总结，要求教师在备课时就要做好充分准备，对总结活动进行精心设计；活动规则要简单易行，既要能保证多数人参与，又不会占用太多的课堂时间。

除了上述几种方法以外，比较常用的还有练习法、回应法、点题法、发散法、朗读法、游戏法等。对于教师来讲，总结并无固定的方法，教师应根据学生状况和课堂情况，灵活运用各种总结方法，还可以根据实际大胆探索新的总结方法。

二、总结的技巧

成功的总结，往往能起到画龙点睛的作用。因此，教师要对总结进行周密考虑，精心设计，力争使每一节课都有一个完美的结束。具体来说，教师要做到以下几点：

（一）总结要有针对性和激励性

总结是为学生掌握知识服务的，因此总结的设计要针对学习目标和课程标准，紧扣教材内容，还要选用能被学生所接受的总结形式，针对学生的认知特点、学生掌握知识的状况进行查漏补缺。总结时要灵活运用练习、提问、活动等多种形式对学生的学习情况进行全面考查，既包括知识的掌握与能力的培养、过程的体验与方法的掌握，还包括情感态度和价值观的形成。总结一定要肯定同学们的努力和成绩，虽然不足之处也要提及，但应以表扬为主，起到激励作用。

（二）总结要简洁明快

总结作为课堂教学的结束环节，所占时间十分有限。这就要求教师在总结时做到简明扼要、明快灵活，不能重复板书上的所有内容，而是对重点进行总结和升华。教师可以综合使用各种总结方式，但必须在时间的许可范围之内，超出正常课堂教学时间，学生就会失去耐性，抱怨老师拖堂，总结设计得再好也不会有好的效果。

（三）总结要有趣味性

经过一节课的学习，学生很难再集中精力听老师陈述那些相对枯燥的知识，这就要求教师运用的总结形式要生动有趣、吸引人。生动有趣的总结活动可以引起学生的兴趣，使学生重新振作起来，从而顺利完成整个课堂教学，实现教学目标。

（四）留下悬念

在上下两节课的内容有密切联系时，教师可以通过一个吸引人的悬念激发学生的求知欲，顺势要求学生带着疑问去预习新课，为下一节课做好铺垫。这种总结方式给学生留下一个有待探索的未知数，有助于激发学生自主探索新知的热情和欲望。运用悬念结束课堂应注意：设置的问题要有启发性；所设的悬念是学生自主探索能够解决的，并且与下节课的讲授内容密切相关。

（五）拓展延伸

拓展延伸是指教师把教学内容做进一步延伸和拓展进行总结的方法。在一堂课结束时，教师不仅要总结归纳所学的知识，而且要注意将教学内容与其他有关知识联系起来，或引向社会生活实际，使所学知识向其他方面延伸、拓宽，以开阔学生的视野。运用拓展延伸总结时，教师要考虑到学生能获得的课程资源，提出的要求一定是学生通过努力能够做到的，否则就毫无意义。

第六节　课堂管理

课堂管理是一种协调和控制课堂的过程，是指教师在教学活动中通过协调课堂内各种人际关系，吸引学生积极投入课堂活动，使课堂环境达到最优化的状态，从而实现预定教学目标的过程。课堂管理涉及的范围很大，在此仅就“课堂纪律管理”“课堂气氛调控”“教师课堂心理调控”“教师应变技能”这四个问题进行探究。

一、课堂纪律管理

课堂纪律是指为了维持正常的教学秩序制定的课堂行为规范，是保障教学活动的社会性约定。课堂纪律管理是为了教学活动的顺利进行，教师要求学生共同遵守课堂纪律。课堂纪律管理在中小学和幼儿园都非常必要，越是低年级的班级越需要课堂纪律及其管理。课堂纪律管理不但是教学活动的保障，也是学生文明素养形成的必要手段。

课堂纪律管理必须先明了纪律的内容，如上课迟到、看无关的书籍、交头接耳、东张西望、吃零食、做小动作、窃窃私语等，都是影响教师教学和学生学习的不良行为。纠正这些不良行为，是课堂教学管理的最基本工作。明了课堂纪律不但是教师的事情，也是学生的事情。从事课堂纪律管理要在课堂上公布课堂纪律，讲解其中的道理，获得学生来从内心的认同。

教师从事课堂纪律管理必须先明确课堂纪律的法理。明白课堂纪律的法理，就是把握课堂纪律的基本精神和学理，克服许多模糊的认识。由于学生不良行为多种多样，纪律难以充分规定所有的不良现象，需要法理补充纪律的不备。既然育人是家长、老师、学校和社会约定的任务，那么纠正某些不良行为也应该得到家长、老师、学校和社会的支持，课堂纪律管理是合乎法理的，应该得到学生的认可和执行。

课堂纪律需要既然是约定的，是为学生发展服务的，其管理就需要得到学生的认同，需要协调全体学生监督并执行，但学生毕竟是未成年人，因此更需要班主任和其他任课老师的大力支持和协同。师生形成合力，课堂纪律自然整肃。

纪律问题从来不是单纯的纪律问题，它可能与教学内容和方式相关，也可能与学生个人或其家庭有关。如果一个班风向来不错的班级出了纪律问题，教师要首先检讨一下是不是自己讲的东西不受欢迎，或者自己的讲课方式出了问题，然后再考虑其他因素。用智慧吸引学生，使学生无暇违纪，化纪律问题于无形，才是最好的管理。

二、课堂气氛调控

课堂教学需要良好的气氛，学生成长更需要良好的心理气氛。无论老师的生活，还是学生的生活，都需要美好的心情，因此教师要学会调控课堂气氛。

首先，教师的内心应该充满正能量，并用自己的正能量去引导课堂内容。心理学大师理查德·怀斯特的《正能量》一书认为，只有健康、积极、乐观的人才带有正能量，和这样的人交往能受到正能量的影响。教师必须是这样的人，面对朝气蓬勃的青少年，不应该有负面情绪，即使有的话，也要自我调整，不能把负面情绪带进课堂，做情绪的污染者，更不能迁怒于学生。

其次，教师应当从认识上化解课堂教学遇到的社会问题。社会的阴暗面不是不可以说，要说就要积极地寻求解决的办法，至少要有积极的态度。如果仅仅描述社会的阴暗面，那就是发牢骚，这样做只会让学生意志消沉，失去对未来和社会的希望，实际上是危害学生。

第三，从行动上创造良好的气氛。教师可以在课堂上组织有利于信任和合作的活动，淡化竞争，让课堂气氛宽松愉快。教师要理解现代社会对人才的个性化需求，引导学生个性发展，和谐发展。

三、教师课堂心理调控

从表面上看，学生的学习好像主要是认知的过程，但也有情感和意志过程的交互，其结果也会对情感和意志产生影响。在认知、情感和意志过程中，他们表现出稳定的个性心理特征，如需要、动机、能力、气质、性格等。在课堂上，教师可以引发兴趣，调动学生的情绪情感，激发需要，形成动机。

1. 带着微笑进课堂，带给学生好心情

教学是师生双方的合作行为。在这个特殊的合作中，教师是成年人，因而是主要的责任方，必须在各个方面发挥自己的主导作用，包括在情绪情感方面激发学生。在一堂课开始，教师面带微笑走进课堂，势必影响学生的情绪，为教学活动的顺利进行打下感情基础。

2. 兴趣导入，引导探究学习

教师的导入不仅仅是为了知识的学习，还有情绪情感方面的价值。导入环节产生的兴趣要引发学生继续学习的需要。在导入之后，更要以探究的方式与学生一起学习。探究必然引出发现，而发现的兴奋会激励学生更加喜欢探究，维持一种良性的亢奋。

3. 把学生当主体，让学生解决问题

教育学很早就提出学生主体的观点，但真正理解学生主体的人并不多，贯彻落实的人就更少了。实际上，做任何事情都需要当事人亲自认识并实践。在课堂教学过程中，真正能发挥学生主体作用的途径就是给他们自主的时间，让他们自学。一旦学生成为学习的主人后，他们的手和脑就一起开动起来。因此，必须在合适的时候让学生尝试自学，学会自学，在解决问题中成长。

4. 以表扬和鼓励为主，促进学习的情绪

在课堂上，教师要经常表扬和鼓励学生，不能吝啬自己的语言。表扬和鼓励能够发挥无穷的激励和激活作用。这是心理学早就证明了的观点，最为著名的就是美国的罗森塔尔效应。教师应该通过表扬和鼓励促成学习动机的良性循环。

信息窗 6-1

罗森塔尔效应

美国心理学家罗森塔尔考查某校，随意从每班抽3名学生共18人写在一张表格上，交给校长，极为认真地说："这18名学生经过科学测定全都是智商型人才。"事过半年，罗森又来到该校，发现这18名学生的确超过一般，长进很大，再后来这18人全都在不同的岗位上干出了非凡的成绩。

四、教师应变技能

在生活中，每个人都可能遇到意料之外的事情，教师在课堂上也会发生意想不到的事情。作为教师，要有对待意外的思想和素养，即具有对意外泰然处之的认识，具有临变不惊的应对态度。出现偶发事件，是教师锻炼成长的机会，只有经历一次次的应对，教师才能成长。当发生偶发事件时，教师应该如何具体应变呢？

1.沉着面对

无论发生什么事情，都不能乱了方寸。事情发生后，第一时间不是火冒三丈，立即做出应答或者表态，而是冷静面对，为判断分析赢得时间。

2.冷静判断

偶发事件可以根据发生事件主体分为教师偶发事件和学生偶发事件。教师偶发事件主要指教师的失误，这类事件比较易于应对；学生偶发事件有良性偶发事件和恶性偶发事件。冷静判断主要是判定事件的性质。例如，有学生提出教师预料之外的疑问，就属于良性偶发事件；当同桌站起来回答问题时，一名同学轻轻移动他的凳子，等同桌答完问题后坐空，蹲到地上，引起全班哄笑，这就是恶性偶发事件。冷静判断之后，就可以根据事件的性质采取措施了。

3.因势利导，积极调和

因势利导就是顺着事情发展的趋势，向有利于实现目的的方向加以引导，这是处理偶发事件的指导思想。对于教师自己的失误，常规的方法是坦诚以待，主动改正，这样知错就改，坦坦荡荡，给学生以认真的印象；教师也可以机智地为自己的失误圆场，显示智慧。对于学生的良性偶发事件，首先要大方地肯定学生勤于思考，然后一起面对，寻求答案；对于恶性偶发事件，一般采取冷处理。下面的案例节选的是自一位教师的日记，就是一个冷处理的处理方法。

案例6-5

周一早读课，我检查学生的周末作业，当我严肃地站在余松的桌前："请你把作业拿出来给我检查。"余松把头埋得很低，一言不发。见状，我又连催了两遍。他站起来硬着头皮说："我忘在家里了，没带。"

我和同学们都知道这是托词。按照规矩，轻则严厉批评，重则要写检查。同学们的目光一下子都盯到我身上，等着一场“暴风雨”的到来。此时此刻，我是气不打一处来。可是不知是啥原因，我一改平日爱训斥的常态，脸上露出微笑，说：“哦！没有带来，那就明天再带来吧。我知道你是一个诚实的同学，下次不要忘在家里，要养成良好的学习习惯。”话一出口，全班同学齐刷刷地露出了吃惊的眼神。他们还没有缓过神来，我已经叫余松坐下了。

不知道为什么，这一堂课同学们听得出奇的认真。周日，余松在周记上承认自己说了谎。“星期一检查作业时，你虽然知道我在撒谎，但是你还是‘相信’了我，在众多同学面前保全了我的面子。正是你的‘相信’使我无地自容，羞愧难当，同时也鞭策了我。我一定不辜负你对我的希望。”更意想不到的是，不少同学在周记上都表达了相同的想法。其中一个同学这么写道：“老师，星期一检查作业，一开始就让我们心惊肉跳，但是后来却使我们出乎意料。你的忍耐和幽默，使我们不得不深刻反思自己的不足。”

4. 善后与总结

处理偶发事件，是短时间内的智力活动，有可能会有不足之处。这就需要善后处理，以弥补不足，挽回不良影响。同时，偶发事件处理之后，无论成功或者失败，都需要教师认真总结，在总结中领悟、成长。

以上是教师处理偶发事件的一般流程，并不是绝对的教条，教师可以灵活采用。

问题思考与讨论

1. 直接导入就是简单导入吗？为什么？

2. 导入只要有趣，与教学目标无关也可以。你觉得这种理解对不对？说出理由。

3. 板书技能体现教师哪些教学能力？

4. 人们就会把讲授和“满堂灌”“填鸭”联系在一起，为什么？

5. 结合本章内容，想想孔子和苏格拉底的教学特点。

6. 课堂提问如何才能做到以发展学生为目的？

7. 到下课时能不能解决学生所有的疑问？

8. 课堂纪律管理就是要管住学生，管不住就不能开展教学活动。你赞同这种观点吗？请思考赞同或反对的原因。

9. 课堂管理的最高境界是什么？

10. 处理恶性偶发事件的目的是什么？

阅读指南

1. 李同胜．课堂教学技能训练教程[M]．济南：山东人民出版社，2012.

2. 刘红燕，于艳丽，赵松芝等．小学数学课堂教学提问技能操作与实践[M]．北京：首都师范大学出版社，2014.

3. 王晓军．数学课堂教学技能和微格训练[M]．杭州：浙江大学出版社，2011.

4. 卫建国，张海珠．教师技能培训丛书：课堂教学技能理论与实践[M]．北京：北京师范大学出版社，2008.

5. 张应红．课堂教学技能[M]．武汉：武汉大学出版社，2014.

第七章　说课、听课和评课技能

学习目标

要求了解说课、听课和评课的特点和意义；明确说课、听课的基本要求和评课的基本原则；理解并掌握说课和评课的内容；通过强化训练，能熟练说课，会专业地听课和评课，为自己成为一个专业的高水平的教师奠定基础。

第一节　说课内容和要求

一、说课的特点和意义

（一）说课的含义及特点

说课就是教师以教育教学理论为指导，在精心备课的基础上，短时间内将一节课的教学内容、教学设计和教学过程用简洁的语言准确地表达出来，既要说出“教什么”和“怎么教”，又要说出“为什么要这样教”。

1. 说课具有很强的理论性

备课，可以从教案看出“怎样教”；上课，可以从课堂教学看出“怎样教”。而说课不仅要说出“怎样教”，还要说清“为什么这样教”，要让听者不仅知其然，还要知其所以然。其理论因素很浓，能充分体现教师教学思想，上课是实践性的表演，说课是理论性的分析，教师没有理论水平是说不好课的。

2. 说课具有预见性

说课要求教师不仅讲出怎样教，还要说出学生怎样学。因此，说课者要对所教学生的知识技能、智力水平、学习态度、思想状况、心理特点、非智力因素等方面的差异，进行分析。估计学生对新知识的学习会有什么困难，说出根据不同情况采取相应的措施和解决的办法。说课者还要说出自己设计提问的关键问题，估计学生如何回答，教师应该怎样处理。

3. 说课具有交流性

它是一种集思广益的活动，无论是同行，还是教研人员都会在评议说课，切磋教艺，交流教学经验中获益，尤其是对说课者是最贴切的指导。

4. 说课具有可操作性

说课不受时间、空间、人数的限制，一般不涉及学生，简便易行，可以从实际出发，灵活处理。

5. 说课有局限性

首先，看不到教师临场发挥，处理和随机应变的教学机智，看不到学生掌握知识形成能力的实际效果。其次，在具体实施过程中，也有说的好，但教得不好，或者教得好而说的不好的现象。这需要在开展教学研究活动中，不能简单和孤立地看待教师说课的好与坏。

（二）说课的意义

1. 提高课堂教学效率的有效途径

通过说课教师可以进一步明确教学的重点、难点，理清教学的思路，克服教学中重点不突出，训练不到位等问题；通过说课，教师可以及时发现课堂教学中将会遇到的问题，而这些问题在备课中是很难发现的，这样教师可以预知，提前解决。说课后，听课教师的评课、建议可以完善课堂教学，提高课堂教学活动的效率。

2. 促进教师自身素质的提高

说课能够展现教师在备课中的思维过程，能够体现教师对课程标准、教材、教参的理解和把握程度；能够体现教师对学生现有知识结构和能力水平的了解程度；能够体现教师对现代教育理论、先进的教学经验的掌握程度。它不同于一般的上课，不仅要求教师知道课程标准如何规定、教材如何安排、教参如何处理，更要求教师阐述为什么有这样的规定，为什么这样安排，为什么这样处理，有什么理论依据等。这样有利于促进教师自觉研究教育教学理论，研究课程标准、教材，使教师由经验型向理论型转变，实现由实践到理论的转变，提高教师自身素质。

3. 有利于提高教研活动的实效

此前的教研活动一般都停留在上课、评课。上课的教师处在一种完全被动的地位，听课的教师不一定能理解授课教师的意图，导致教研实效低下。通过说课，让授课教师说出教学的意图，处理教材的方法和目的，让听课教师明白应该怎样去教，为什么要这样教，从而使教研的主题更明确，重点更突出，提高教研活动的实效。

二、说课的内容和要求

说课必须站在理论的高度对备课做出科学的分析和理解，从而证明自己的备课是有序的而不是盲目的，是理性的而不是感性的。说课要说什么，不同学者有不同的观点，概括起来有："五说"模式，即"说教材、说教法、说学法、说教学程序、说板书设计"；"三说"模式，即"说教材""说教学方法、教学手段及学法指导"和"说教学程序"；"二说"模式，即"说教材"和"说教学、说学法、说教学程序"，后者合并起来作为一个程序，称为"说教学程序"。不论哪种模式一个完整的说课结构至少应包括四个方面的内容，即说教材、说教法、说学法、说教学程序。

(一)说教材

说教材，就是说课者在认真研读课程标准和教材的基础上，系统地阐述选定课题的教学内容、本节内容在教学单元及整个教材中的地位、作用，以及与其他单元或课题乃至其他学科的联系等，围绕课程标准对课题内容的要求，将三维目标化解到具体的教学环节中，确定教学的重点、难点以及课时的安排等。①

"说教材"要着重要说清以下几项内容：要说清所选课题及本课题所包含教材的主要内容、编排意图和特点，要说清教材处理和课时安排意见，要说清本课时内容的重点、难点和要点，要说清本课时的教学目标及其确定的依据。

(二)说教法

教法原指教学方法，包括教师教的方法和学生学的方法，但这里的"教法"特指教师的教学方法。教学方法是进行教学活动、实现教学目的和任务的必需且重要的手段。教学方法得当，教学效果就好。因此，说课时说教学

① 周勇，赵宪用. 新课程说课、听课与评课[M]. 北京：教育科学出版社，2009：24.

方法是很重要的内容。说教法要求教师说出选用什么教学方法和采用哪些教学手段，以及采用这些教学方法和手段的理论依据。教学方法的选择必须考虑以下几个方面。

1.根据教学任务的目的

教学目的、任务不同，选择的教学方法也应当不同，如果是传授新知识，可采用讲授法，谈话法；如果是复习巩固知识，可采用练习法；如果是培养实际操作技能，可采用实验法、实习法等。如果一节课要完成几个教学任务，那么可同时采用几种教学方法或一法为主，多法为辅。

2.根据学科和教材特点

学科的性质特点不同，选择的教学方法通常也不同，如物理、化学、生物课教师经常采用演示法和实验法，政治、历史课多采用讲授法，音乐、体育课常采用练习法等。同一学科中，教材内容特点不同，采用的教学方法也应不同。

3.根据学生的年龄特征、知识水平

高年级学生思维能力、理解力已有一定基础，可以采用讲演法、实验法，而低年级学生却宜采用比较有趣味的直观的方法开展教学。对于有一定知识基础的学生，可以采用谈话法，对没有相应知识基础的学生则宜采用讲授法、演示法、参观法等。

（三）说学法

学法，即学习方法。这里的学习方法是特指教学活动中学生在教师的指导下所开展的学习过程中所采取的具体活动措施与策略。说学法，就是教师有计划、有目的教给学生具体的学习方法，以及辅导学生探索适应自身情况的学习方法。[①]“学会学习”是现代学习的一个新观点，对于教师来说，就是设法使学生会学。这是教师非常重要的任务，因为“先生的责任不在教，而在教学，教学生学。”

学习方法是多种多样的，作为教师应该熟练掌握这些基本的学习方法并不断探索学生学习的新特点，掌握更多科学的学习方法，善于对学生进行恰当的学法指导。

（四）说教学程序

说教学程序，就是指教学活动的系统展开，表现为教学活动推移的时间

① 黄忠杰．新课程说课与说课活动指导[M]．北京：电子科技大学出版社，2006：90.

序列。通俗地讲，教学程序就是指教学活动如何发起的，怎样展开的，怎样结束的。说教学程序是说课的重点部分，因为只有通过这一过程的分析，才能看到说课者独具匠心的教学安排，才能反映教师的教学思想、教学个性和教学风格，也只有通过对教学程序设计的阐述才能看到其教学安排是否合理、科学和艺术。一般说教学程序应关注以下几个环节。

1.设计思路

设计思路，就是对教学流程主要环节的概括。说设计思路，有助于听者更清晰地了解和把握说课者关于教学活动的整体安排。设计思路这一环节可以单独列出，也可以隐含在教学流程中。

2.教学流程

说教学流程，就是围绕教学设计思路，说具体的教与学活动的安排及理论依据。在说教与学的内容时，不能照搬教案，像给学生上课那样详细讲解，而要力争做到详略得当，重点内容重点说，难点突破详细说，理论依据简单说，只要让听者知道“教什么”“怎样教”“为什么这样教”就行。

3.板书设计

板书设计，视具体说课要求而定。一般若是教学研究活动的说课，这一环节可以省略，但若作为业务评比，则可在说课的过程中直接在黑板上演示。

此外，还要注意，说教学程序时要尽可能前后呼应，即呼应前边说教材、说教法的内容，说清程序与教学的目标、重点、难点的照应关系，说教法的具体实施，把学法指导的具体形式和设想等有关内容交代清楚。总之，说教学程序是说课中最重要的，难度最大的环节，要根据具体的教材内容、目的及要求决定怎么说。

三、说课技能培养

了解了说课的特点和意义，掌握了说课的内容及其要求，那如何培养说课技能？应该从以下几个方面着手。

(一)强化理论学习为说课技能的形成奠定基础

理论学习是说课技能形成的第一步，为说课技能的形成奠定基础。这里所指的理论学习，主要包括教育理论学习和说课理论学习。教育理论学习通常包括对心理学、教育学和学科教学法的学习；说课理论学习通常包括说课的含义理解、作用、类型以及说课的基本流程。说课的基本流程是说课理论学习的重心，主要包括说教材的地位和作用、说教学目标、说学情分析和教学重难点、说教法学法、说教学过程、说板书设计等内容。

从理论知识自身的归属来讲，无论是教育理论学习还是说课理论学习，都是教师或未来的教师群体所共有的公共理论，可以通过有效的学习方式获得这些理论。建构主义理论认为，知识学习的过程是学生基于自己的原有知识经验和主动理解建构个体意义的过程。一般来讲，对于公共教育理论知识的习得，通常是在师范院校所开设的公共教育理论课程学习过程中得以实现的；对于公共说课理论知识的获得，则以听讲座的方式和在说课训练过程中逐步实现的。但是，说课技能的获得并不是简单地靠公共理论知识的学习得以完成的。经过公共理论的学习过程并不代表学生能够消化吸收所学理论知识，更不代表会用所学公共理论知识。问题的关键在于，在这一学习过程中，学生如何通过一定的同化或顺应方式，将所学公共理论知识转化为自身能真正理解的、可以服务于教育教学实践的个人理论。

信息窗7-1

建构主义学习理论

主要观点:认识既不是起因于一个有自我意识的主体,也不是起因于业已形成的(从主体的角度来看)、会把自己烙印在主体之上的客体;认识起因于主客体之间的相互作用。

四个概念:①图式是将知识形象化,成为一个概念模型。知识可以通过同化或顺化来达成。②同化是指学习个体对刺激输入的过滤或改变过程,也就是说个体在感受刺激时,把它们纳入头脑中原有的图式之内,使其成为自身的一部分。 ③顺应是指外部环境发生变化,而原有认知结构无法同化新环境提供的信息时所引起的儿童认知结构发生重组与改造的过程,即个体的认知结构因外部刺激的影响而发生改变的过程。 ④平衡是指学生个体通过自我调节机制使认知发展从一个平衡状态向另一个平衡状态过渡的过程。

[资料来源]让•皮亚杰. 发生认识论原理[M]. 王宪钿,译. 北京:商务印书馆,1992.

(二)加强语言表达能力的训练是说课技能形成的关键

说课最终还是要落实到“说”，关键在“说”。有人说课稿写得很好，但说得不尽如人意，还有人说着说着就要讲起来，或者是像演讲、朗诵等，这不是真正意义上的说课。基于此，要加强说课过程中“说”的能力，首先要训练说普通话的胆量和水平，先要敢于说，然后是说得准，有人之所以说得不好，是因为怕说错或普通话水平较差不好意思说或者不敢说。如果说课稿设计得很好，同时口头语言表达能力较好，那么较为流利、准确地说好一次课，应该不是难事。

（三）模仿学习为说课技能的习得提供视觉范式

说课的模仿学习是指说课教师以所学的教育理论和说课理论的相关知识为基础，以优秀的说课示范展示或说课视频为依托，通过对优秀说课示范者的语言、行为、表情和神态等的注意、保持、再现等认知活动，逐步形成个体独特的关于说课的实践性知识的过程。说课学习过程是极为复杂的过程，仅有学习教育理论和说课理论，对实际说课的过程较为模糊，难以形成整体印象。模仿学习作为个人成长过程中重要的学习认知方式，对说课技能的形成和发展具有重要的价值。柏林自由大学教育与心理学部教授克里斯托弗·伍尔夫认为，“个体通过模仿可以建立与外部环境或者他人的关联，并由此强化自我意识和固化行为方式”。模仿学习说课，将其好的说课口头语言、肢体语言、面部表情和神态等优秀的思维方式和行为方式记录下来，反复琢磨，并将这些方面转化到自己的说课思路和说课行为中去，形成以个人独特方式构建的说课课件、说课稿和说课展示。

信息窗7-2

克里斯托弗·伍尔夫

克里斯托弗·伍尔夫，柏林自由大学教育与心理学部教授，研究领域涉及教育学、人类学和美学等。伍尔夫教授著作颇丰，多部著作被翻译成10余种文字，其思想具有全球性影响。伍尔夫教授自20世纪80年代开始关注模仿问题，至今仍然对这一话题保持着浓厚的学术兴趣。模仿学习理论是其代表思想之一，也是其历史人类学研究范式的主要体现之一。伍尔夫的模仿学习理论集中体现在《模仿论：艺术、文化与社会》《教育人类学》《社会模仿》《论模仿学习》等专著中。

[资料来源]邱关军．伍尔夫模仿学习理论述评[J]．球教育展望．1992(3)．

（四）实践创新为强化说课技能，提升说课能力提供不竭动力

说课能力的提升仅靠理论学习和模仿学习是不够的，因为理论学习和模

仿学习在发展说课技能的过程中，存在个人自身转化能力的局限性。从哲学的视角来看，一切创新说到底是人的实践创新。这里所指的实践创新并不是说课教师自己一个人的实践创新，而是指在说课实践的基础上，说课教师接受一些优秀教师说课实践的指导，在此基础上深入课堂实施教学设计，接受优秀教师的教学实践指导和基本学情的检验，以在与这些优秀教师的指导对话中获得说课设计灵感和创新想法，并进一步在说课实践中加以设计和体现，从而达到说课技能提升的目的。

说课技能的实践创新过程大体包括这样几个环节：一是根据理论学习和模仿学习得来的个人理论与说课技能，形成说课稿和课件设计。这一过程中的实践创新体现在个人对公共理论的转化和对优秀说课技能的模仿，其转化和模仿能力起着至关重要的作用。这一过程中常常存在说课思路不通的现象，如出现说课思路不清晰，教学过程设计简单拼凑，前后的教学目标、重难点与教学方法、过程的不协调，肢体语言、表情和神态的缺陷、各说课环节的不衔接、学情把握不到位等问题。二是个人在说课实践中接受优秀教师的说课指导，主要针对实践环节中出现的说课思路不清晰、前后不协调、各部分不衔接等问题进行有针对性的指导，指导后需要说课教师将相关指导转化为清晰的说课思路、说课稿在目标、内容与方法达到协调，以及各说课环节的语言转承设计等相关实践创新，其难点在于说课教师的转化能力。三是说课教师在教学设计的基础上深入课堂进行实际教学，接受优秀教师的教学设计与教学过程指导，接受学情的检验，并根据实际体会进一步修改完善说课稿和说课课件，不断修正口头语言、肢体语言、表情和神态等，其实践创新体现在学情的修正和外显形象的形成。

第二节　听课内容和要求

一、听课的特点与意义

（一）听课的含义

听课，既指学生听教师讲课，也指教师同行、专家、领导进入课堂听教师讲课。本节所讲的听课是教师或教学研究人员凭借感官或有关的辅助工具

(记录本、调查表、录音录像设备等),直接或间接地从课堂情景中获取相关的信息资料,经过理性分析而进行研究、评价和学习的活动。

听课不仅是学生学习的主要方式,也是教师教学工作的重要组成部分。听课是教师间相互交流、切磋琢磨、取长补短,共同提高的一种有效形式,听课是教育行政和教学业务部门检查、指导教学活动的重要内容,也是教师、教学研究人员的一项必不可少的、经常性的工作任务,更是一种技能和方法。听课技能是以听课者原有的教育思想和经验为基础,以看、听、思、记、谈等多种活动协调为保证的立体性综合技能。

(二)听课的基本特点

1.目的性

一般来说,听课总是有一定的目的要求,听课者应该有明确的目的和任务。听课者根据听课的目的来选择时间、地点和对象等,并有选择和侧重地听一部分课或学习内容。新教师听课最主要的目的就是观摩学习,学习其他教师是怎样教的,如重点难点是如何突破的、板书是如何设计的、教学手段和教学媒体是如何运用的、课堂气氛是如何活跃的等,并在自己的教学中运用。

2.主观性

虽然课堂教学是一种客观的实践活动,但听课活动中的主观因素很多。一是什么时候到什么地方去听什么人的课,基本上是听课者自己确定的。二是听课者和被听课者以及学生都是有主观意识的人,课堂教学的实际情况可能会因听课者的参与而发生变化。三是听课者的听课行为受他的教育思想、教学经验、对被听者的印象等的制约。

3.指导性

绝大多数听课活动在听课后要形成个人或集体的认识和意见。在听课活动中,上级对下级、领导对教师、专家对教师及学校内部的公开课、研讨课等的听课占大多数,形成的评价要以一定的方式反馈给学校或教师,要提出一定的指导性意见和要求改进措施等。

4.理论性

听课需要掌握一定的方法和技能,需要一定的教育教学理论做支撑。听课者即使听本专业以外的课,也要能听出一些成功的地方和不足之处,这本身就需要听课者有一定的教育学、心理学的理论基础及掌握一定的新课程教育教学理念、教学方法。在听课的过程中及听课后，听课者要进行一些思考分析，要对被听课者做一些定量或定性的评价，这也需要相关的理论指导。

5. 情境性

课堂教学几乎是每天都在进行的活动。课堂是一种较为自然的情境，而听课又是在现场进行的一种活动。听课者和被听课者都处于一定的情境中，不同的时间、地点、条件就可能有不同的过程和结果，即使同一个教师在不同的学校上同一节课可能会得到不同的评价。我们获得的听课资料及有关的感觉和理解是离不开一定情境的，而且不可避免地带有不稳定性和偶然性。

（三）听课的意义

1. 有利于促进教师的专业化发展

教师在课堂教学中往往意识不到自己的教学行为，通过听课不仅可以学习到别人的经验，吸取别人失败的教训，用别人的方法指导自己的教学。同时，可以对自己的教学进行反思和研究，将一些听课得到的感性认识归纳为理性的认识，发现自己教学中的不足，通过取长补短，相互交流，改进自己的教学。

2. 有利于总结和推广先进的教学经验和方法

通过听课可以发现一部分教师优秀和先进的教学理念、教学方法和教学经验等，经过思考分析及论证总结，可以组织观摩课等听课学习活动，推广其方法和经验等。

3. 有利于良好教学风气的形成，促进教学改革深入有效地进行

教师的发展在现代学校管理中被认为是促进学校发展和提高的根本因素。每一所学校都有各自的实际情况，即使在同一学校，教师的风格、专长、实践经验等也有很大的差异。教师之间、学校之间、管理及研究人员与教师之间，通过听课，不仅可以了解自己和其他教师课堂教学的实际情况，做到相互学习和交流，取长补短，共同提高，而且还可以协调各方面的人际关系，增进理解和信任，有助于集体合作、营造良好的教研氛围，促进教学改革的深入和教学质量的提高。

二、听课的基本要求

(一)要有明确的目的

1.学习目的

听课是一个学习过程，听课者的学习目的是十分明确的。讲课者的教学语言、思想激情、艺术魅力，给听课者留下深刻的记忆，有时即使是不理想的课，某一方面也会有深刻的启示。

2.研究目的

听课活动往往也是实验研究性质的，作为听课者来说，其听课的主要目的不是去评价教师，而是与授课者一起探讨某些问题。同时，作为组织者期望听课者共同进行探讨，发现一些没有预料到，但值得研究的问题。听课后，应该及时地整理好有关的研究材料，将自己的所思所想记录下来，完善下一次的研究方案。

3.解决问题目的

听课能够帮助教师，特别是年轻教师解决教学各环节出现的问题。观察他人在课堂引入、重难点处理、问题设计、语言技巧、课堂氛围等方面的独到之处，学习老教师的长处和闪光点，为我所用。同时，通过交流、对照，把先进的教学方法，处理教材的艺术性、心得体会，引进自己的教学中去，解决教学中的疑虑，形成自己独特的教学风格。

(二)要了解和熟悉教材

不同的学科、不同的教材有不同的教学内容、教学方法及教学要求等，对此听课者必须熟悉。熟悉教材可以是在听课前突击看相关的教学内容，也可以是在听课初和听课过程中用简短的时间浏览有关内容，否则不一定能听出教师是否抓住了教学重点、讲清了教学难点、完成了教学任务等。如果是听其他学科的课，也应该有大概的了解，否则听课可能就有失公正，失去指导意义。

(三)要做到看、听、记、思的有机结合

听课不仅是复杂的脑力劳动，而且是一种方法和技能。因此，要做到看、听、记、思的有机结合。听什么？怎样听？

1.看

看什么？怎样看？主要应看：①教师主导作用的发挥，如教态是否亲切自然，板书是否规范合理，教具（包括多媒体等）运用是否熟练，指导学生学习是否得法，处理课堂偶发问题是否灵活巧妙。②学生主体作用的发挥，如课堂气氛是否活跃，学生是否参与教学过程，学生的积极性是否得到调动，学生正确的学习习惯是否养成，学生分析问题和解决问题的能力是否得到培养。

2.听

听什么？怎么听？①教师是否体现新课程的理念、方法和要求。②是否重点突出，详略得当。③语言是否流畅、表达是否清楚。④是否有知识性等错误。⑤是否有创新的地方。⑥教师的思维是否宽泛，学生的发言是否准确。

3.记

记什么？怎样记？原则上听课记录应包括两个方面，一是教学实录，二是教学评点。

4.思

思考什么？怎样思考？主要思考的是：①教师为什么要这样处理教材，换个角度行不行、好不好。②对教师成功的地方和不足或出现错误的地方，要思考原因，并预测对学生所产生的相关影响。③如果是自己来上这节课，应该怎样上，进行换位思考。④如果我是学生，是否掌握和理解了教学内容。⑤新课程的理念、方法、要求等到底如何体现在日常课堂教学中，并内化为教师自觉的教学行为。⑥这节课是否反映了教师正常的教学实际水平，如果没有听课者，教师是否也会这样上。

总之，应该根据听课的目的和要求，有所侧重地将看、听、记、思的内容有机、灵活地结合起来。教师讲和学生发言时，就要以听为主，兼顾观察；教师在板书和学生在演练时，就应以看为主，兼顾其他；学生在练习时，就应以思考为主等。

（四）要科学地做好听课记录

做好听课记录是听课者基本素质的体现，它反映了听课者的品德、态度、能力、水平等各个方面的基本素质。在听课活动中以看、听、思为主，记录为次；记录应详略结合，突出重点。不同的学科、不同的教师、不同的课型所体现的教学思想、所采用的教学方法等是不同的，有关的听课要求等也是不同的，在实际的课堂教学的听课记录中，可能有所不同或有所侧重，但常规的听课记录一般由教学过程记录和听课评价两个方面组成。

记录的内容一般包括板书，老师的重点提问，学生的典型发言，师生活动的主要情况，有效的教学方法和手段，教学中创新与失误之处。根据听课的类型，有些记录应该全面一些，有些记录则要突出某一个方面，通常有三种形式：一是简录，简要记录教学步骤、方法、板书等。二是详录，比较详细地把教学步骤都记下来。三是实录，把教师开始讲课、师生活动，直到下课都记录下。

一般来说，教学过程可以简明扼要地记录，讲课中符合教学规律，有创新、有特色的好的做法或存在的问题和不足等可以详细地记录，对一些问题的思考或自己的见解也可以详细地记录下来，以免遗忘。

对听课记录要进行整理，并进行理性的思考分析，归纳、总结出一些共性的东西，推广或提倡一些成功的经验和做法，提出一些改进的意见和要求等。

(五)听课者要做好角色定位

听课要想听出特点，抓住实质，就需要听课者依据自己不同的听课目的和听课任务，准确定位自己的听课角色。听课者可以从以下几个方面做好听课的角色定位。

1. 学生角色

听课者必须首先有意识地转变角色，认认真真地充当学生的角色，使自己处于“学”的处境中。要从学生角度，按学生水平去听课，常想一想，如果我是学生那种水平、那种认识能力能否听得懂，学得会，就是说这样讲是否符合学生的实际。

2. 教师角色

听课者要设身处地地思考，这堂课自己来上该怎样讲？将讲课者的教法与自己的构思进行比较，才能判断出优劣。这样可避免两种态度：一是以局外人的身份去挑剔，看不到长处，不理解讲课者的良苦用心；二是无原则地同情、理解，看不到短处。

3. 学生角色

听课者在听课中要抱着虚心学习的态度，去发现授课者的长处，发现课堂教学的闪光点以及对自己有启迪的东西，做到取长补短，努力提高自己的业务水平。从这个角度讲，听课教师不仅要用美的眼光去感受授课者的仪态美、语言美、板书美、直观教具等外在的美，还要去领略授课教师如何通过精巧的思维、严密的推理、严格的实证来充分展示科学的理性美，更要用心去体会授课者教学过程中的尊重、发现、合作与共享，这种更高境界的美。

4. 指导者角色

听课是指导培养教师一条重要途径，有时需要听课者进入“指导者角色”。听课者如果从指导者的角度来听课，能做到：①居于学术的高度，运用已有的教学理论和教学经验，对课堂教学做出分析与判断；②对课堂教学细心观察，敏锐地发现优点，以便评课时及时给予肯定；③准确地发现讲课者的不足。

无论听课教师在听课时将自己定位于何种角色，都应该把自己定位为教学活动的参与者而不是旁观者。如果把听课者定位为课堂教学的旁观者，听课前无充分准备，听课过程中无视学生的课堂活动，不重视收集学生课堂反馈信息，就无法获取学生全面的真实的课堂表现。只有有备而听，在教学活动中，和授课教师一起参与课堂教学活动的组织，并尽可能以学生的身份参与到学习活动中，才能获取第一手的材料，从而学习到授课教师的长处、闪光点，也为客观公正、全面地评价一堂课奠定基础。

三、听课技能的培养

听课是复杂的脑力劳动，需要听课者多种感官和大脑思维的积极参与，是一项专业的技能。培养听课技能，需要听课者能做到以下几个方面：

(一)学会欣赏

在我们的生活中，每一个人都渴望得到别人的欣赏。同样，每一个人也应该学会去欣赏别人。带着欣赏的心态去听别人的课，往往能受到事半功倍的效果。我们知道教材是教师进行课堂教学的依据，是最初的“剧本”。一堂课上教师是如何正确处理教材，突破教材束缚，创造性地使用这个“剧本”？又是如何体现专业素养，施展教学技巧，艺术性地处理这个“剧本”？通过听课，看教师是怎样运用科学方法，做到“智慧地教”；看学生是怎样发挥自身潜能，达到“聪明地学”。

（二）学会观察

观察就是仔细察看客观事物或各种现象。它不是心不在焉的随便东瞅西望，而是科学的明察细看。如果在听课中善于观察，就一定会获得更多可以取长补短或值得思考借鉴的东西。

作为“观察者”，不仅要观察授课教师在课堂教学中的诸多情况，如教师对教材的把握、对课堂的调控、对细节的处理等。同时，还应该观察学生的学习情况，学生是学习的主人，教学中的一切活动都要围绕学生这一中心来组织的，学生的学习态度、学习兴趣、学习习惯都应该是听课者要观察的。此外，课堂的环境布置、师生互动的程度、意外因素的干扰及处理，也应当是听课者要观察的。只有这样，才能够有的放矢地对授课教师做出客观真实的评价，才能促使听课者去思考更多有价值的问题。

（三）学会思考

特级教师高林生先生曾说：“听课的效率高低，首先取决于听课的目的是不是明确，其次是要在听课中学会思考。”带着思考听课，能促进听课者改变原来那种“旁观者”的身份，以积极“参与者”的角色深入课堂，关注教师的教与学生的学，关注问题的解决方法与程度，并自觉反思自己的教学观念、教学行为以及教学效果，从而在问题求解中主动听课，在自我反思中提升自己的教学水平，促进自己的专业化发展。如果由一名教师带着某个专题或典型性问题上课，其余教师则带着问题听课，每位听课者都进行有针对性的课堂观察，从不同的角度去发现问题，思考问题，就可以更好地借助集体的智慧与力量，把问题转化成课题进行研究，那么就更有利于问题的全面解决，达到共同分享经验、共同成长进步的目的。

（四）学会记录

听课记录是重要的教学研讨资料，是教学指导与评价的依据，它反映课堂教学的原貌，使听课者依据听课记录，通过合理想象与弥补，在头脑中再现教学实况。

听课记录既有别于教师的教学设计，又与课堂的教学实录有所不同。它是对课堂教学一种简要、合理的再现，又是对课堂教学环节、方法、效果的一种记录和思索。听课教师不是“摄像机”，不可能也没必要对整个教学活动过程做事无巨细的“实况记录”。我们可以重点记录课堂中出现的一些精彩的教学片段；可以记录课堂中出现的一些“败笔之处”，还可以记录一些课堂中出现令人兴奋、激动的环节。课堂毕竟是流动的，听课教师不可能像专业速记那样，将字字句句均记入听课笔记。因此，我们应该有选择地做好记录，重点记录那些能体现教学设计、教学方法、学法指导等，避免记成“流水账”。

（五）学会评价

翻开一些老师的听课记录本，我们常会发现大多是有记有录，而没评没议；有些教师即使有评议，也是简单空洞，几乎没有自己的见解和建议。听课教师应具备评价的意识，并有能力去客观公正地评议一节课的成与败，得与失。通常一些学校对外开课，都会给听课教师发一份“课堂评价表”，但如果主办学校没有及时收集，很多听课教师不会积极主动填写并上交这样的评价表，其中的原因也许与听课教师的评价意识和评价能力是分不开的。听课老师不仅要成为胆大心细的“观察者”，成为主动积极的“交流者”，更要成为客观公正的“评价者”。评价一堂课，简单地做法可以是这样的。一是评成功之处，把课堂上精彩的教师提问、处理方法或学生优异的表现用简短语句加以点评；二是评不足之处，在听课过程中，如果对教师的教学方法产生意见或对学生的学习状况产生质疑，可以在点评中发表自己的看法，甚至是写上自己的处理办法等。

第三节 评课内容和要求

一、评课的特点与意义

（一）评课的特点

所谓评课，顾名思义，即评价课堂教学，是在听课活动结束之后的教学延伸。一般是指评课者在随堂听课后对授课教师这节课的教学行为和结果进行的一系列评价活动。它是一项常规的教学研究活动。评课作为一种特殊形式的教学交流与评价活动，是提高教师从教能力，提高课堂教学质量的有效途径，也是衡量教师教学水平的重要方式。

（二）评课的意义

客观、公正、科学地评价课堂教学，对探讨课堂教学规律、提高课堂教学效率、促进学生全面发展、促进教师专业成长、深化课程改革有着十分重要的意义。

1. 有利于促进教师转变教育思想，更新教育观念，确立课改新理念

教育思想，通俗的说就是教育的观念，对教育的认识，或对教育的主张。教育思想有层次之分：教育认识、教育观念、教育理念。教育理念是教育思想的最高境界，也称为教育理想、教育信念、教育信条等。教育理念是一种思想，一种观念，一种理想，一种追求，一种信仰。所以，教育理念是一种理想化、信仰化的教育观念。教师一定要确立自己的教育理念，它是教师的主心骨。先进的教育思想不仅是课堂教学的灵魂，也是评好课的前提。所以，评课者要评好课，首先必须研究教育思想。在评课中，评课者只有用先进的教育思想、用超前的课改意识去分析、透视每一节课，才能对课的优劣做出客观、正确、科学的判断，才能给授课者以正确的指导，从而促进授课者转变教育思想，更新教育观念，揭示教育规律，促进学生发展。

2. 有利于帮助和指导教师不断总结教学经验，形成教学风格，提高教育教学水平

同样的一个学科，同样的一节课或同样的教学内容，不同的教师表现出的教学风格则不同。有的教师的教学风格是精雕细刻，把课上得天衣无缝；有的教师的教学风格是大刀阔斧，紧紧抓住重点难点，使疑难问题迎刃而解；有的教师的教学风格是善于归纳推理，用逻辑思维本身的魅力把学生吸引进去；有的教师的教学风格是运用直观、形象、幽默的优势，使学生在课堂上感到轻松愉快，充满学习的乐趣。同时，同一个班的学生，面对不同的教师上课，有不同的表现。平时表现异常活跃的班级，面对新教师，表现出沉默寡言；平时不愿参与课堂教学的班级，却在新教师的引导下积极、主动地学习。以上事实告诉我们，在评课中，评课者必须十分的注意去发现和总结授课者的教学经验和教学个性，要对教师所表现出来的教学特点给予鼓

励，帮助总结。让教师的教学个性由弱到强，由不成熟到成熟，使其逐步形成自己的教学风格。

3.有利于信息的及时反馈、评价与调控，调动教师教育教学的积极性和主动性

通过评课，可以把教学活动的有关信息及时提供给师生，以便调节教学活动，使之始终目的明确、方向正确、方法得当、行之有效。首先，通过评课的反馈信息可以调节教师的教学工作，了解、掌握教学实施的效果，反省成功与失败原因，激发教师的教学积极性、创造性，及时修正、调整和改进教学工作。其次，通过评课的反馈信息，可以调节学生的学习活动。心理学研究表明，肯定的评价一般会对学生的学习起鼓励作用，通过评价，学生学习上的进步获得肯定，心理上得到满足，强化了学习的积极性；否定的评价虽会使学生产生焦虑，但某种程度上焦虑，也具有积极的动力作用，可以成为学生学习的内动力。其实，学生从评课中获得自己学习的有关信息，加深对自我的了解，为下一步的学习提供了帮助。评课的目的不是为了证明，而是为了改进，以有利于当前新课程的教学。因此，评课是集管理调控、诊断指导、鉴定激励、沟通反馈及科研为一体，研究课堂教学最直接、最具体、最有效的一种方法和手段。

二、评课的基本原则

评课在整个教育教学评价系统中占有十分重要的地位，旨在帮助教师提高课堂教学水平。因而，评课在肯定教师的劳动、总结教师的教学经验、尊重教师的教学特色的同时，更要通过评课鼓励教师们勇于创新，潜心教改。根据新课程改革的精神，教师在评课时应遵循以下一些原则。

（一）客观公正原则

评课应尊重事实，本着实事求是，客观公正的原则评价课堂教学。通过评课仔细观察授课教师的课堂教学行为，这是评课的主要事实依据。评课过程中采用的一些测评数据，必须是真实可靠的，没有情感因素和虚假成分。评课结论必须真实反映授课教师现有的教学业务水平，不能人为拔高或随意贬低。此外，评课人必须具备一定的教学理论与实践功底和评课经验，才能够科学、客观地分析评议他人的课堂教学。

（二）发展性原则

评课要着眼于学生的发展和授课教师专业素质的提高。一方面，在这节课里，学生是否有收获，有多少收获，是即时的还是长远的，是全面的还是片面的，总之要有利于学生的发展。另一方面，评价一节课的目的主要是为了教师的专业发展，指出教师哪些地方做得好的，鼓励其继续发扬，有哪些地方做得不够好，需要努力加以改进，以提高自己的教学水平及专业素质。

（三）因“人”因“课”而异原则

评课要因“人”而异。执教的对象不同，评课的侧重点以及方式方法也应有所不同。例如，对新教师，评课的侧重点宜放在备课、上课等教学基本功是否扎实方面，评课的目的重在鼓励和引导他们尽快入门；对教学能力较强的教师，评课的目的则是在充分挖掘、总结优秀教学经验的同时，全面深入地提出教学中仍存在的问题，使教学精益求精。评课时，对不同性格的教师也应区别对待，如对性格内向、自尊心强的教师，评课者宜采用委婉含蓄的语言指出问题所在，或者保留部分问题私下交谈。

评课要因“课”而异。课的性质不同，评课的目的不同，评课的侧重点也不同。针对常规性的课，可抓住课堂评价的基本标准展开评课；对于专题研讨课，则应把评课的侧重点放在所进行的专题研究方面；对于观摩课，则应把评价的侧重点定在发现与总结教学优点方面。

（四）理论联系实际原则

评课要坚持理论联系实际的原则。评课既不是生硬的、泛泛的理论说教，也不是简单的、细琐的教学行为描述，而是一项理论性很强的实践活动。评课要注意理论联系实际，将教育教学理论与课堂教学环节紧密结合，围绕着“如何教”来阐明观点，切忌泛泛而谈和平铺直叙。评课不仅要有教育教学理论的科学铺垫，而且要有教学例子的有力论证，做到夹叙夹议，这样的评课才具有说服力和感染力。

（五）民主性原则

评课要坚持民主性原则，为评课营造民主的氛围，调动每一个参与者的积极性，尊重每一个人的问题与建议，做到人人敢讲，畅所欲言。评课不能把授课教师排除在外，也不能仅仅由专家评，应该让所有参与听课的人都来评价，包括听课的学生。针对听课中出现的问题，评课者与授课教师通过充分的沟通与交流，民主讨论，可以使评课在不同层次、不同角度得到升华，让参与教师能博采众家之长形成一己之技。

三、评课的内容和方法

(一)评价的内容

1.评教学目标

教学目标是课堂教学评价的重要指标。在教学之初，教师要明确陈述目标，在教学过程中还要经常提醒学生关注教学目标。评价教学目标要注意目标的表述是否准确、合理、明确、具体、便于学生理解和把握。理想的教学目标应该达到一般目标和具体目标相结合、集体目标和个人目标相结合、难度适中、便于检测等基本要求。评价教学目标的表述主要评价本节课是否有明确的知识、能力、情感三维目标。评价教学目标还应注意预定的教学目标是否达成，这可以通过观察教学过程（三维学习目标是否贯穿教学过程的始终），检测教学效果（课堂结束时教学目标的达成情况）来确定。

2.评教学态度

在课堂教学中，教师教学态度影响学生的上课情绪和求知热情。评价教师教学态度主要应评价教师是否对教材等相关资料进行了深入的、细致的研究；教师对课堂教学的活动组织和开展是否具有激情；教师对学生的关注是否体现了希望和关爱之心；对学生在学习中表现出的探究过程是否重视以及是否重视对学生的思想道德教育；对自己的角色定位是否是学生的朋友和帮促者，等等。

3.评教材处理

教材不是唯一的课程资源，教师应该用教材教，而不是教教材。评价教材处理应评价教材处理是否定位在学生素质的发展上；是否使知识目标、能力目标、德育目标、美育目标相统一；是否强化了德育渗透、美育渗透、学科渗透、科学精神和人文精神的渗透；是否根据学生健康成长与健康发展来把握教学的重点与难点；教材处理是否具有层次性，照顾到不同学生的差异；教材处理是否使书本知识在教学中得以活用；是否围绕教材内容设计学生能积极参与的活动，有效地引导学生思考，使教学顺利进行，等等。

4. 评教法运用

教法必须灵活实用，能够注意启发学生思维，培养学生所需的能力。新课程提倡以教师指导与启发之下的自主探究、合作探究等形式的学习，提倡引导学生深入生活，体验和运用所学知识解决实际问题。教师的教学方法要体现时代性、体现学生的需要，在运用上，讲究实效性与个性化相结合，科学性与人文性相结合。教学方式的选择、教学方法的运用必须根据本班学生的实际状况，合理选用。评价教法运用主要评价教学手段是否先进，教学方式是否恰当。

5. 评学法指导

评学法指导要评价课堂教学中是否渗透了学科思想方法的传授；是否对学生进行了有针对性的学法指导；学生是否掌握了解决疑难问题的一般思路与方法；教师的学法指导是否科学合理，是否面向全体，注重差异；学生能否积极地提出问题，并主动地探求解决问题的方法，等等。

6. 评教学过程

评价教学过程主要评价教学过程设计是否科学，双边活动是否有步骤有条理地进行；教学组织安排是否抓住知识主线，层次分明，思路清晰，重点突出，有讲有练，组织严密；教学时间分配是否合理；教学中是否能根据学生学习现状实时调整教学计划；教学活动是否体现了情感意识，树立了以学生为本的理念，师生关系和课堂气氛是否融洽和谐，是否注重了对学生创新能力和学习动机、兴趣、习惯、信心等非智力因素的培养；是否突出了学生的主体地位，教学是否面向全体学生，突出个性，体现差异性；教师在教学中是否引导学生独立自主地学习，体现知识的形成过程；是否注重了精讲精练，体现以思维训练为教学重点；是否实现了教学信息多向交流，反馈及时，矫正奏效。此外，还须关注教学任务是否完成，教学有何特色等。

7. 评教学效果

基础教育改革的基本理念是“以学论教”，以学生的学习成效来评价教师的教学效果。对学生学习成效的评价主要包括学生的学习效果和与认知有关的态度、兴趣等非认知因素的考察。因而，评价教学效果自然就要考察在教学活动中是否调动了学生的学习积极性，是否注重了学生创新意识和实践能力的培养，学生是否能正确理解教学内容，学生的综合能力是否强化等。

8. 评教师素质

教师素质的高低不仅影响自身的职业发展，更直接影响学生素质的发展。评教师素质主要评价教师是否具备扎实的学科专业知识和教学技能，教学中能否体现学科教学特点；教师的教学语言是否规范简洁、生动形象，科学准确；教师的教态是否自然，仪表是否端庄，治教是否严谨；教师是否具备较强的课堂应变和教学调控能力；能否熟练合理的运用现代化的教学媒体手段；板书设计是否层次分明，条理清晰；作业布置是否难易适度、分量适中，具有启发性、开放性，等等。

评课有利于促进教师之间互相学习、共同研讨的良好风气的形成；有助于学校领导更好地检查教学质量；有助于教育教学专家了解教学动态，发展教学理论。通过评课诊断教师在课堂教学中存在的问题和不足，以此来促进教师个体的发展，促进课堂教学质量的提高。

（二）评课的方法

1. 综合法

综合法是对一节课做评析，既有对某个细节、片段的评点，也有“居高临下”的全方位的分析、评价。用综合法评课有利于总结、宣传教学经验；有利于其他教师理解优秀教师的教学思想，提升自己的专业水平；有利于上级领导把握课改趋势，调整课改策略。在总结型、展摩型、检查型、鉴评型教研活动中常使用综合法评课。总结、评析优秀教师的教学特色、教学风格，也大都采用这种评课法。

综合法应突出三个方面：其一，本节课的优点、经验或值得学习的地方；其二，本节课的特点或特色；其三，不足或值得探讨的问题以及改进教学的建设性意见。综合法要对听课时所获取的感性材料进行理性思考，去粗取精、去伪存真、由此及彼、由表及里，使感性材料上升为理性的东西。

评课、听课时会有一些零零碎碎的想法，评课准备要对这些似乎各自独立的想法进行分析研究，发现它们的内在联系和本质所在；要将分析研究所得进行必要的梳理，形成有条理的、详略得当的、有观点、有分析的发言。优秀的评课稿应是一篇精美的小论文。

用综合法形成的评课稿多用“总—分—总”式结构。先总评授课者在教学实践上给自己的印象、感受，亮出对授课者总的评价语，再分别从几个方面去评价、论证，最后作总结、概括。

案例7-1

教学内容:苏教版语文教科书九年级上册第三单元《论美》

评课内容:

潘老师执教的《论美》,能结合教学内容,设计富有创意的教学活动,突出了以学生为本的思想,学生主体性得到很好的发挥,寓教于乐,体现了思维的广度和深度,是新课改下一堂有意义、有效率、有生成性、常态下真实的佳课。纵观本节课我认为主要体现了以下五个特点:

1.教学目标明确到位

本节课教学目标制定比较全面、具体,适宜,充分体现了知识技能、过程方法及思想情感这三维目标,体现了年段、年级、单元教材特点。从学生熟悉的《红楼梦》中贾宝玉周岁抓取脂粉钗环故事入手,到当今社会“整容”热门话题,引出我们如何认识美的研讨,并进行“内在美与外在美,谁更美”小小辩论,直至最后的实践活动,每项活动设计都能较好体现本课宗旨,紧紧围绕目标展开教学活动,师生、生生互动和谐,充分体现了以学生发展为本的理念,较好地完成了教学任务。

2.驾驭、处理教材娴熟自如

评析教师一节课好与坏,除了看目标完成情况,还要看教师对教材组织和处理。本节课潘老师树立了全新的教材观,用好用活了教材,真正实践了“用教材去教知识能力,而不是教教材”的理念,可见教师驾驭处理教材能力很强。

3.教学程序清晰流畅

教学思路是教师上课的脉络和主线。潘老师的教学思路符合教学内容设计,从学生熟悉的名著故事片断导入激发兴趣,创设氛围,到引导学生感知美的丰富性,再到“内在美、外在美,谁更美”的这一关键话题,最后达成共识,并对学生渗透思想教育,最后以活动来学以致用,整个教学兼顾了教学内容的开放性与教学流程的层次性的统一,学生的能力得到了较好的发展。

4.教学氛围融洽和谐

潘老师的课充满激情,点燃了学生智慧情感的火花,营造了互信互赖的心理空间,师生间关系民主、平等、自由、和谐,整节课上教师始终微笑教学,和蔼可亲,运用赏识性语言激发学生求知欲望,让学生体验快乐、体验成功。此外,小组学习法不仅仅培养了学生合作探究精神，更让教师真正成了协同学生进入课堂的伙伴，学生学习的共同体。

5.教学方法、教学手段多样化，效果明显

教无定法，贵在得法，潘老师备课充分，构建了新的教学模式，设计问题贴近学生实际，围绕问题展开教与学，在问题中生成能力与情感。巴班斯基说“分析一节课，既要分析教学过程和教学方法方面，又要分析教学效果方面”，本课能取得很好的教学效果，正是有效利用了多媒体课件的优势，扩大了课堂容量，增强了教学的直观性。

本节课值得商榷的问题：

(1)教学目标应体现开放性与生成性。有了既定的教学目标，能做到心中有数，但课堂中目标是有变数的，其内容有很大的不定性，教学时往往教师不能“如愿以偿”，因此驾驭课堂、把握课堂节奏仍须加强，否则课堂就是教师“作秀”。

(2)在学生回答问题时，教师应多给学生一点思考空间，这样才能让学生体现到学习乐趣，才有利于提高课堂活动的有效度。

(3)教师应有更加渊博的知识储备，本课内容涉及美的许多知识，虽不必过多向学生传授，但在学生研讨美的话题涉及相关知识时，教师应做到心中有数，要给学生一杯水，教师真的要有一桶水，一桶“活”水才行。

瑕不掩瑜，潘老师执教的这节课，始终把学生当做学习主人，“让每一位学生都能跳起来摘果实”，使不同程度学生在教学中体验了快乐，体验了成功，是一节比较成功的语文课。

2.片段法

片段法就是对典型的教学片段进行有针对性的评析。片段法可以对教学过程中导入、讲授、巩固、拓展等环节中某一环节进行评析，可以对教学过程中学生的自学、讨论、自主实践等环节中的某一环节进行评析，可以就教学理念、师生关系、教学方法、教材处理、现代信息技术运用、课堂氛围营造等方面中的某一方面引证片段进行评析。片段法与综合法最大的区别在于前者是局部评析，后者是全方位评析；前者关注教学策略与技艺，后者看重理性思考；前者只评析“点”，后者做“点”“面”结合式评析；前者重在微观评析，后者重在宏观评析；前者是进入“情境”的细察，后者是居高临下的“鸟瞰”。使用片段法评课较容易操作，也节省时间，但容易犯只见树木不见森林的毛病。使用片段法最主要的是对片段的遴选，所选的教学片断应该具有典型性。典型的教学片段应该是这样一种教学片断：它具有鲜明的个性，又在一定程度上揭示教学本质，反映教学的某些必然规律，有较强的代表性。评析这样一个教学片段，能帮助其他教师找到问题解决的策略，看到将来创造优质课的前景，起到举一反三的作用。

3. 评点法

评点法与后面的表格法都是从评课的技巧与方式上讲的。评点法是指针对授课者实施的教学活动次序情形，及时做分析、点化、评议。这种方法实际上是一种对现场行为主体的评点，是对典型教学活动的分解性讲析。由于它及时、实在、更贴近教学生活，所以这种方法更适合教师培训，特别是新教师培训。

评点法是借鉴了传统语文教学中的评注法，再结合教研的特点改造而成的。评点分点评、段评、总评三种。点评是对教学过程中师生对话的某些话语或师生活动的某些行为发表的见解。口头评课时，可简要回顾话语或行为所处的环境；书面评课时，可在话语、行为出现的位置旁加评注。段评就是在某一教学片段结束时所做的评议。总评是在一节课结束时所做的评议，都是具有总结性质的评议，包括评价、要求与希望。段评和总评常用的方法有：①综合式。对一节课或一个教师全部的教学实践做综合概括，提出总体上的看法与指导，既指出优缺点，也勉励其扬长补短，指出方向，激其奋进。②举要式。只对教师教学实践的某些重要方面或重要问题进行评议，使执教者能反思自己的教学实践，提高对某一方面或某几个方面的认识。③比较式。指出本课教学的优缺点之后，与相关的优秀课例或教学片段做比较，或与教师以前的教学实践进行比较，加深教师对教学的认识与理解。④警策式。根据教学研究的进展情况、新课程实施的倾向，评课者对教师的教学问题只简单用几个词语去点化、警策。

4. 表格法

表格法就是根据评课的标准，制定一个比较科学、全面的课堂教学评价表，并根据这个评价表评估课的优劣。表格法简洁地体现了评课标准，不仅能科学、全面地评价一节课，而且使用方便，所以评课常常使用表格法，尤其是鉴评型教研活动、竞赛型教研活动更钟情于表格法。

使用表格法评课，关键在于设计好评课表，评课表分主体与附属两部分。主体部分呈现评课的标准与操作要求，是评课者主要填写的内容，包括项目、评课标准、权重、得分、备注等栏目，这部分内容是评课细则的表格化。附属部分是呈现教师的自然情况和对评课表所作的必要说明。

问题思考与讨论

1.什么是说课？说课有什么特点和意义？

2.说课包括哪些内容？

3.怎样培养说课技能？

4.请选一节初中或高中的教学内容，准备10分钟的授课，小组内试讲，代表课堂上讲课，然后针对教学，进行听课情况汇报。

5.听课有什么特点和意义？

6.听课应该遵循哪些基本要求？

7.要培养听课技能应做到哪些方面？

8.什么是评课？评课有什么特点和意义？

9.评课的内容有哪些？

10.评课应该坚持哪些基本原则？

11.评课哪些方法？下面的评课是属于哪种评课方法，这种方法有何特点？

这节课体现了很多亮点，是很好的一堂课，也有个别不足，下面我从七个方面简单评述这节课：

(1)从教学目标上看，本课突出一个“明”字。即知识目标、能力目标、思想目标明确，符合大纲的要求，符合教材和学生的实际，体现了循序渐进的教学规律，操作性强。

(2)从教学内容上看，本课抓住了一个“准”字。即重点、难点的确立准确。教学思路清晰，先教重点：east，south，west，north——东南西北四个方位名词，后教难点：southeast，northeast，southwest，northwest——东南、东北、西南、西北。由浅入深，步步推进，训练形式灵活多样，有pair work，有group work，有half work，有whole cless work，有irdividual，有row问答，有team训练，有表演，有竞赛夺标等，人均活动量大、次数多、练得到位，在大量的训练中突破了难点。

(3)从教学程序上看，本课体现了一个“清”字。Revision — ntation . Dhll——Practice Consolidation五个环节紧密相连，过渡自然，严谨有序。

(4)从教学方法上看，本课呈现了一个“活”字。①教师教法活集中表现在充分利用电教手段及实物和图表等创设情境，如用幻灯片呈现中国地图和八个方位名词，用幻灯片呈现uncle Wang与Wei Hua and Ann的对话背景，用半导体收音机教“turn... on”和“turn…off’等词组，用图表进行填词竞赛等。另外，操练形式也灵活多样，如波浪式和连锁式等。②学生学法活，如学生积极性高、兴趣浓、参与意识强。学生自制表演道具，自编自演对话等，学生活动，丰富多彩。

(5)从教学技能方面看，本课体现了一个“强”字。教师自始至终用英语授课，显示了较强的外语教学基本功和驾驭课堂和教材的能力。

(6)从教学效果上看，得出了一个“好”字。即课堂教学效果好，活动密度大，学生人均活动6～8次以上，课堂无死角，人人参与活动，真正体现了面向全体学生的教育思想，全面推行素质教育。

(7)从教学特色上看，本课展现了一个“谐”字。即师生双边关系和谐融洽，这点与第四点给我留下了最深刻的印象。教师笑容可掬、亲切自然、和颜悦色无疑为学生营造了轻松愉快、宽松祥和的气氛，而这种气氛的形成为师生的教与学这一双边活动的顺利完成打下了良好基础。

最后，谈一点建设性意见，供王老师参考。如果课上适当纠正或减少表演过程中的语法错误，会更加有利于口头表达能力的培养。

阅读指南

1. 耿书丽. 有效听课、观课和评课的智慧与技巧[M]. 长春：东北师范大学出版社，2010.

2. 林高明. 有效评课的策略与方法[M]. 福州：福建教育出版社，2013.

3. 沈毅，崔允漷. 课堂观察：走向专业的听评课[M]. 上海：华东师范大学出版社，2008.

4. 王彦才，郭翠菊. 现代教师教学技能[M]. 北京：北京师范大学出版社，2010.

5. 叶禹卿. 新课程听课评课与优秀案例解析[M]. 北京：中国轻工业出版社，2006.

6. 余文森．一位教育学教授的听课评课与教学断想[M]. 福建：福建教育出版社，2011.

7. 郑金洲．说课的变革[M]. 北京：教育科学出版社，2007.

8. 周勇，杨九俊．新课程说课、听课与评课[M]. 北京：教育科学出版社，2004.

第八章　班主任工作技能

学习目标

知道优秀班集体的基本特征和教育作用，掌握组建良好班集体的基本内容及基本要求，并能根据班级实际情况提出班集体建设的合理化建议和对策；明确班主任组织各种活动的意义，并能根据相应主题组织与开展班级各项活动；理解班主任进行学生日常行为管理的必要性，掌握班主任进行学生日常行为管理的基本要求和具体方法；掌握班主任与任课教师和家长沟通的要领及技巧与方法。

班级管理是教学的伴奏，没有管理能力的老师，难以成为优秀的教师；缺乏管理的教学，不可能是优质的教学。因此，教师在专业发展中不但要研究教育教学，而且要研究班级管理。班主任是班级管理的组织者、领导者和教育者，是学校文化班级化的实施者，是班级文化的缔造者，是家长和学校沟通的信使，是一个班级教师形成合力的支点。班主任工作琐碎而艰巨，如何有效地管理好班级工作就显得尤为重要。

第一节　班集体教育内容和要求

一、班集体的组建

班集体的教育功能很早就为一些教育家们所认识。马卡连柯认为："集体是一种很大的教育力量……在班集体中不用任何专门的办法，就可以发展关于集体的价值，关于集体尊严的概念”。苏霍姆林斯基指出：“集体是培养全面发展个性的重要手段。”在实践中，我们能经常感觉到集体影响力的存在，有时甚至可以产生教育者无法企及的教育影响。健全的班集体是一个巨大的教育力量，它的影响要比教师个人的影响大得多，能解决一般教育行政手段所不能解决的问题。

(一)优秀班集体的教育作用

优秀班集体的主要特征是有共同奋斗目标，有健全的组织机构和干部，有正确的集体舆论和优良的班风，开展丰富多彩的班级活动，有规范的班级规章制度等。优秀班集体一旦形成，则成为班主任做好教育与管理的有力依靠，使学生的心灵受到美的陶冶，良好的学习习惯容易养成，不良的言行受到约束。

1.优秀班集体能促进学生社会化

班集体具有社会化的功能。所谓社会化，是指个体从“性物人”逐渐成长为“社会人”的过程，即个体习得社会文化规范和适应社会环境，成为社会合格成员的过程。班集体具有积极的价值导向及符合社会发展要求的目标和教育内容，拥有组织机构和制度规范。学生进入班集体，要成为其中一员，必然要遵从和依照集体规范行事，并通过承担一定的社会角色和责任，与他人合作共事，处理人际冲突，参与制定集体规范和评价集体中的人和事等，理解和掌握集体观念、集体规范，学会处理人际关系，习得扮演各种社会角色和行为的能力，从而养成一个社会公民的基本品质。因而，班集体是学生个体实现社会化十分重要的机构。

2.优秀班集体能满足学生个体心理需要

每个人都有自己的心理需要，它是人行为动力的源泉，需要的满足和实现过程可以激发人的内在动力。优秀班集体具有相互关爱、相互尊重的人际关系和自由安全的心理氛围。学生作为其中的成员，能得到集体的尊重、关爱，能感受到自由、安全、愉悦的集体心理氛围。这对学生的心理健康无疑是一种最好的保护剂。同时，学生作为集体中的一员，能在关爱、尊重他人和承担集体责任中发现自己的价值，获得人格上的自尊感。每个学生在班集体中都有自己要好的朋友，他们可以通过交流、沟通，排解各种不良情绪，理解他人和被人理解，进而调整自己的不良心理和行为。同学之间的交流不仅能满足学生求知的需求，还可以在相互理解中获得心理上的支持。优秀班集体具有积极的价值追求，而集体积极的价值能对学生心理、行为起着促进、引领的作用，它使学生能感受到来自集体的精神力量，感受到生活的乐趣和生命的意义。

3.优秀班集体能促进班集体成员个性和谐发展

优秀班集体中，每个学生的特点各不相同，共同的学习、生活、锻炼、活动，使他们逐渐认识到自己的个性，意识到他人的个性。优秀班集体为其个性全面而自由的发展，创造了一定的机会和条件。多样化的学习科目造就了各学科的爱好者；课堂智力竞赛，创置了积极思考、动手操作的条件，使学生可以一显才智。体育活动与竞赛使体育尖子一展雄姿，大显身手；丰富的文娱活动，使有文艺才能的学生脱颖而出。显然，充分而自由地发展离不开班集体中相互激励、制约的这种动力作用。另外，优秀班集体还能有助于形成班级成员的积极个性品质。每个学生的个性品质迥然不同，有的正直勇敢，有的懦怯脆弱，有的极富公益心，有的自私自利等，通过班集体活动和完成集体委托的任务，可以改变学生的不良品质，养成积极的品质，可以说，优秀班集体是锤炼并完善一个人性格的熔炉。

实际上，优秀班集体不仅对学生发展具有重要意义，而且对优化学校教育教学过程，提高德育实效，完善教师人格等方面都有十分重要的作用。

(二)组建优秀班集体的基本内容

一个优秀班集体不会自发形成，需要班主任精心组织和培养。

1.确立班级的共同奋斗目标

优秀班集体的形成和发展是以共同奋斗目标为前提的。正确的奋斗目标是维系师生为之奋斗的共同纽带，是优秀班集体前进的动力。马卡连柯说："真正的集体，并不是单单聚集起来的一群人……而是在自己面前具有一定共同目标的那种集体。"优秀班集体最重要的特征，就在于它有一个共同奋斗目标，全体成员都为实现这个目标而真正凝聚在一起。因此，班主任若能向班级提出恰当的、被学生认可的奋斗目标，就可以激发学生积极的热情，产生不断进取的意志行动。这个共同奋斗的目标可从长期、中期、近期三个阶段来考虑。长期目标就是完成国家规定的某阶段教育后所要达到的最终结果；中期目标可以理解为学生年度的奋斗方向，可从政治思想、道德行为、学习成绩、体育卫生、个性修养等方面给学生提出要求，如有一位班主任把本班一年的目标任务画成一棵苹果树，树干上写着“一年内建成优秀班集体”，树枝上挂着15只苹果，每只都分别写上一个要求，这就是一年建成优秀班集体的15条要求，这是形象的班级中期目标树；近期目标一般指一个周或一个月班级应达到的目标任务，如一个担任小学“差班”的班主任给学生提出：第一周“作业书写工整、独立完成”，第二周“按时交作业”，“第三周”老师批改后要改错”，第四周“作业争取达到优良水平”……目标确立后，要努力求得学生的认同。在实现班级奋斗目标的过程中，要充分发挥集体每个成员的积极性，使实现目标的过程成为教育与自我教育的过程。

2. 培养正确的集体舆论和良好班级风尚

班集体舆论是指班级中健康向上的言论，它能弘扬正气，助长班集体中积极进步的因素，克服和纠正消极落后的东西，引导学生明辨是非，激发他们的集体荣誉感和责任心。集体舆论是无形的教育力量，对班级每个成员都有约束、感染、熏陶、激励的作用。一个优秀的班集体，其舆论一定是是非分明的，好人好事有人夸赞，不良言行有人批评；班级每个成员把自己的一言一行、一举一动都和班集体联系起来，意识到自己的行为不仅是个人的事，直接关系全班的荣誉。以班集体为荣，时时事事处处维护班集体荣誉，是每一个优秀班级的共同特征，而这与良好的集体舆论的形成是分不开的。

班风是指一个班级稳定的，具有自身特色的集体作风。所谓优良班风主要表现为：整个班级积极进取，奋发向上，学习目的明确，互帮互助，严守纪律，团结友爱；集体活动内容充实，多姿多彩；学生的主动性、积极性、创造性和主人翁精神获得充分发挥。班主任要培养优良班风，要特别注重正面教育，提高学生的认识水平和辨别是非的能力，坚持正确的舆论导向，使学生明白什么是对的，应该学习和坚持的；什么是错的，应该反对和克服，从而规范自己的行为，逐步养成良好的行为习惯。

3. 健全组织，培养有力的班干部以形成集体核心

班、团、队干部是班集体的核心，在班集体建设中，他们是班主任的得力助手。因此，班主任要重视班干部的选拔和培养，充分发挥他们在班级中的作用，带动全班同学和集体不断前进。对班干部的选拔，尤其是主要干部的选拔，班主任一定要持慎重态度，绝不可草率行事。对于刚组建的班级，可以先指定几个同学临时承担一些班级工作，通过一个月左右的考验，让全班同学彼此有所了解后，再通过民主的方式和程序，正式选举和产生班干部。如果为了使更多的同学有锻炼的机会，可实行“短期改选制”或“轮流执政制”，在班级建立起干部能上能下，下后还能上的良好氛围。选拔出班干部后，要重在培养，在培养中使用，在使用中培养。对班干部既要交给任务，又要教给方法；既要大胆使用，又要小心扶持；既要热情鼓励，又要严格要求。

一般说来，成功的班主任培养班干部都会经过一个由“扶手”到“放手”的过程，学生的组织管理能力才能得到充分锻炼和发挥。但是，班主任要当好班干部的参谋，指导和帮助班干部工作，帮他们出点子、想主意，冷静分析，鼓舞信心，让班干部体会到老师对他们的信任和支持。

4. 开展丰富多彩，有意义的教育活动

活动是班集体建设的根本途径。班集体扎根的土壤是学生丰富多彩的共同活动。没有共同活动，就难以形成班集体，整合一致的教育力量所施加的影响转化为班级内部的动力，必须经过班级活动这个桥梁。集体活动能发挥娱乐、导向、育人的功能，班主任要积极组织、参与学校各项有意义的活动。在活动中，促进学生相互关心，尊重理解和协作的关系。班级活动开展得丰富多彩，吸引所有学生参与，能为每个学生的个性发展提供机会。通过各项活动的开展，可以大大培养学生的个性特长，增强班级凝聚力，激发学生团结合作、奋发上进、不怕困难的精神。许多优秀班主任的经验证明“寓教育于活动中”，对于实现班集体的共同目标以及每一名学生的健康成长都是行之有效的。各种教育活动的开展则需班主任根据不同年级的特点来确定。

5. 制定健全而规范的班级规章制度

不以规矩，不成方圆，班规是全班的根本大法，是全班学生必须共同遵守的行为准则，相比个人的规范，它对个体更有约束力。班集体制度指的是班集体规范体系中高度形式化的严密、系统的成文规定。实践证明，制定班级规章制度对班集体的建设具有举足轻重的作用。班级制度为班集体确立明确的管理目标，为学生的品德行为确立规范，为评价确立标准，为学生的个性发展创造一个张扬而审慎的空间。总之，班集体制度保证班级的教育、教学和管理行为有章可循，井然有序，使班级工作制度化、常规化，有助于学生形成良好的行为习惯、法制意识和自律精神，实现班集体的社会化功能。制度的制定对全班师生的言行举止起到调节、指导、教育的作用。但是，制

度制定后，并不是万事大吉，更重要的是在于制度的宣传和落实。

（三）组建优秀班集体的基本要求

一个班集体的组建需要班主任正确的引导和科学的管理，不能随心所欲、时断时续。特别是在新时期班集体建设趋向个性化的背景下，更需要用新的视角和创新思维来组建班集体。新时期组建班集体时需关注以下几点：

1. 在教学活动中建设班集体

在传统教育学理论体系中，教学活动和班集体建设分别属于教学论和德育论研究的范畴。前者关注的是教材、教法、教学组织形式及学生的认知过程。后者则主要是作为学校德育工作的重要内容和手段，两者之间似乎并无多大联系。但在实践中，教学活动和班集体建设都必须以教学班为共同的组织基础，以教学班全体学生为教学、教育的对象，以每一个学生的身心获得全面和谐发展为共同目标。因而，两者之间必然存在着各种复杂的联系和相互影响。受传统教育观念及思维方式的影响，目前学校教育实践中教学活动与班集体建设存在一定程度的分离。一方面，以知识、技能教学为中心的教学模式忽视了来自班级集体的课程资源与学习动力，忽视了对教学活动的特殊对象和主体——班集体的关注，教学效果难以如愿；另一方面，班集体建设又往往撇开班级社会最主要的共同活动——课堂教学，而在极为有限的非教学时间内去构建班集体教育活动体系，整体效应难以体现。随着课程改革的逐步深入，人们已经意识到课堂教学活动不仅是教与学的线性过程，而是师生、生生之间的共同学习的活动。班集体既是课堂教学的对象、主体，又是促进学生学习动力、实现三维教学目标整合的重要手段。课堂教学作为一种师生共同活动，也应是班级集体文化建构的过程。它为教学活动与班集体建设的相互促进与有效整合创造了广阔的实践空间。

2. 班集体建设必须从每一个班集体的实际出发

由于每个班集体面临环境、任务、成员素质、管理方式、人际关系及班主任都不同，导致每个班集体的需要、价值追求、风气、传统等也不尽相同。因而，每一个班集体发展的途径也是不同的。因此，班主任要在深入了解集体成员的需要、个性、发展水平和面临的任务基础上，着力寻找班集体建设的突破口和生长点，激发集体内在的发展动力。例如，可以从引导集体进行自我形象设计，解决一个集体面临的问题，建立集体生活评议会，组织学生自我管理等方面着手。

3.班集体建设应注重发挥集体的自主性和创造性

没有集体的自主和创造，班集体也就无个性化为言。无论是集体问题的解决、班级常规管理，还是集体开展的一个活动，班主任不仅要关注其结果，要重视活动过程中集体自主性、创造性的发挥。从本质上说，班集体建设过程应是在教师指导下学生自主、创造的过程。班主任应站在学生发展的视角上看问题，要充分理解学生的创造性、自主性常常是与“不成熟”“不完善”等相联系，而这些特点恰恰是学生集体成长发展的必然。

4.班集体建设要重视集体传统建设

班集体传统就是班集体的个性特色，它是一个集体在长期活动中形成的相对稳定的思想作风和活动方式。班集体传统，是班集体建设个性化的重要途径和外在表现。它对加强集体凝聚力，发挥集体创造性，形成集体规范等具有独特的作用。班集体传统建设有多种途径，如可以组织学生喜爱的活动或引导集体自我发现、自我设计等。

总之，班集体建设应当体现在集体生活的各个方面。同时，新时期班集体建设呼唤具有创新精神和个性化的班主任，要求班主任以学生发展为本，解放思想、更新观念，改变刻板的班级管理方式，培养具有个性特色的班集体。

信息窗8-1

魏书生班级管理方法

特级教师魏书生教书经历令人惊讶:他担任实验中学校长与书记兼任两个班的班主任,承担两个班的语文教学,一年平均外出开会达4个月之久,却从不请人代上一节语文课,他学期之初即进行期末考试,一学期教材他用30多课时就讲完了;他不批作业,不改作文,但他的学生在升学成绩却能比重点中学平均高7.8分……面对这一切,人们不禁要问:魏书生究竟依靠什么获得教学的成功?

在我们认真研究了魏书生一系列教学经验后,我们不难发现这样一个事实,那就是高效率的班级管理,是魏书生教学成功的一个不容忽视的重要因素。我们甚至可以这样说,魏书生的教学离不开管理,没有他成功的班级管理就没有他今天的教学奇迹,那么魏书生是怎样进行管理并以此服务于教学的呢?我们又能从中得到一些什么有益的启示呢?

1. 竞赛机制

竞赛机制是魏书生班级管理工作的明显特点之一。有一次，学习委员收书费，他要一个一个收，魏书生说，我没有让你这样收，你可以用手表啊。学习委员很聪明，马上拿着手表说，同学们注意了，各小组组长请站在你们小组的左侧，下面我们要开展收书费比赛，各就各位，预备开始。书费很快收起来了。可以想见，在魏书生的班级管理工作中，小组分得很细，工作讲求竞赛。这样既活跃了教室的气氛，又提高了工作效率。

2. 代谢机制

魏书生直接参与指导管理活动，但魏书生班级管理的主体是学生。他设立了值周班长（自报，轮值两周），值日班长（按学号轮值），这些同学与常务班长，团支书，班委会成员一起，各有不同的职责，共同负责班级各种事务的处理。同时，他要求学生照章办事，责任明确。"人人有事做，事事有人做"，凡事皆有章可循。这里的临时常务班长制，就是所谓的代谢机制，

班长像人体内的血液一样，不断的循环，常换常新，具有强大的生命力。

3. 协调机制

魏书生首先注意到了教学管理与班级管理的协调，通过完善两条渠道，提高了管理的实效在管理的方式方法上，魏书生除注意直接参与管理外，他始终把管理的重点放在启发学生进行自我管理、引导学生相互管理上。另外，他让学生办《班级日报》，沟通了同学间的联系。促进了班集体的班风建设，并采取了多种措施增强学生的向心力和凝聚力，这些为学生的发展进步提供了一个良好的外部环境。他管理注意整体规划，分层管理，内外协调，有序运转。由此可以想到，魏书生的"协调小组"在班委的"执法"过程中，起着重要的催化剂的作用，极大地提高了班委的活力。

4. 督导机制

魏书生大大强化了规划、决策过程中的学生民主参与。魏书生的管理目标系统地反映在他们师生共同制定的"班规班法"中，涉及的范围很广，有思想教育、有学习检查、有纪律监督、有体育锻炼、卫生保健，做到事事有人管，人人有事管；内容涵盖了学生德、智、体、美、劳及学生在校生活的各个方面。他通过引导学生自主参与制定班规班法，既使学生的意志与愿望以及管理潜能通过合理渠道得到了充分的满足与发挥，又大大密切拉近了师生关系；同时由于学魏书生大大强化了规划、决策过程中的学生民主参与。

在魏书生的班级中，人人都是管理者，人人又都是被管理者，管理因时而动，权力彼此制约，而教师则处在一个驾驭、服务的位置上。如此管理，教师如何不轻松？

5. 引导机制

魏书生非常注意提高学生对管理活动的认识。魏书生在报告会上强调学生能干的事班委不干，班委能干的事班长不干，班长能干的事我不干……曾经有学生问他："您还能做我们的班主任吗？"魏书生说："为什么不能？"学生说："我们看您太累了！""那我就请副班主任来管嘛！"学生问："副班主任在哪？"魏书生说："就在每位同学的脑子里！"谈话中，魏书生除巧妙地向学生传达了对学生的信任外，还向学生传递了这样一个信息，这就是管理对整个教学活动来说是必要的，但管理不是老师来约束学生，而是学生在学习活动中的自我约束，在客观效果上，减少了学生对管理的抵触以至对抗的情绪，极大地提高了教育管理的实效。其次，魏书生创造性地创设了多种自我教育形式，如写"说明文"，写"心理病历"等，大力倡导学生自我约束和自我管理，帮助他们在心里筑起第一道防线，尽量把问题消灭在萌芽状态；再次，他大大强化了规划、决策过程中的民主参与，通过引导学生制定班规班法，既使学生的意志与愿望通过合理渠道得到了满足，又密切了师生关系，同时由于学生有为自己的目标负责的倾向，所以它容易使学生对自己的行为产生自我约束，真可谓"一举数得"。

6. 监控机制

魏书生提出"尊重学生，理解学生，关心学生"的口号，他还擅长赏识教育，这样就很容易拉近与学生的距离。他找学生谈话，不管是普通学生，还是"班官们"，总能得到学生的真话. 这为他能够有效地对班级实施遥控埋下了重重的伏笔。

二、组织各种活动

（一）组织班级活动的意义

班级活动是在班主任的指导下，有目的、有计划地为实现班级教育目标而举行的各种教育、教学活动。它是学生学校活动的基本形式，也是班级文化建设的重要内容。开展班级活动有利于培养学生良好的品德，发展个性特长，锻炼意志品质，养成良好的行为习惯。班级活动是集体形成的基础，是发展的催化剂。

1. 班级活动可以发掘学生的各项才能，提高学生的综合素质

学生的综合素质差，"高分低能"是当前教育中常见的现象。通过开展丰富多彩的班级活动，能使学生的能力得到明显的提高。因为学生在活动中不仅要看、听、想，而且要说、做和创新。这样，经过一次次班级活动的锻炼，使学生的综合素质得到提高。活动能不断地发展个人的能力，熏染个体的意识，形成主体的习惯，锻炼个体的思想，激发个体的感情和情绪。此外，班级活动可以让学生积极主动地认识自己，培养并发掘他们各方面的才能，让他们班级生活中有自我实现的机会。

2. 班级活动能培养学生集体主义精神，增进班级的凝聚力，增强学校生活的吸引力

丰富多彩的班级活动不仅是班集体形成和发展的必要条件，也是开发集体成员身心素质潜能的基础。每个班主任都希望自己的学生热爱集体，关心他人，而班级活动恰恰是这些品质形成的催化剂。在各种各样的活动中，学生你追我赶、你好我优，彼此促进。所以，班级活动不仅能使学生树立强烈的团队意识，进而提高班级荣誉感和认同感，激发学生参与团队活动的热情，而且学生在活动中寻找快乐，获得知识，提高能力，获得所谓"好""差"学生间的真正平等，从而促进学生素质的提高和全面发展。

案例8–1

"融入新集体"主题班会

一、第一环节——登上青春舞台

1. 活动目的

增进学生之间了解，增强新集体成员间的情感交流。

2. 活动设计

(1)猜猜他是谁？让全班同学把自己在童年、少年时期的照片各选一张，将这些照片打乱在实物投影上展示或做成幻灯，以抢答或小组竞答的方式请大家猜猜他是谁？以活跃班级气氛，消除大家的紧张、陌生感，拉近彼此距离。(老师也可以

把自己的照片参与其中)

(2)猜猜我是谁？提前让大家准备,把自己的名字编成谜语,或把本人的主要特征写在卡片上,由主持人提问:猜猜我是谁?(难度比上一活动大,可以用选择题的方式,提供一些姓名,让同学自己判断选择)

二、第二环节——聆听成长心声

1.活动目的

了解学生特点、发现学生特长、展示学生个性。

2.活动设计

(1)提前让同学准备一份个人资料:(一张精致的个人资料卡片)

姓　　名		性别		生　　日	
毕业小学				承担任务	
家庭住址				电　　话	
我的自画像					
同学眼中的我					
家长眼中的我					
我的特长与爱好					
我理想中的新集体					
我理想中的新老师					

(2)小组交流:小组交流后推荐一名代表到班级交流。

(3)会后将同学的卡片贴在墙报或板报上,便于同学相互交流,增进了解。

三、第三环节——奏响生命旋律

1.活动目的

活跃班级氛围,让学生在音乐中憧憬新的集体生活。

2活动设计

(1)歌曲或表演:多媒体播放《童年》MTV;

(2)回忆童年趣事:说说童年生活中对你影响最深或最有趣的事;

(3)畅想明天:在音乐中畅谈自己对新集体的美好憧憬。

四、第四环节——扬起理想之舟

1.活动目的

将自己对未来的理想融入集体与现实之中,脚踏实地去实现自己的理想。

2. 活动设计

将自己对初中三年设定的理想与对班集体的祝愿写在彩色纸中，折成小船或千纸鹤，串在教室中，同时也点缀在今后初中三年生活的每一天。

结束：MTV《光阴的故事》(引导学生珍惜生活中的每一天)。

在这个案例里，班主任设计了生动、有趣而又环环紧扣的活动，调动了所有的班集体成员。在这四个环节中，学生的个性品质、兴趣，在班级活动中能得到表现，也在活动中得到巩固、发展和调整。性格内向的学生，有的由于多次活动中获得满意的角色而积极参与，其智慧和特长得到发挥，变得活泼、开朗，乐与别人交往；外向的学生，可选择在班级活动中多次承担较复杂任务，使他锻炼得比较冷静、实在。同时，随着环节的逐步推进，活动的意义也渐渐深入，每个学生的个体目标慢慢扩展到班集体的目标，集体的观念和责任感真实地渗透到每个人的身上。

3. 班级活动能拉近师生间的距离，树立班主任的能力威信和情感威信

开展多种活动，既丰富学生生活，开阔他们的眼界，也给学生提供了多方面发展的空间和可能，同时也为教师自己展示能力提供了舞台，对于树立教师的威信很有好处。此外，在活动中学生能当家做主，教师给学生及时指导、关心，他们的人格得到了尊重，他们的参与意识、主人公意识得到了加强，教师的亲和力使学生感到学习生活愉快，从而亲其师，乐其友，达到信其道的目的。

(二)班级活动的组织与开展

班级活动是一种有计划、有目的、有组织的教育活动。因此，班级活动的组织与开展需要按照一定的程序，选择相应的形式和方法来展开的。

1. 活动的选题

这是最初的也是最重要的工作之一。活动的题目选不好，活动就不会搞好。我们所说的选题，主要是指活动内容主题的选择和确定。班主任在确定班级活动主题时，需要结合学校教育计划和本班的实际情况来确定活动的主题。具体选题的角度可以从以下几个方面入手：

(1) 以学生的困惑为载体。一是学生成长的困惑；二是在学生成长的每一个阶段出现的依靠自己不能解决或者不能正确解决的问题；三是学生的好奇心。

（2）善于选择活动素材。①从重大节日中选择素材。在一年中有许多的节日、节气、纪念日，我们可以通过各种方式来开展庆祝、纪念活动。像“三八”妇女节、清明节、端午节、劳动节、儿童节、中秋节、教师节、国庆节等，都可以开展各种形式的庆祝活动。当然像这样的节日还有许多，光是与环境教育有关的节日就有很多，这就要求班主任做生活的有心人。②从学习和生活中选择素材。一是从实事中抓素材；二是从电视、网络中抓素材。

（3）善于捕捉学生的兴奋点。班主任老师善于捕捉学生兴奋点，由此组织的班级活动就能深深吸引住学生，你的班主任工作就能产生磁性。

（4）以学科课程学习延伸为载体。学科学习延伸，有两个方面的内涵：一是跨学科的综合性学习；二是影响学科学习的方法、方式和策略等。那些综合性的问题可以成为班主任设计班级活动的资源，如学习了《雷锋叔叔你在哪里》后，让学生收集雷锋的故事、名言和歌曲，在班会上以“学习雷锋好榜样”为主题开展班会活动。

（5）以本地资源为载体。以本地的名胜古迹、人文特色作为设计班级活动的载体，如文化古迹、历史遗迹、革命遗址、风景名胜等。每个地方都有这样的资源，可以作为班级活动的素材，进行热爱家乡、珍惜生活、缅怀革命先烈等教育活动。

2. 确定开展班级活动的形式

班级活动形式的确定要注意考虑两方面的因素：一方面要与活动内容相适应，另一方面考虑活动形式的吸引力使学生积极地参与。有不同看法、观点尖锐对立时可用讨论、辩论的形式；树立榜样号召大家学习，可用报告会、讲演、编演的形式；总结成绩，弘扬先进的内容可用汇报会、展示会等形式；促进师生、生生间的了解交流可用联欢、参观的形式。总之，要根据不同的班级活动内容选择不同的活动形式。现阶段中小学常用的班级活动形式主要有：

（1）常规班级活动。常规班级活动也称日常活动，指的是在相对固定的时间里开展的周期性班级活动，主要包括晨会、课间活动、值日、和班级例会等类型。常规班级活动的特点就是时间相对固定，一般以周和日为周期。常规班级活动看似比较零散，每次活动的时间也很短，但是它的意义却是我们不能忽视的。组织得好，它能促进班级的建设和管理；反之，就会白白浪费很多时间，对班级管理非常不利。

（2）系列性主题教育活动。系列性主题教育活动指的是经过学生和教师精心设计和准备的有计划、有系统地开展的有明确主题的班级活动。系列性主题教育活动比一般的班级活动更富有教育意义。它最大的特点就是主题鲜明，具有强烈的针对性和思想性。

案例8-2

育人蓝图三年教育规划

我把在“育人蓝图三年教育规划”中，为主线服务的班会定为系列性主题班会。这一主题要贯穿在一年的教育主题中，这一主题不可能通过一次班会而达到，要设计一系列的教育活动，由浅入深、由表及里、由外到内。

初一情感系列，我们从“了解妈妈、热爱家庭、尊重长辈”开始，到“了解同学、热爱集体、尊重师长”到“了解社会、热爱祖国、尊重人民”让这一主题层层深入、步步升华。

初二配合人生观教育，我们抓住是非观、苦乐观、价值观、幸福观等系列来突破从少年到青春的过度。开展了“告别了，幸福的少年时代”“迎接你，火红的青春”“当我十四岁的时候”“新的起步”等系列教育活动，如到刘胡兰家乡发展了第一批团员，骑车远足途径卢沟桥、长辛店、周口店、云居寺、十渡进行社会调查，开展“六个一”的比赛。

初三我们着重抓理想教育。根据学生理想发展阶段的特点和自身思想矛盾转化的特点，抓住远大理想和现实可能性的矛盾，以及学生理想教育中应注意的问题，我们开展了系列理想教育活动“昨天我立志，今天又达标，明天再追求”从“追求什么”到“如何追求”；从“理想之歌”到“成才之路”最后我带学生乘船去了山东省长岛县，在长岛大海边我们召开了“让理想展翅飞翔”的主题班会。学生们先抓阄要首先为祖国、为社会、为自己的同学和朋友设计理想，在设计的同时，他们还要听别人对自己的评价，在充分认识自己、认识别人之后，来理解理想更深层次的含义：“一个人的理想是和整个社会，和他人紧紧地连在一起的，脱离了社会、脱离了环境、脱离了他人谈理想这是狭隘的。”回过头来，再谈自己对理想的认识，确实深刻多了。面对波涛汹涌的海面，看海鸥翱翔，学生们心胸无比开阔。每个人倾吐真言，欢声笑语与海浪的拍打声、海鸥的呼叫声交汇成了一支强有力的“理想”交响曲，他激励着每个人，震撼着每个人的心弦。“为振兴中华而奋斗”已成为势不可挡的洪流，班会开得生动活泼。

（3）知识性活动。知识性活动是指以培养对基础学科的兴趣、扩展并运用学科知识、加强技能和智能训练为主要内容的班级活动。知识性活动主要是通过组织课外兴趣小组、举行班级知识竞赛、学习操作微机等各项活动，吸引广大学生积极参与。各项活动都要体现知识性与趣味性相结合，使班级活动成为开阔学生知识视野、提高学生智力水平、发展学生能力特长的摇篮。

（4）娱乐性活动。娱乐性活动是指以培养学生在文艺、体育方面的兴趣、技能为主要内容的班级活动。娱乐性活动通过组织演唱会、艺术品欣赏等活动，培养学生健康的审美情趣，形成高雅的情操，发展学生对艺术的爱好与特长如通过开展田径、球类、棋类等体育竞赛活动，使学生养成自觉锻炼的习惯，不断增强体质。

（5）节日性活动。一年有多种节日，这样好的教育时机是不能错过的，如新年、春节、清明、六一儿童节、教师节等。根据节日的性质、特点，结合教育的中心内容，运用综合教育手段，可以使学生同时接受学校、社会、家庭的教育影响，构成道德品质知、情、意、行各心理要素上的全面发展。节日是重复出现的，但活动不能重复，要不落俗套，年年翻新，给学生一种新鲜感。在创造性活动中激发他们的创造热情，鼓励他们的个性发展，奋发向上。

（6）实践性活动。社会实践活动旨在沟通学校、社会、家庭之间的联系，把学校教育同社会教育紧密结合起来，进而提高学生的社会实践能力。实践性活动主要指的是为培养学生的创新能力和实践能力而开展的班级活动，主要包括科技创新活动、社区服务活动和参观访问。开展实践性活动是提高学生综合素质必不可少的一项措施，也是避免“高分低能”的最佳途径。

3.制定活动计划

班级活动是有目的、有计划的教育活动，做好活动计划是实现教育目标，提高活动效果的重要保证。班级活动计划要精心设计，周密安排。班级活动计划包括学期计划（或月计划）和每次活动计划。

制定计划时首先要明确阶段教育目标，然后结合班级学生情况，学校工作计划和班级工作计划选择类型和活动主题；其次，与学生共同研究构思活动的大体步骤、框架，具体环节；最后拟定计划。每次班级活动计划应包括以下内容：活动的内容和目的、活动的基本方式、活动的组织领导、活动的时间安排、活动的具体准备工作、活动的地点、活动的总结。

4.具体准备工作

班级活动是一个完整的过程，哪一个环节考虑不到，准备不周，都会使所有努力和计划落空，因此必须做好准备工作。

班级活动的准备工作除内容选择，落实活动步骤及人员安排，确定活动时间、地点，准备活动场地和活动器材之外，还应该注意有关知识和技能的培训。因为对于有些活动来讲，学生的知识经验和技能毕竟是有限的，如一些实践活动，像小制作、体育竞赛、社会调查、外出野炊等，事先要经过教师的辅导和培训，才能使活动顺利地开展。

5.活动实施

活动实施是班级活动开展的关键步骤，也是活动全过程的高潮。如果前面的准备充分，达到高潮就有了基本的条件。为了保证活动的成功，还需要注意全班同学的精神状态。活动实施前的几天，班集要创造一种准备积极投入活动的态势，舆论工具发出具有鼓动性和号召力的信息，班级骨干和每个成员都表现出积极的姿态。此外，班级活动实施过程中，每一个环节并非都完全依照班主任和学生制定的计划进行，活动中常有始料不及的偶然事件发生，如学生一时不当的言行、外界因素的干扰、活动设备突然不能使用、发言或表演的学生由于紧张而失态、学生突发疾病等，都需要班主任头脑冷静，发挥教育机智，妥善处理，因势利导，教育、锻炼学生，使活动顺利进行，实现预期的目的。

6.活动总结

总结是为了吸取班级活动中的经验和教训，便于不断进行工作，提高活动质量。班级活动结束时的总结性发言，可以由班主任做，也可以由学生来做，但活动结束后，师生双方都要认真总结心得体会，肯定成绩，找出存在的问题，积累经验。班委会还应把总结的内容用口头或书面的形式通报全班同学，以便听取反馈意见。

(三)组织各种活动应注意的问题

班级活动在教育教学上存在巨大的教育力量。在组织与开展活动中要做到既不影响学习，又达到教育学生的目的，应注意哪些方面呢?

1. 班级活动要体现主题性和关注学生的成长体验

班级活动的主题要鲜明，目的要明确。围绕一件事，阐明一个观点，培养一种思想品质。例如，班主任组织开展“做合格小学生”活动，先让学生在校内外观察，然后对照自己，最后在班里召开汇报会，让学生说说哪些行为是不良行为，自己身上还存在哪些不足需要进行改正。当有些学生迷上游戏厅、网吧，上课不认真听讲、无心学习时，教师应及时开展“远离网吧”的主题活动，一方面教育学生要学会控制自己，另一方面教育学生要认真学习计算机知识，敢于挑战，战胜自我，勇于创新。

2. 班级活动要体现自主性

在班级活动中坚持自主性，可以充分调动和发展学生的积极性和特长，有力地促进学生的个性发展和智慧潜能的发挥，其目的是既满足学生的自豪感，成就感，树立自信心、责任感和进取心，又让学生在活动中学会制约。日本教育学家片冈德雄指出：“把成长和学习作为最大目标的班级，组织管理的第一种方式，是让班级的全体学生，在自己的集体中各自获得一个适当的分工，分担一个角色。也就是说，让他处在一个能发挥作用的位置上。”开展丰富多彩的班级活动，会提高学生学习的兴趣，增长知识，培养能力，渗透各学科的教学，全面促进学生整体素质全面和谐发展。

3. 班级活动要特别注意内容、形式和手段的创新

班主任面对的学生每一届都有所不同，每一个学生的生理和心理都不一样，面对的世界日新月异，教育环境更是今非昔比。班级活动中学生的激情需要教师去点燃，但是仅凭枯燥的说教是没有用的，需要真实的生活体验、需要不断变化的活动情境、需要教师在工作中不断凝练出教育智慧，让学生对学校生活的每一天都充满向往。在强调课程知识体系创新、学生能力创新的同时，班主任应该首先在班级工作的思想、内容、方式、途径等方面有所创新。要做到班级活动创新，班主任的思维一定要活跃，不能满足一成不变的教育模式，要善于捕捉每一个教育契机，恰当地内化为教育的力量。同时，让学生不断地产生惊喜、让班级各项活动有声有色，让人觉得太阳每天

都是新的。

此外，随着时代的发展，科技和时尚给我们的生活带来了很多的改变和精彩。班主任和班级成员可以根据这些新手段丰富班级活动。例如，对于学生而言，手机、MP3、学习机、电脑、网络、游戏是这个时代赋予他们的一种享受、一种时尚，我们不能将学生与这个社会隔绝，要尊重这种时尚的存在，并利用这种时尚为自己的教育，特别是班级活动注入新的元素。

三、学生日常行为管理

学生日常管理是学校德育的重要内容之一，也是班主任的重要工作任务之一。它是班级常规管理的基础。对学生进行日常行为管理是以养成良好的日常行为习惯为目的。学生日常管理对于加强学生基本伦理道德教育和基本的文明行为，提高学生的道德素质，养成良好的行为习惯，形成良好的学风、校风，全面提高学生的素质有着重要作用。

(一)学生日常行为管理的基本要求

当代中国的全面转型，生活方式和道德观念多元化，给中学生日常行为管理带来了新的挑战和冲击，学生需要规范的内容需要跟进社会的发展。

学生总是在日常生活中成长，教育领域的日常生活则往往是在制度的指导下进行的。对于学生而言，《中小学生日常行为规范》就是一项名副其实的制度文化。其内容无不体现出社会对学生的角色期望，并十分具体地列举、规限学生的信念、价值观、态度和行为方式等，是学校管理学生及学生进行自我管理的基本依据。在倡导人本、自由和个性的背景下，做好学生的日常行为管理需要遵循以下几个基本要求：

1. 让学生明白养成良好行为习惯的意义，理解班主任的日常管理工作

目前，中小学阶段的学生大部分都形成了一定的个性，遇事有自己的看法和主意。同时，由于中小学阶段是人生的叛逆期，强制性的管理或不被理解和接受的管理并不适合他们。因此，班主任在日常管理中一定要目的明确，以沟通学生思想为主，让学生明白养成良好行为习惯的意义。虽然这是一项耗时、耗力的任务，但其重要性决定了这项工作的必要性。根据行为规范进行自我约束并非是一种“不自由”表现，也绝非对个人行为的“禁锢”。良好的行为规范，不但营造和谐的集体氛围，同时还能让学生在社会生活中

学会与他人协调共处。所谓“无规矩不成方圆”，这是学生融入集体生活和社会的基本要求，学生若能明白其中奥义，就不会抵触“规范”行为。因此，班主任除了讲解理论知识外，更要为学生制造实践机会，通过情景创设、活动参与、角色扮演、心理投射、经验分享、移情等方式，促进学生对规范的正确理解和运用升华。

2. 注重对学生日常行为的引导而非限制

行为规范所提出的是引导方向，而非列举、规限学生行为。行为规范要诉诸于纪律，但应意识到纪律的阈限，纪律并不是万能的。“纪律的危险之一，是制度变得比制度下的人来得更重要。于是纪律取代了爱，而由于我们内心空洞无情，所以我们执著于纪律。有纪律，有抵抗，均无法产生自由。”①唯有在自由中，自我发现和明辨之力才能存在。因而，规范要指向的是个体的内心，要给予个体足够的自由空间，为其个性的发展留下契机，要信任青少年有用理性做出正确选择的能力。“就纪律而言，自由绝不是对它的排斥，而是对它的更高级和更理性的运用形式。自由的纪律是通过诉诸人的理性、良心和自尊心而对个人起控制作用；而不自由的纪律却只能作用于意识的较低层次，倾向于贬低他人的人格。”②所以，行为规范中不需过多地对青少年的一举一动进行限制，而是让学生看到“好的”行为的努力的方向，不畏惧给予学生足够的自由，相反要让学生在自由中进行抉择。因为自由就是个体所能适应的合乎理性的约束。从低层次的外在的控制向高层次的自律的转化是行为规范发展的必然趋势。

3. 学生日常管理需要学校、社会、家庭通力合作

日常行为管理贯穿学校、社会、家庭生活的各个方面，因而对学生进行管理教育应是全方位地进行。要坚持团结协作的原则，使班主任、任课教师、学生干部、家长、校外辅导员等各种力量团结一致、齐抓共管、相互支持，形成有效的教育合力。特别是学校需要积极展开教育咨询活动，加强班主任与学生家长之间的沟通和交流，让家长能够明确知晓，学校教育目标，以及对学生个体行为习惯等方面所提出的要求。此外，教师也可以深入了解学生在课堂之外的习性，通过家庭教育与学校教育的有效结合，让学生养成

①克里希那穆提．一生的学习[M]．张南星，译．北京：群言出版社，2004:31.

②克里希那穆提．一生的学习[M]．张南星，译．北京：群言出版社，2004:300.

良好行为习惯。

4. 班主任率先垂范，严于律己

学生的模仿性、可塑性极强，教师的思想、行为、作风都会受到学生的关注，从而感染、影响他们。此外，班主任与学生之间联系密切，长时间的共同生活，学生会对班主任的言行举止进行潜移默化的模仿，班主任的形象对于学生的行为养成具有很大的教育意义。所以，针对学生所提出的相关要求，班主任自身首先一定要能够做到，通过班主任的模范带头作用使得学生能够有意识的规范自己的行为。除此之外，班主任在对学生进行教育的时候，也要注重对自身素质修养的提高，才能够使得老师的模仿带头作用发挥出来，才能够让幼苗得到良好的滋润，在不自觉的情况下影响学生的行为习惯。

5. 注意培养学生自主规范和自我管理能力

"管是为了不管"是学生日常行为管理的追求。只有促进自我教育的教育才是真正的教育，同样只有达到自主规范的训练才是真正的训练。班主任应把发展学生的自我意识与加强自我管理能力纳入班级日常管理的工作中。认识到塑造学生的目标首先是个体的人，而非匿名的成员。尤其是青少年正处于自我意识的形成之中，更要对青少年的个体自我予以充分的保护，而非一味地压抑或避而不谈。要从思想品德、学习、课外活动各方面培养学生自治、自理能力；在行为规范中，可以适当地增加一些有关处理自我问题的条款，以引导学生自我的发展。

6. 持之以恒，不断强化，形成自然

学生良好行为习惯养成后要形成一种风气，绝非一朝一夕的功夫，需周而复始、日积月累，分项训练，逐项取得进展。这样一步一个脚印，不断扩大战果，汇小溪以成江海，就能凝聚一种良好的风气，形成一种良好的氛围。同时，学生良好行为一旦形成后，应多次训练、多次评价、不断肯定，提高、深化、巩固，才能形成习惯，达到自然，进入良性循环，达到良好行为习惯的养成教育目的。

7. 学生日常管理应追求灵活化和创新性

无论是教育内容，还是教育方式，都应因人、因地、因时制宜，随着时代的变化、社会的进步、学生的成长而发展和创新。班主任的学生日常管理

工作更应讲究科学性和艺术性。班级日常管理有其自身内在的规律性，班主任应充分认识学生日常管理的内在规律，善于发现规律，利用规律科学地做好本班学生日常管理。同时，又应发挥班主任工作的独创性和创造性，以适应社会发展的新形势，解决新问题，创造出更多更科学的学生日常管理的新办法、新经验。

（二）学生日常行为管理和训练的具体方法

班主任作为班级的组织者和领导者，必须清楚本班集体和学生个人有哪些日常行为需要规范训练，同时要熟练掌握对学生进行日常行为规范训练的方式和方法，只有这样，才能达到日常行为规范管理的目的。

1.行为训练法

这种方法是通过指导学生按照日常行为规范进行经常性训练以养成良好的行为习惯的方法。要使学生养成良好的行为习惯，关键是使学生的道德认识转化为道德行为。学生的行为习惯一般是通过模仿或反复训练而逐步形成的。因此，班主任必须注重对学生行为的指导和严格的训练。要使学生了解中学生日常行为规范的训练内容、要求和意义；要严格督促，随时总结经验。班主任还要从学生实际出发，制定切实可行的计划，有层次、分阶段地实现训练目标。

2.活动教育法

活动教育法是通过组织和指导学生参加一系列丰富多彩的教育实践活动来培养其道德情感，磨炼意志，增长才干，进而实现日常行为规范的训练方法。一个人良好道德的形成，必须有道德情感的渗透，而经常参加丰富多彩的活动正是产生道德情感的重要途径。在行为规范教育中，班主任可以有计划地组织系列主题班会，并有目的地安排学生分别进行准备和主持；可以组织系列教育活动，如结合传统节日来培养学生热爱祖国、热爱党、热爱集体的思想感情，并将这种感情转化为自觉遵守纪律，努力学习等良好的行为；班主任还可以组织学生参加力所能及的劳动，激发其热爱劳动的感情，建立劳动习惯。通过组织学生参加这些具体任务的实践活动，可以培养学生知行合一的良好品德。

3.模仿示范法

孔子曰："其身正，不令而行；其身不正，虽令不从。"在学习生活中为学生提供学习的榜样，以良好的典型去感染学生，影响其行为。用榜样人物的先进思想、高尚情操、优秀品质和模范行为来教育学生，可以把抽象的道德观念和行为规范形象化、具体化。利用中小学生模仿性强的特点，引导学生学习模范人物，学习身边的榜样；在进行训练时，还可以先培训部分基础较好的同学，成立“行为示范队”。有了“行为示范队”，同学们在学习榜样、争做榜样的过程中，使自己的日常行为日趋规范。经过一段时期之后，由师生共同评选出遵守日常行为规范的先进个人和集体，通过周会、黑板报等形式予以表扬，给予适当的奖励，以激发同学们遵守日常行为规范的积极性。此外，作为一个教育者，其本身就是榜样，就是楷模，学生会在不自觉中被感染、被熏陶。因此，班主任要严于律己，模范执行师德规范，不断提高师德修养，用自己的模范行动影响和教育学生。

4. 品德考核法

班主任根据行为规范的要求，对学生的行为习惯进行考核，并将其纳人品德考核中。班主任可以把日常行为规范的归纳为几大项，分为基本分、奖励分、惩罚分。班主任坚持按标准评分，这样不仅能使学生进一步熟悉规范的要求，而且能明白应该怎么做、不应该怎么做。考核以小组为单位定期进行，组与组之间可以开展竞争，增强集体荣誉感，也使学生的个人行为受到集体舆论的制约。考核结果可作为学生操行评定和班主任撰写评语的主要依据。

5. 环境陶冶法

这是指有目的、有计划地创设有利于日常行为规范化的教育环境，对学生进行潜移默化的熏陶和感化。中小学生的大部分时间在校园里度过，他们的行为大部分在校园里表现出来，因此应当重视校园环境的优化。要在学校力所能及的范围内，尽可能使校园整洁、美观、舒适，使学生在美的环境里自然而然地做到讲究卫生、爱护公物，久而久之，他们会形成爱护美、欣赏美、创造美的习惯，这被称为“硬环境”的优化。同时，要注意“软环境”的优化，即在班级里建立起良好的人际关系，形成优良的学习风气和道德舆论，营造“人人讲文明、守规范”的氛围。这样形成一种无形的力量，引导学生养成良好行为习惯。

6.教学渗透法

学生的大部分时间是在课堂教学中度过的。各科的教学内容中大多包含了行为规范的教育内容。班主任要善于调动任课教师的积极性，请任课教师结合教学内容渗透行为规范教育，对课堂中出现的不良行为习惯及时批评，对好的行为表现及时表扬。

第二节　与任课教师和家长沟通要领

教育合力指学校、家庭、社会三方面教育在方向上统一要求，时空上密切联系，作用上形成互补、协调一致、形成合力，发挥教育的整体效应。班主任、任课教师、团队辅导员、学生集体、学生家长、校外辅导员等都是构成班级教育合力的有效力量。各种力量在班级教育工作中的作用具有相对独立性。在自发状态下，他们作用方向可能一致，也可能不一致，甚至相反；在目标一致的情况下，可以做到相互协调、相互补充、相互促进。为了防止相反状况的出现，必须做好各种教育力量尤其是任课教师和学生家长的沟通协调工作。班主任是这一任务的主要承担者，是形成教育合力的关键人物，必须掌握与任课教师、学生家长沟通的有关技能。

一、与任课教师的沟通要领

马卡连柯曾说过：“哪里教师没有结合成一个统一的整体，哪里也就不可能有统一的教育过程。”任课教师和班主任一样，都是学生成长的引路人，在具体的班级管理中，班主任与任课教师形成合力，全方位、立体地对学生进行教育和管理是建设好班集体，并对学生实施全面素质教育的关键之一。班主任与任课教师如能建立良好的关系，对减轻自己的工作压力，加强信息交流、充分发挥任课教师的积极性和聪明才智，优化育人环境，多角度地开展班级整体建设起着十分重要的作用。实践证明，班主任与任课教师关系良好，就能形成教育合力，促进学生全面、健康发展，反之就会严重削弱教师群体的战斗力，给班级建设和学生成长带来负面影响，所以班主任应重视与任课教师之间良好关系的形成。

(一)了解与任课教师之间的关系的特点

1.协调性

这种协调性主要表现在以下几方面：一是具有共同的教书育人的奋斗目标，这是协调班主任和任课教师之间关系，全面完成培养德智体美劳全面发展人才的目标基础；二是具有统一的职业道德规范，这是调节班主任和任课教师关系的极其牢固的道德基础；三是具有较高层次的人际交往需要，这种需要的满足离不开班级授课制和班集体的良好班风和学风，而且必须在这种特定的环境中通过积极的交往才能共同获得满足，这是班主任与任课教师形成良好人际关系的组织(环境)基础。

2.二重性

教师之间既具有团结协作，发挥集体影响力，又具有独立施教，注意个人影响力的二重性特点。这两者之间是辩证统一的，只有教师注意加强自身的师德修养，以自身完美的人格形象和学术形象对学生施加非权力影响力，主动与其他教师特别是班主任精诚团结，密切合作，才能更好地完成教书育人的任务。

3.矛盾性

教师之间的关系具有矛盾性的特点，其原因有三：一是由于教师之间存在着个性差异而造成认识上的分歧是在所难免的；二是文人相轻的旧思想在教师思想中还有市场，有的教师总是过高地估计自己而轻视别人，或只强调自己学科的重要而轻视别的学科；某些班主任有过高地估计班主任工作的地位和作用而忽视学科教学在素质教育和班集体建设中的作用的情况，久而久之，势必会发生矛盾，但这是在根本利益一致基础上的矛盾，是可以调节的；三是由于领导对教师的评价不公或因评优、评职称而造成的利益冲突而造成的，只要领导讲究工作艺术，追求工作的科学性，只要教师能在师德修养方面严格要求自己，矛盾是可以化解的。

从以上三个特点不难得出这样的结论，班主任和任课教师的劳动有共同的教育目的性、方向性和教育影响的一致性，因此，必须以高尚的职业道德为指导，自觉协调两者的关系，统一教育思想，团结合作，缺少哪一方的努力都会给教育带来损失。

（二）掌握与任课教师沟通的基本方法

1. 当好“领头人”，把握好班级发展方向

班主任作为班级的“领头人”，要瞄准总的目标，确保不偏离航向，就必须要对班级发展有一个清晰的规划。因此，班主任要看得远一些、全面一些，想得宏观一些、超前一些，要为班级确立一个明确的奋斗目标和发展方向，这是一个班级凝聚力的重要保证。同时，班主任在引导学生制定班级目标和确立班级发展方向的时候，不能忽视任课教师的参与。要主动与班级任课教师进行联系，把班级工作的目标和重点及时告知任课教师，请任课教师结合自己的教学实际提意见，要在商讨中把班级管理目标与任课教师的教学目标相整合。这样在统一目标的要求下，班主任就会与任课教师进行合理的分工合作，进而避免班主任与任课教师之间各自为政的现象，减少“内耗”。

2. 当好“导演”，为任课教师搭好舞台

作为班级管理的“领头人”，班主任的责任就是要把大家的积极性都充分调动起来，发挥出来，将自己负责的班级搭建成任课教师和学生都能很好地展示自己聪明才智的舞台，最终实现多赢。但由于任课教师的思想修养和业务能力不尽相同，学生厚此薄彼的现象经常出现，这就要求班主任要当好“总导演”或“总调度”，通过多种活动和多种途径，巧妙展示任课教师的特点，树立任课教师的形象，使学生从内心对他们产生敬佩之情，促使每一个教师都能尽快地进入角色，融入学生当中，进而充分发挥任课教师们的长处，提高他们的积极性，让其在实现自身的教学价值的同时，积极为班级服务。这样任课教师与班主任之间就会形成强大的教育合力，对教育学生会产生积极的作用。

3. 当好“后勤”，主动为任课教师排忧解难

班主任要理解和协助任课教师解决教学、生活中出现和遇到的困难。当任课教师工作中偶尔出现差错时，班主任要主动承担责任，并客观地说明情况；当任课老师因生病或其他原因不能按时来上课时，班主任应及时补位并引导学生课后慰问；当任课教师要组织学生参加相应的学科活动时，班主任要根据自己的了解，积极向任课教师推荐合适人选，并带领和组织班级学生积极参与到活动去，要在力所能及的范围内，为科任教师提供最大限度的帮助，确保任课

教师的工作能够顺利开展。班主任还应经常向任课教师了解其学科作业上交和课堂学习情况，以便及时掌握学生的学习情况，防止学生偏科、厌学等现象的出现 。这样班主任与任课教师在班级工作中的配合会日趋和谐，形成齐抓共管的良好局面。

4.当好“桥梁”，协调好纵横关系

班主任要想班级稳步发展，就必须协调好纵横关系。“纵”主要指班主任要协调好上下关系。对上班主任要协调好任课教师与学校的关系，这就要求班主任要深刻领会学校的教育目标、发展战略并及时与任课老师通气，让任课教师结合自己的教学实际及时调整自己的教学活动，这样任课教师的教学工作在大的方向上就会与学校是协调一致，就会跟上学生、班级的变化和学校管理的中心工作。对下要协调好任课教师与学生的关系，主要是指任课教师跟学生的沟通，当学生对任课教师的工作产生误会或感觉不适应时，班主任要利用班会或课余时间，集体的或个别的做好解释说明工作。“横”主要指协调好任课教师间的关系，求得理解、支持。任课教师之间都存在潜意识和显意识的竞争心态，合理适度的竞争是一种激励因素和前进动力。但是，如果竞争超过了限度，教师之间就会出现矛盾进而导致班级任课教师间出现嫉妒和内耗，最终给班级管理带来消极影响，因此班主任要主动与任课教师沟通，并适时架好任课教师之间的“沟通之桥”，为任课教师创造交流感情、消除芥蒂、融洽关系的条件，进而把所有任课教师团结在自己周围，凝聚成一个坚强有力的教师集体，同心协力地对学生进行有效的教育。

二、与家长的沟通要领

“教育的效果取决于学校和家庭教育的一致性，如果没有这样的一致性，教育过程就像纸做的房子一样倒塌下来。”这是著名教育学家苏霍姆林斯基对学校和家庭教育一致性的重要论述。在现实中，由于家长职业、层次、教育观念的不同直接或间接地影响了班主任与家长之间的沟通，这不仅不利于学生的健康成长，也直接导致了班主任与家长关系的紧张或恶化，甚至酝酿了尖锐的冲突。因此，班主任与家长的沟通是一门学问，也是一门艺术，必须讲求方法与策略，才能达到预期的效果。

（一）了解与家长沟通的基本要求

1. 以学生为中心，关爱学生

家长把学生送到学校，都是希望学生将来有成就，希望他们成为自食其力的人，成为对社会发展有益的人。班主任在与家长交流时，要多从家长的立场出发，多关爱学生，要做到以学生为中心，提高学生学习的主动性和积极性。班主任和家长在孩子教育问题上的立场是一致的，其交流和沟通都是为了学生的进步，为了培养学生良好的生活和学习习惯。所以，班主任与家长的目标是一致的，需要互相配合，共同找出学生优点和长项，改正学生缺点和不足，使学生成为一个优秀的人，使学生在受教育的过程中真正看到快乐，享受快乐，体味快乐。

2. 班主任应积极主动，获取家长信任

作为班主任，在与家长的交流中，一定要发挥自己的积极性与主动性，把握机会取得家长信任，这是做好班主任工作的重要环节。班主任要主动介绍自己的优势和特长，介绍学校的相关情况，介绍学生在学校教育过程中面临什么问题，为什么会出现这些问题，面对这些问题，我们采取了哪些方法和措施去解决。在与家长交流沟通中，班主任要让家长信任班主任，理解班主任，明白班主任工作的目的和方法。作为班主任，不能抱有侥幸心理，遇到问题，要及时与家长沟通。在与家长沟通交流中，难免会有误解和隔阂，班主任要保持冷静的心态，耐心地和家长沟通，使学生的问题更好更快地解决。

3. 尊重和倾听是班主任与家长沟通的艺术

每个学生家长都来自不同的家庭，他们在受教育程度、处事方式、交流方式等方面都存在着一定的差距，但共同点就是对孩子的期望。因此，班主任应以平等和尊重的原则对待每位家长，认真听取每位家长的意见，积极与家长们沟通交流，让家长切身感受到班主任对自己孩子的重视。此外，班主任无论他具有多么扎实的教学功底，多么丰富的实践经验和多么深厚的理论修养，都不可能把教育工作做到完美。随着我国国民受教育水平的不断提高，整个民族素质的提高，家长的许多真知灼见都值得班主任去学习和借鉴。班主任要放下自身的架子，倾听家长的反馈，意见和建议，帮助家长解决孩子的教育问题。

4. 采取多样化的沟通方式，架构多渠道的沟通桥梁

每个家长由于其文化修养、职业地位、性格等方面的不同，对孩子的关注程度及教育方式也不同。在与家长沟通的过程中，班主任要针对不同类型的家长采取多样的沟通方式，区别对待，同时要讲求沟通的艺术，特别是讲求语言艺术。根据不同类型的家长，选择能为他们所接受的语言，尽量不用专业术语。

（二）与家长进行有效沟通

1. 家访

家庭是学生成长的摇篮，是学生的第一所“学校”。家访是班主任工作的重要内容，是让老师切身感受学生的成长环境、了解学生的家庭状况的基础上，达成教育共识、协调教育目标、实现教育同步，促进学生身心健康和谐发展的重要途径之一。因此，班主任须充分认识家访工作的重要性，掌握开展家访工作的基本要领。

（1）明确目的，精心准备。班主任在家访前要明确目的。家访的目的不是为了向家长告状，或是由于自己教育无力而把责任推给家长，是为了和家长真诚地交换意见，调动家长教育子女的积极性，取得家长的协助，共同把学生教育好。因此，班主任在家访前要对被家访的学生做深入的了解，包括他的学习状况、在学校守纪律的情况和生活习惯等，要明确通过这次家访需要解决什么问题，达到什么效果。此外，还要制定详尽而可行的计划，考虑好与学生家长交谈的问题，怎样谈，如何针对心态层次不同的家长进行交谈，做到有的放矢，不至于在家访的过程中不知所云，使家长产生班主任对自己的孩子关心太少，家访只不过是形式而已的想法。

（2）预约时间，捕捉时机。什么时候去家访，到哪些学生家中去家访，这些都是比较复杂的问题。有经验的班主任善于从学生的表现来捕捉家访的时机，从学生的表现来确定家访的主题。例如，当班上的一位学生成绩连续出现下滑的情况，老师与其谈话后依然解决不了问题时，班主任就应该想到家访了。通过家访找到这位学生成绩下滑的原因，与家长一起帮助孩子端正态度，弥补不足，努力把学习成绩提升起来。在这种情况下家访，还可以避免学生因成绩下滑而遭到家长的责骂、体罚，导致学生情绪低落，产生消极厌学情绪，导致成绩继续下滑，甚至发生逃学、轻生等恶性后果。当班上的某个学生情绪出现异常时，班主任一定要及时和家长联系，必要时一定要家

访。学生在日常学习、生活中，一般都具有相对稳定的个性倾向和行为表现。一旦发现学生出现情绪异常，班主任就要及时与其谈心，并根据了解的情况，进行相应的情绪矫正。如果学生情绪异常的原因来自家庭，班主任就要及时通过家访告知家长，与家长共同商议帮孩子矫正异常情绪的办法和措施，引导孩子尽早度过情绪波动期。

（3）三方互动，沟通心灵。家访和上课一样，切忌“满堂灌”“一言堂”。家访时，班主任要像上课一样，注重互动。班主任要留给家长和学生发表自己观点的时间和机会。首先，班主任要站在家长的角度上家访。班主任与家长是有很多共同语言的，因为都有共同的“望子成龙之心”。班主任在家访时除了向家长通报学生在校的表现情况外，还要充分听取家长意见。首先，学生在学校的表现也许有迫于纪律等因素，有一些伪装成分，而在家里的表现则更真实，从某种程度上讲，家长了解的情况更为真实可靠。其次，班主任要站在学生的角度进行家访，学生一见到班主任来家访，思想上常常有压力，唯恐班主任告状，班主任事先要洞察这种心理，在家长面前，要多表扬，少批评，在充分肯定成绩的基础上，委婉指出其不足。老师的真诚让学生消除戒备心理，相信老师是真心来帮助他的，家访就成功了一半。接下来的交谈中要让学生成为主角，要给他充分的说话时间，要循循善诱，让学生说出自己内心深处的真实想法，这样才能解决问题，家访的目的才能达到。

（4）深化教育，巩固效果。学生的每一点进步，尤其是后进生的进步往往不是一步到位，必然有一个反复的过程。班主任家访后，要结合家访中了解掌握的资料，对学生重新分析评估，制定新的教育方案和措施，不失时机地对学生进行深化教育，这是家访中一个至关重要的环节，但不少班主任家访后往往会忽略这个关键环节。如果认为家访回来就意味着完成了任务，这更是错误的。家访过后不采取任何措施去加强对问题学生的教育，可以说这样的家访没有任何效果，甚至会在学生心中起反作用。因为家访必定引起学生心理不同程度的震动，学生心里正在进行着“积极思想”与“消极因素”的对抗，正急需外部动力的辅助，以达到思想上的净化和改良。如果班主任不作为，就错过了最佳教育时机，老师和家长所做的一切都白费了。

（5）特殊家庭，“特别”家访。在打工潮的影响下，留守儿童不断增加；夫妻离异现象呈上升趋势，单亲家庭孩子人数在增加，这些都加大了班主任工作的难度。缺少父爱或母爱的学生在成长的道路上，或多或少地留有某些遗憾、痛苦和无奈。所以，班主任对这类学生多一点爱，就能减轻父爱母爱残缺带给他的伤害。鉴于这种“家”的特殊性，班主任家访时特别要注意分寸，尽量报喜不报忧，少说多听，以免起负面的作用。那么这类学生的真实情况或者存在的问题怎么解决呢？可采用电话家访、网络家访把真实的情况和存在的问题告诉他远方的父母，再通过电话，由他们来配合班主任教育他们的子女。

总之，家访工作是班主任工作的一个重要方面，是学校教育在校外的继续。要使家访取得良好的效果，必须根据学生、家长不同的心理特点，以情感心，以理服人，真正实现家庭教育与学校教育的完美结合。

2.家长会

家长会是家校沟通联系的重要形式，一次家长会组织的好不好，能不能达到目的，不仅直接影响学生的教育效果，而且从另一个层面说，也反映了一个班主任的组织能力和工作能力。一次好的、成功的家长会，既要使家长对班级整体状况和学生个体在学校的成长过程有一个全面的了解，同时也要充分利用家长会的时机，调动家长参与班级管理的积极性，以达到家校密切配合、共同管理好、教育好学生的目的。总的来说，要开好家长会，班主任需做好以下几点：

（1）充分做好会议准备工作。做好召开会议的准备工作，是会议成功的必要条件。家长会的准备工作一般包括：①确定会议目的和主要内容。可通过召开学校领导班子、班主任会，客观地分析现状，发现促进学生发展的有利因素，制约学生发展的不利因素，确定主要收集、交流哪些方面的信息，共同解决哪些问题，并明确工作分工。②印发开会通知。一般在会前两周，通知中要简要通报会议目的、内容、时间、地点(一般以教学班为单位，在学生教室)、咨询能否到会，并附学生家长对学校工作的意见、建议栏，会前一周收回，其目的在于使学生家长做好充分准备，落实到会人员，提前收集部分信息。③以教学班为单位，收集整理学生家长书面意见、建议，归类分析，更客观地确定需要沟通解决的问题。④由班主任会同任课教师，根据本班情况，准备详实的发言材料，并做好会议召开的有关准备工作。

（2）家长会主题明确。开家长会的目的是反馈孩子在校的表现、存在的问题，家校携手用正确的态度和方法来教育好孩子。因此，我们开家长会要确立一个中心议题，如“共建书香家庭”“学会感恩”等，并围绕主题及时了解学生思想动态，掌握第一手资料，从而避免开家长会的随意性和盲目性。

（3）参与主体多元化。多元的参与主体可以使家长会更有内在活力，内容也会更加丰富。教师在家长会参与者选择上不应该受到传统观念局限，认为家长会就是家长和教师的事情，而应该吸纳多元的参与者，尤其是一直被排除在家长会之外的学生。教师可以让学生参与讨论家长会的主题，制作家长会邀请函，筹备家长会上要展示给家长的作品，甚至作为主体参与到家长会中。各方面的专家、其他班级的家长等也都可以走进家长会，传授和分享教子经验。此外，教师要认识到家长会的每个参与者都是家长会的主体，理应享受平等的发言权，不能在家长会上唱独角戏。

（4）形式、内容多样化。形式的变化是内容变化和教师家长之间关系变化的体现。因此，家长会不必拘泥于形式。多样化的家长会主要有以下几种：①交流式家长会。就教育中的共性问题进行理论探索，或做个案分析，或开经验交流会。②对话讨论式家长会。就一两个突出的问题进行亲子、师生、教师与家长的研讨与对话。③展示式家长会。展览学生的作业、作品、获奖证书或学生现场表演等，让家长在班级背景中了解自己的孩子。④专家报告式家长会。就学生入学后某个阶段或某个共性问题，请专家做报告并现场答疑，以提高家长的教育素质。⑤联谊式家长会。教师、家长、学生相聚在一起，用表演等欢快的形式，共同营造和谐的气氛，增进感情和加深了解。⑥网络式家长会。网络式家长会让家长们感到自由，它以网络和多媒体技术为支撑，先由教师制作好班级网页，挂在校园网上或班级网页上的内容，包括班级总体情况，每位学生的个人档案（学习情况、在校图片和录像、获奖情况、心里话以及教师对学生的评价等），每位教师的情况（电子邮箱、联系电话等），优秀家教经验，优秀学生学习经验等资料。开家长会时，家长进入校园网，只要轻点鼠标就可查看其他学生的情况以便对照(家长们相互之间还可以交流家教经验，或单独与教师进行思想交流。

案例8-3

如何设计网络家长会？

(1)确定主题。网络家长会主题的确定比网络班会主题的确定更为困难，光谈学习不行，只谈学生的日常行为表现也不行，这样开下去就又成为一个“告状会”;漫谈式不行，这样会出现无序状态，使家长会效率大打折扣。建议开家长会之前做一个摸底调查问卷，看看家长关注的问题是什么，梳理出普遍关注的问题，根据这些问题确定主题。

(2)确定主题后。在网络平台上设计导语，把家长会的主题、目标、要讨论的问题等详细告知家长，让家长明确自己要做的事情。

(3)写完导语，还要给家长提出要求。例如，请每位家长准时参加并积极参与讨论；讨论时要围绕班主任的话题一个一个地展开，尽量不要脱离主题随意讨论；网上讨论时间有限，如果还有需要讨论的事情，可以私下沟通和交流。

(4)提完要求后，班主任应把事前经过实际调查、归纳整理的需讨论的问题按时间段依次列出，以便家长能按过程中某一问题共同进行讨论。同时，留给家长自由提问、班主任总结的时间。

(5)家长会即将结束时，班主任要根据家长的发言，及时做总结。其目的是再一次表示对家长参会的感谢，把大家讨论的结果做精要的概括，同时期待下次家长会的到来。

(6)网络家长会开完后，可以用打电话、写信或在网上留言的方式让家长谈谈对此次网络家长会的感受并提出更好的建议。这样做，目的是让家长知道班主任特别重视家长的意见和感受，也有利于今后家长会开得更好。

(北京市东城区数字德育课题组　王朋)

(5) 做好家长会后的后续工作。会后，校方与教师都应对此次家长会及时进行总结与反思。学校及时汇总会议情况，以改进校内教育教学工作，把会议内容落实在实际工作中。教师应与家长继续加强联系，及时写一封感谢信给家长。在信中，教师要对家长们的出席表示感谢，并重申他们双方在家长会制定的行动计划。最好是在几星期后，给家长们打电话，查询行动计划的进展，并提供其他的信息。教师要把结果通告给校长和其他与会的教师，尤其是要让那些参与会议的行动计划的教师掌握计划的进展情况。

只有校方与教师做到信守诺言，才能保持同家长的相互信任及亲善关系，使学生家长积极主动地为学校贡献自己的聪明才智，使每次学生家长会成为改进学校与教师工作的动力，最终促进每个学生的进步与发展。

3. 利用现代信息技术与家长互动

(1) 校园网与家长互动。家长能够非常方便地在校园网上查看到班级的计划及发展情况，班主任应及时将一些精彩的活动照片贴在网上，使家长在了解活动具体内容的同时，也进一步了解了学校的教育方式，使得家庭教育与班级教育更加同步。同时，班主任请家长通过填写在网页中设计的“意见反馈表”，及时地收集家长的意见和建议反馈。这样既增强了家长参与班级管理的意识，也增长了他们支持班级工作的积极性。

（2）“家校通”互动。现代化的通讯工具给我们提供了极大的方便，班主任充分利用“家校通”与家长进行互动，不仅有效地节省了家长的时间，而且及时地把学生的信息、在校学习情况及学习任务输送到家长手中，以便家长及时了解学校教育情况，从而更好地参与学校教育。

（3）手机电话互动。由于手机使用的普遍性，班主任可及时通过电话与学生家长沟通，让家长与教师一起配合预防或解决学生存在的学习和生活问题，促进学生身心健康成长。

（4）网络互动。互联网的普及使网络沟通交流变得更为便捷，班主任对于一些学习问题及有心理问题的学生很难在短时间内帮助到位，可以通过QQ、微信或电子邮件等便捷的网络手段与家长一起协商沟通，互相配合，尽快使学生走上学习和生活的正轨。

（5）班级博客互动。班级博客的开设与以往的邮件、交谈相比有了很多不同：首先，博客涉及的面更广，涵盖的内容也更为全面；其次，博客突破了以往与家长围绕学生发展较为个性化的话题，成为反映全班学生活动与成长的片段或是学生发展中共性培养话题的讨论互动平台。

4.家长来访

接待学生家长来访，是班主任工作的一项重要内容，也是实施学校、家庭、社会三结合教育的一个组成部分。接待家长来访需注意：

（1）做好准备工作，在调查事实的基础上，充分把握学生的具体情况。

（2）接待要热情，态度自然大方，即使学生已经发生比较严重的违纪问题，也要耐心和气地向家长讲清情况，说明问题，以便共同做好学生的工作。

（3）选择好谈话地点，对有问题或问题比较大的学生，与家长谈话不宜选在大庭广众或嘈杂的地方，那样容易人为地造成访谈双方的心理障碍，宜选择在操场边、走廊或道旁的绿荫树下等地方谈话。

（4）提高访谈技巧，宽严有度，反映学生违纪情况或其他不良行为时，不仅严肃，而且要谨慎；对学校已形成定论的处理意见既要坚决执行，又要向学生家长做好解释工作。

（5）谈话时间要适度，在全面客观评价学生的同时，要找到解决问题的办法，不要泛泛而谈。问题讲清了，就结束谈话，切忌唠叨重复。

问题思考与讨论

1.论述班集体的基本特征和教育作用。

2.根据自己的所见所闻及成长经历，思考班集体在形成和发展中存在的问题，并提出对策。

3.林老师今年接了一个新班，他应该如何带领同学们组建班集体?

4.结合实际，谈谈班级活动对学生成长的意义。

5.请以“做一个道德高尚的人”为主题设计一个能够体现创新性的班级活动。

6.假如你是一位初一年级的班主任，学生刚刚开学，请你设计一次旨在使同学相互认识，初步营建班集体的活动方案。

7.请以“发现孩子的优点”设计一个初中学生家长会。

8.阅读材料并完成相关任务。

敬老院老人一天得看4场演出

每到“学雷锋日”，一直孤独生活在敬老院里的老人们自然要受到社会的关照。昨天上午，记者打通了南京一家敬老院的电话。“又要来看老人啊，我们3天的日期都排满了。这样吧，你们3月5日晚上来怎么样？但人不可太多，只能给你们半小时时间，老人真的太累了！”敬老院的领导显得很为难。

这位负责人告诉记者，敬老院平时很少有单位来看老人，但每年的3月5日“学雷锋日”前后，敬老院就显得非常热闹。“来的最多的就是学校和社会上的一些单位，以前还能帮敬老院打扫卫生，帮老人洗澡理发，可现在我们敬老院有护工，就不需要了。在这种情况下，来敬老院的单位都会组织节目。”该负责人说，老人确实需要这些节目丰富业余生活，但由于集中在3月5日前后，老人每天都要被迫看几场，这些老人岁数太大，根本就受不了。“去年我们3月5日一天接待了8家单位，有4家带来了节目，老人看完节目后直喊烦死了，还有一些老人出现了身体不适，找我们敬老院。为了防止再次出现去年的情况，我们今年对单位做了限制并严格控制时间。”

——《南京晨报》

对文中的两则关于学雷锋的新闻报道,你有何想法?你认为什么样的活动既吸引学生又具备教育意义?试选择以下的某个纪念日,设计一个有特色的班级活动方案:3月5日学雷锋日、六一儿童节、教师节、母亲节、国庆节、元旦、元宵节、端午节、重阳节、感恩节、中秋节……

9.阅读材料并完成相关任务。

很多了解中小学班主任工作难处的人说,中小学班主任是“在夹缝中生存,在崩溃边缘行走”。很多班主任说:“我最大的愿望就是下学期不再当班主任了!”一个普通中学的李老师告诉记者:“这么多年的班主任,我已经当怕了,每天像上满了弦一样,再不停下来我就要崩溃了。”

班主任究竟怎样当?如何摆脱老师管得雷厉风行,学生却是无动于衷;老师管得累,学生们觉得烦的情况?班主任怎样从“保姆型”转变为“朋友型”?

10.阅读材料并完成相关任务。

某校几名同学以“我市文化市场的现状及其调查”为课题开展课外活动。活动小组在确定了要访谈的报社主编以后,心里有一种说不出的兴奋。可当小组成员去采访那位主编,来到报社传达室,门卫却认为他们是“瞎捣乱”,拒之外。最后,同学们只好败兴而归,非常委屈地说:“白跑了一趟!门卫不让进,说‘瞎捣乱’。”

如果你是他们的班主任,你应该如何帮助学生去解决呢?并说明理由。

11.阅读材料并完成相关任务。

张老师是一位青年教师,工作热情非常高,他对学生的要求十分严格。他经常要求学生不要讲脏话;不要乱扔废纸……而这位教师讲课情急时常常“笨猪”“死脑子”不绝于耳;吸烟后,随手将烟蒂抛在课桌下面……教育后的班级会怎样呢?虽然张老师没少磨嘴皮子,没少用各种惩罚手段,但是班上说脏话、粗话大有人在,纸屑杂物随处可见。张老师百思不得其解。

请你帮助分析一下,张老师教育的班级为什么会产生这样的后果?作为一名班主任应怎样教育学生才能有良好的效果?

12. 阅读材料并完成相关任务。

于老师作为一名班主任,每天要管的事情实在太多,经常感到分身乏术,真希望有个助手能助一臂之力。有一天,于老师忽然想到,能不能让学生来代替自己这个老师行使班主任“职权”呢?于是她决定试试,经过认真考虑,选了平时在班上威信较高的郑莉莉做第一个“试验”对象。这使郑莉莉既感到骄傲,又感到了压力,她自然不敢有丝毫的松懈。在她的“任期”内,她从早自习到晚放学事事操心,俨然一个老师模样。对她的工作,于老师绝不插手。但是暗地里,却时时刻刻盯着,对她处理得很好或不当的地方都会找机会指出。她很快适应了角色,除了管理好日常班级工作外,还把每周的班会课主持得有声有色,把各种活动组织得生动有趣。接着,班里又产生了第二位、第三位……“班主任”。自从学生来当“班主任”的办法诞生后,在学校的各项评比中,班上获得“流动红旗”的次数越来越多,来自任课教师和家长的称赞也越来越多。

于老师让学生来当“代理班主任”体现出她怎样的教育思想?达到了怎样的良好效果?试用教育学基本原理加以分析。

阅读指南

1. 陈惠英．班主任对学生的激励与处罚[M]. 哈尔滨:北方文艺出版社,2008.

2. 杜松鹏．班主任新视野[M]. 北京:中国人事出版社, 2006.

3. 韩东才．班主任叙事:讲讲你的教育故事[M]. 广州:暨南大学出版社,2008.

4. 黄兰娟．班主任米兰和她的青春期学生[M]. 北京:中国林业出版社,2008.

5. 黄可国．班主任管理班干部的学问[M]. 哈尔滨:北方文艺出版社,2008.

6. 黄正平．班主任专业化论纲[M]. 南京:南京大学出版社,2009.

7. 蒋薇美．班主任心理辅导技巧[M]. 上海:上海教育出版社,2007.

8. 赖华強．班主任工作案例教程[M]. 广州:暨南大学出版社, 2008.

9. 李镇西．做最好的班主任[M]. 桂林:漓江出版社,2008.

10. 陆海富．班主任班级管理的艺术[M]. 哈尔滨:北方文艺出版社,2008.

11. 齐学红主编．今天,我们怎样做班主任——优秀班主任成长之路[M]. 上海:华东师范大学出版社,2006.

12. 乔建中．班主任德育理论与操作[M]. 南京:南京师范大学出版社, 2007.

13. 王一军,李伟平．班级活动设计与组织实施[M]. 北京:教育科学出版社,2007.

14. 魏茂盛．班主任应对班级偶发事件的技巧[M]. 哈尔滨:北方文艺出版社,

2008.

15. 魏书生. 班主任工作[M]. 沈阳:沈阳出版社,2005.

16. 杨连山. 班主任的100个怎么办[M]. 南京:江苏教育出版社,2006.

17. 俞劼. 班主任心理辅导基础[M]. 北京:教育科学出版社,2007.

18. 赵桂红. 班主任对学生的谈心与心理健康教育[M]. 哈尔滨:北方文艺出版社, 2008.

19. 赵凯. 班主任工作艺术论[M]. 南京:河海大学出版社, 2007.

20. 郑学志. 班主任工作新视角[M]. 长沙:湖南师范大学出版社, 2008.

第九章　心理沟通和辅导技能

学习目标

了解心理沟通和辅导的必要性；掌握心理沟通和辅导的主要内容及原则；认真学习和体会心理沟通和辅导的技巧。

第一节　心理沟通和辅导的内容与要求

长期以来，教师习惯于通过自己对学科知识的思考和研究，将其传递给学生，并以学生的学业成绩作为评价学生是否努力学习的依据。这种模式下，教师的良苦用心在很多时候得不到学生的理解和认可，而学生也常常觉得教师不理解和关心自己。教师和学生各自在困惑中前行，问题在于两者之间缺少恰当的心理沟通。

学生正处在身心发展的重要时期，随着生理、心理的发育和发展，竞争压力的增长，社会阅历的扩展及思维方式的变化，在学习、生活、人际交往和自我意识等方面可能会遇到或产生各种心理问题。有些问题如不能及时解决，将会对学生的健康成长产生不良的影响，严重的会使学生出现行为障碍或人格缺陷。学生的健康成长，不仅需要一个和谐宽松的良好环境，而且需要帮助他们掌握调控自我、发展自我的方法与能力。

一、心理沟通和辅导的必要性

教师作为学校教育工作最直接的承担者，与学生有着密切的接触和联系，把心理健康教育引入教育教学活动中，不仅是老师的职责所在，也是对每一位教师基本能力的要求。在课堂以及课余时间，教师除了要认真完成自身的教学任务，还应当关注和了解学生的内心世界，学会倾听学生的心声，对出现问题的学生进行及时的心理沟通和疏导，这对于教育教学工作有着重要意义。

青少年正处于心理发展的关键时期，既存在生理发育与心理发育的矛盾，又有心理结构内部各因素之间的矛盾，还受客观环境的影响，如果没有得到科学的引导与帮助，及时调节心理、释放情绪，压力就容易转化为心理问题，甚至可能发展成严重的心理疾病。因此，心理辅导日益受到各国政府和学校的重视，得到广泛推广。到20世纪末，世界上很多国家在开展心理辅导方面取得了许多成功的经验，心理辅导已形成比较繁荣的局面。

美国在学生心理辅导的理论研究、推广普及及管理方面一直处于世界前列。1937年，美国仅有1 297所高级中学聘请了2 286名专职心理辅导人员，到1960年，全美中小学已有专业心理辅导人员7.9万人。现在，多数州要求每300名学生应配备一名专职指导人员，他们一般由具有硕士学位及州政府颁发的从业证书的人员担任。美国有400多所高校设有辅导专业，大学成了心理辅导专业人员的培养基地。从组织来看，20世纪50年代美国人事与指导协会（APGA）的成立对学校心理发展有深远的影响，它把心理咨询、职业指导等诸多领域的心理学工作者组织起来，使全美心理辅导工作更有组织性。1953年，美国学校咨询协会加入APGA，APGA逐步发展成一个具有强大活力的专业学术组织，并制订了心理咨询硕士学位和博士学位的专业教育标准，使得美国心理学专业人员的培养更加科学化和标准化。1992年，美国学校咨询协会发表了《孩子是我们的未来，2000年的学校咨询》发展规划，这是美国学校心理辅导发展史上的又一重要事件。1993年，APGA更名为美国咨询和发展协会（AACD）。

在美国学校心理辅导的发展过程中，政府的参与是功不可没的。美国的一些州通过立法来支持学校心理辅导。这使得20世纪60年代学生心理辅导在美国出现了繁荣的局面。现代学生心理辅导在美国的兴起和发展对世界各国产生了广泛的影响，亚洲许多国家和地区的学生心理辅导也快速崛起。

从目前中国精神障碍患者的年龄结构上看，20岁左右的青少年约占

75%，这充分说明了关注我国青少年的心理健康迫在眉睫。大量研究数据表明，心理问题已经成为青少年学生发展的瓶颈，给其健康成长带来了严重的影响。

青少年大量心理问题的出现有着多方面的原因，其中缺乏心理辅导教师以及教师缺乏基本心理沟通技巧和辅导技能是非常重要的原因。学校现有教师很难满足众多学生和教师心理辅导的需要。心理辅导意识的缺乏及其条件的限制使得我国的心理健康教育处于一个比较低的水平，不能为有心理问题或即将有心理问题的学生提供专业的辅导。在现实条件下，我们有必要培养教师专业化的心理沟通与辅导能力，对学生进行专业的心理辅导工作。

二、心理沟通和辅导的主要内容

心理沟通和辅导是根据学生的生理和心理发展规律，运用有关心理教育方法和手段，引导和促进学生身心全面和谐发展和素质全面提高的教育活动。它是实施《面向21世纪教育振兴行动计划》，培养跨世纪高质量人才的重要保证。

心理辅导以心理沟通为基础，主要指为了实现教育及辅导目标，教师和学生进行的心理沟通行为。

(一)心理沟通

1.心理沟通的概念

心理沟通是人与人之间、人与群体之间思想与感情的传递和反馈的过程，以求思想达成一致和感情的通畅。心理沟通的目的在于使管理者能够更好地领导和影响下级，减少群体内部人与人之间不必要的误解和冲突，以便建立融洽的人际关系和形成团结互助的集体，提高成员的满足感和群体的内聚力。

在教育教学活动中，就是师生之间在心理上的互相容纳，即理解对方、接受对方，能互相信任、互相尊重。具体讲，就是学生能理解教师对他教育要求的合理性和正确性，乐意接受教师的教育指导和帮助，并转化为正确行动；教师能理解学生言行产生的背景，透析学生言行的真正动机，体谅其具体情境，知其所想。

在沟通过程中，教师要熟悉学生，关心学生的生活和学习，如教师发现学生身上的优点，及时给予恰当的鼓励或肯定，那么对学生的发展就会起积极作用，甚至影响其终生。

2. 师生心理沟通的功能

（1）心理沟通是教师和学生获取信息的手段。

（2）心理沟通是教师与学生交流思想与分享情感的工具。

（3）有效的心理沟通可以减少师生之间的冲突、改善师生关系。

（4）顺畅的心理沟通是满足师生需求、维持心理平衡的重要因素。

（5）师生之间积极的心理沟通还能协调班集体内行动，促进学习效率的提高与班级组织目标的实现。

有研究表明，在教育工作中有70%的错误是由于教师不善于沟通造成的。教师与学生的沟通不畅可能造成学生"师源性心理障碍"，其中一个主要原因就是教师对沟通重要性的忽视，以至于不了解师生沟通的真正内涵。教师要与学生良好沟通，其前提是教师要完善自己，超越自己，教师内心和谐，就能与教师职业、与同事、与学生以及家人建立和谐的人际关系，增强自我效能感，感受到做一名教师的幸福与快乐。

3. 师生沟通中常见的问题

"人与人之间的矛盾98%源于误会。"这个数字可能无从考究，但能说明认识偏差容易产生沟通障碍，总的说来，师生之间主要有以下这些常见的沟通问题。

（1）教师对学生不了解引起的沟通问题。师生之间的沟通，教师应该是主导者，但在实际工作中，教师常常把自己当做管理者、教育者，拿自己既定的想法和行为方式去影响学生，却忽视了与他们有极大心理差异的学生的思维方式和行为特点，出现沟通障碍。教师只有充分了解作为信息接受者的学生的原有知识结构、认知发展状态与个性特征，才能形成有效沟通。

（2）没有及时的、直接的沟通造成的沟通问题。有时候，师生之间因为沟通不及时、不直接，问题就会以消极情绪的方式体现在学生行为之中。教师可以利用丰富多彩的班级活动、书面交流、电话和网络媒体等形式，丰富沟通渠道，减少沟通障碍。

（3）教师的兴趣、价值观等与学生不一致引起的沟通问题。社会发展带来的变化是显著的，师生之间的兴趣和价值观常常形成很大差异，如果教师忽视了这种差异，就很难进行有效沟通。这需要教师提高自省的能力，善于积累(包括对学科知识的积累与对学生心理研究的知识和经验的积累)，不断增强对社会现实的分析和与时俱进的能力。

（二）心理辅导

1.心理辅导的概念

心理辅导是指心理辅导者与被辅导者之间建立一种具有咨询功能的融洽关系。教师帮助学生正确认识自己，接纳自己，进而欣赏自己，并克服成长中的障碍，改变自己的不良意识和倾向，充分发挥个人潜能，迈向自我现实的过程。

对学生来说，教师要了解其心智成长，排除学习、生活与人际关系中的问题及情感困扰，增强自信心，促进学生心理健康和人格健全发展。

2. 心理辅导的对象

学校教育工作中，心理辅导的对象主要有以下三大类：

（1）精神正常，但遇到了与心理有关的现实问题并请求帮助的人群。

（2）精神正常，但心理健康出现问题并请求帮助的人群。

（3）特殊对象，即临床治愈可正常参与社会活动的精神病患者。

针对辅导对象的心理特征，学校心理辅导的深度可以分为三级：一级辅导在班级，主要由班主任通过个别辅导或班级团体辅导来完成，主要针对第一类辅导对象进行；二级辅导在校园，由学校专业心理辅导老师来完成，主要针对第二类辅导对象进行；三级辅导在社会，由社会专职心理医生或青少年管教所等相应社会机构来完成特殊心理辅导工作，主要针对青少年犯罪、吸毒等严重问题或第三类特殊辅导对象。

对于普通教师，主要针对第一类辅导对象，其他两类情况，要注意分别及时转介。有学者提出，21世纪要求每一位教师都成为心理咨询师，这是提倡全体教育工作者学习和掌握一定的心理学知识、方法和技术，广泛参与心理健康教育工作，从完善自己出发，帮助青少年塑造健康人格，从而提高全民族的心理水平。在具体学校教育教学活动当中，教师需要把心理辅导工作系统化、分级化、完整化。

3. 心理辅导的具体形式

心理辅导的形式一般有个别辅导与团体辅导两种。个别辅导指教师通过人际沟通，对学生进行一对一帮助过程；团体心理辅导是在团体情境下提供心理帮助与指导的一种咨询形式。心理辅导的途径可以是：

（1）门诊咨询。在心理咨询室等学生上门咨询，可集中固定时间进行。

（2）书信咨询。通过书信交流形式进行心理辅导，其操作简单，运用方便，适合对自己的心理障碍有顾虑，比较胆小、怯懦的人群，这种咨询方式随时进行，及时回复。

（3）电话咨询。公布办公电话，与辅导对象通过电话进行沟通。

（4）专栏咨询。专栏咨询是结合实际，通过广播、报纸等形式对群体的典型心理辅导进行解答，这可充分调动辅导对象共同完成，其中广播则可根据实际随时进行。

（5）团体心理讲座。针对团体中存在的普遍问题进行当面集中指导和咨询。

（6）网络心理咨询。指以网络为媒介，运用各种心理学理论和方法，帮助当事人以恰当的方式解决其心理问题的过程。就目前而言，网络咨询服务方式主要包括即时聊天软件（QQ、微信）、电子邮件（E-mail）等个别或团体交谈等。

4. 心理辅导的内容

（1）学习辅导。学习辅导有广义与狭义之分。广义的学习辅导是对学生学习过程中发生的各种问题(如认知技能、知识障碍、动机，情绪等)进行辅导；狭义的学习辅导是对学生经历学习挫折和困难时产生的心理困扰和行为障碍进行辅导。从培养学生良好的心理素质意义上讲，广义学习辅导更具有积极意义，它符合学校心理辅导以发展性目标为主的精神。但是，学习辅导与家长请“家教”帮助孩子“补缺”或“加压”是完全不同的两个概念，和教师课后对学生进行辅导有区别，但后者是学习辅导的一小部分。学习辅导主要是对学生的学习技能、学习动机、学习情绪与学习习惯进行训练与辅导。

（2）人格辅导。人格是指个人对己、对人、对事方面的个性心理品质。它着重对学生的自我意识、情绪的自我调适、意志品质、人际交往与沟通，以及群体协作技能进行辅导，以培养学生良好的个性心理与社会适应能力。

（3）生活辅导。它主要是通过休闲辅导、消费辅导和日常生活技能辅导等，培养学生健康的生活情趣、乐观的生活态度和良好的生活技能。这对于学生将来获得幸福而充实的生活具有潜在的影响，同时对他们发展个性、增长才干、提高学习效率具有有力的迁移作用。

（4）职业辅导。升学与择业是人生发展的必然过程，是事关个人前途的重要事件。职业辅导是为学生未来的生活做准备的教育活动，旨在帮助学生在了解自己的能力、特长、兴趣和社会就职条件的基础上，确立自己的职业志向，进行职业的选择和准备，为今后顺利踏上社会打下良好的基础。

第二节　心理沟通和辅导的原则与技巧

一、心理沟通和辅导的原则

心理沟通和辅导是一项复杂的系统工程，具有较强的科学性、专业性和技术性。在开展心理沟通和辅导的过程中，教师必须采取科学的方法和态度，遵循学生心理沟通和辅导的基本原则。

1. 面向全体学生的原则

心理沟通和辅导是通过对学生的引导、指导、协助和服务，来促进学生的成长和发展。当我们对全体学生的沟通和辅导工作做得有成效时，学生的问题便会少发生或容易解决。因此，我们在制订沟通和辅导计划时要着眼于全体学生，确定心理沟通和辅导活动内容时要考虑大多数学生共同需要与普遍存在的问题，组织团体辅导活动时要创造条件，让尽可能多的学生参与其中，特别是要给那些内向、沉静、腼腆、害羞、表达能力差、不太引人注目的学生提供参与和表现的机会，使全体学生都得到有效的心理沟通和辅导。

2. 发展性原则

发展性原则是指在学生心理沟通和辅导过程中，教师要运用系统论的观点指导心理沟通和辅导工作，注重学生心理活动的有机联系和整体性，对学生心理问题做出全面考察和系统分析，防止和克服心理沟通和辅导工作中的片面性倾向。

学生心理沟通和辅导的目标是追求学生人格的整体性发展。因此，教师要树立学生全面发展的观念。不论从事哪一个领域的辅导，都要关注学生人格的发展和身心素质的全面提高。进行学习心理辅导，重点不在于知识的获得，而在于促进学生学习态度、学习习惯、学习方法的改变，帮助学生增强学习自信心，享受学习的乐趣。教师不要把学生心理沟通和辅导变为简单的说教。心理沟通和辅导涉及学生知识、社会技能、情感、态度和价值观等方面的学习与培养，而不仅仅是让学生知道大道理。因此，开展形式多样的心理沟通和辅导活动就显得十分必要。

3. 尊重与理解学生的原则

尊重与理解是心理沟通和辅导过程中对待学生态度应该遵循的基本原则。尊重，就是尊重学生的人格与尊严，尊重每个学生平等的权利。理解，则要求教师以平等的态度，按学生的所思所想、所作所为、所感受的本来面目去了解学生。做到了尊重和理解，师生之间达到心灵沟通，从而产生一种“遇到自己人”的感觉。只有教师尊重学生时，学生才会尊重自己，珍惜自己的成绩和进步，体验做人的尊严感，而自尊、自重、自信正是健全人格的重要特征，是心理沟通和辅导追求的重要目标之一。学生如果被教师尊重和理解，就会信任教师，愿意向教师倾吐内心的思虑、惶恐、苦闷。这种良好的师生关系，是心理辅导获得成效的基本条件。

建立平等尊重的咨访、接谈关系，是心理沟通和辅导能否取得成效的前提和基础。首先要尊重来访学生的人格和身份，形成良好的信任和依赖关系，这是取得圆满咨询结果的重要保证。老师要理解角色差异，善于换位思考，对学生进行心理辅导，要出自真诚的理解，体现老师对学生的爱心和人文关怀，做到一视同仁，人格平等，以此作为心理辅导取得积极效果的根本出发点。

贯彻这一原则注意以下三点：

（1）尊重学生个人的尊严，以平等的、民主的态度对待学生。在教育教学过程中，教师不能居高临下训斥学生，不能羞辱、挖苦、讽刺学生，不能用粗暴的强制性手段解决学生身上的问题。不论学生在谈话中反映出怎样的消极、不好听的话，教师都要尊重他、接纳他，认真倾听他的诉说，设想他的内心感受。

（2）尊重学生的选择。辅导教师要承认每个学生是自主的，具有抉择的能力和做决定的权利。教师不能强迫学生选择什么，只是向学生提供资料和建议，提供认知前提，使学生对自己的选择承担责任。

（3）运用同感的态度和技术加深对受辅导学生的理解。在同学生谈话中，教师不但要理解学生明确表达出来的思想和感受,而且要觉察学生故意回避，或以隐喻形式透露出来的深层含义，“透过受辅学生的眼睛看世界”，要在辅导中把这种理解反馈给学生,使学生感受到教师对他的尊重、理解和接纳,从而抛开心理上的防范，对自己的内心世界做更自由的、深入的探索。

4.学生主体性原则

我们在心理沟通和辅导中要尊重学生的主体地位。这是因为心理沟通和辅导促进学生成长与发展，而成长与发展从根本上说是一种自觉的和主动的过程。心理沟通和辅导是一种助人自助的过程。“助人”只是手段，让学生“自助”才是目的，目标是发展学生自我理解与自我指导的能力。青少年时期是学生自我意识、独立倾向快速发展时期，学生渴望通过自己独立思考与主动探索解决面临的问题，此时他们对外界的压力和成人的过度保护往往表示反感。在沟通和辅导中充分发挥学生主体作用，使学生形成独立个性的需要得到满足。贯彻学生主体性原则应考虑到以下几个方面：

（1）要以学生需要为出发点。心理沟通和辅导不以讲道理为目的，应充分考虑学生的需要，围绕学生关心的实际问题来进行。

（2）尊重学生主体地位，鼓励学生“唱主角”。在沟通和辅导过程中要鼓励学生发表看法、宣泄情感、探索解决问题的办法。在与学生沟通的过程中，作为协助者，教师应避免使用命令式、灌输式的口吻，宜用鼓励性、商量式的语气说话。

（3）开展活动是心理沟通和辅导的基本形式。因为活动可以吸引更多学生参加，可以满足学生自我表现的欲望；使学生进入特定情境，有更充分的情感投入。

5.差异性原则

重视学生个别差异，强调对学生的个别化对待，是心理沟通和辅导的精髓。贯彻个别化对待原则，应考虑到注意以下四点：

(1) 注意对学生个别差异的了解。教师不但要了解学生的共性，更要注重了解学生的个别性、差异性；通过面对面的接触来真正了解一个学生，恰当处理学生的害羞、自卑、防卫心理带来的沟通障碍。

(2) 对不同学生实行区别对待。心理沟通和辅导是一种颇具弹性的助人活动方式。我们要充分考虑学生的年龄特征、性别特征、个性特征，灵活应用心理辅导的通用原理，找出适合每个学生的处置方法，才能做到事半功倍。

(3) 认真做好个案研究。个案研究是一种重视学生个别差异的辅导方法。对象是单个学生，通常是特殊学生。开展个案研究，积累个案资料，有利于深入探索个别化教育的经验，提高个别沟通和辅导的实效。

(4) 制定个别化对待的特殊目标。个别化对待的特殊目标是针对个别学生的特殊问题，根据心理沟通和辅导过程中特定的要求所确定不同层次的具体目标。

6. 诚信保密的原则

严格保密和坚守诚信，是维护心理沟通和辅导工作信誉以及心理沟通和辅导工作的第一需要，这是能否有效进行沟通和辅导的根本性问题。必须做到为来访学生保守秘密，尊重个人隐私，这是每一个辅导老师的基本职业道德，也是义不容辞的职责。

7. 灵活性的原则

心理沟通和辅导工作是一个需要双方互动互促的过程，外因是变化的条件，内因才是变化的根据。坚持咨询原则的同时，要灵活地应用各种辅导理论、相关知识、疏导方法、沟通艺术；利用电话、网络、书信、面对面等多种方式，以达到心理沟通和辅导效果最大化。

8. 实效性的原则

心理沟通和辅导的根本出发点和落脚点是“面向全体学生，实施和谐教育，为学生成长奠基，为学生发展服务”。要注重实效，不断提高工作水平，发挥影响力。使心理沟通和辅导成为与学生交流思想的载体，成为学生倾诉成长烦恼与困惑和表达心语私话的“心灵港湾”，进行情绪释放和心理调适的“心居广场”。

信息窗9-1

教师应知道的几种心理效应

1."皮格马利翁效应"——给学生以鼓励

美国著名心理学家罗森塔尔曾做过一个实验:在一所小学,煞有介事地对所有学生进行智能测验,然后把几个名单给了教师,说这是"新近开的花朵",会很有潜力。8个月后再次测试的情况是:名单上的这几个学生不但成绩提高很快,而且性格开朗,求知欲望强,与教师感情特别深厚。其实,先前的测验所得的"名单"只是罗森塔尔随意拟定的。罗森塔尔借用希腊神话中一个王子的名字,将这个实验命名为"皮格马利翁效应"。传说皮格马利翁爱上了一座少女雕像,在他热诚的期望下,塑像变成了活人,于是皮格马利翁与之结为夫妻。给学生以鼓励,就是给学生的学习、成长注入一针兴奋剂:学生会像沐浴着一片阳光,因为教师给了他目标,给了他信心,更给了他自尊、自爱、自信与自强。

2."霍桑效应"——让学生尽情地"说"

在美国芝加哥郊外的霍桑工厂是一个制造电话交换机的工厂,有较完善的娱乐设施、医疗制度和养老金制度等,但工人们仍愤愤不平,生产状况也很不理想。后来,由心理学专家专门对其进行了一项试验,即用两年时间,专家们找工人个别谈话两万余人次,规定在谈话过程中,要耐心倾听工人对厂方的各种意见和不满。这一"谈话试验"收到了意想不到的结果:霍桑工厂的产值大幅度提高。

学生在学习、成长的过程中难免有困惑或者不满,但又不能充分地表达出来。作为教师,就要耐心地引导学生尽情地"说",说出自己生活、学习中的困惑,说说自己对老师、对同学或者对班级工作、学校管理的不满。学生在"说"过之后,会有一种发泄式的满足,他们自己会感到轻松、舒畅。如果他们的困惑得到解除,所有的问题得到解决,提出的建议得到采纳,他们在学习中就会更努力。

二、心理沟通和辅导的技巧

想要影响学生，教师首先要改变自己，只有教师自身的态度、想法和做法是健康合理的，才有可能去影响学生的态度、想法和做法。因此，教师要勤练“内功”，学会与自己沟通，为自己辅导，探索自己成长的历程，而从中去找到解决问题的方法。教师本人具有健康的心理、完善的人格，那么教师的自我展示本身就具有教育意义，由健康的教师集体组成的校园人文环境就是一个大的“隐性课堂”，所以这里首先介绍教师保持心理健康的技巧。

(一)教师自身心理健康的维护

1. 让积极心理代替消极心理

对教师来说，需要清理并转化的消极心理有否认、恐惧、猜疑、嫉妒、不可能、做不到、我不够好等，所有这些都只是一个念头，当我们想到前面的负面词语，就产生紧张、焦虑、压抑，就会伤害到自己，同时会伤害到他人。因此，需要用积极心理代替这些消极心理。

2. 正确地认识自我

教师是教育和培养人的职业，但他们的工作又必须接受许多人直接或间接的检查和监督，如学生、校长、家长、教育行政机构等，甚至整个社会。对于教师应该怎么做，应该是什么样的人，他们都有自己不同的观念和想法，教师自己心里也有“一杆秤”，随时随地都在监督自己的工作，甚至比别人更严格、更苛刻。因此，教师如果不能正确的认识自我，恐难客观地对待自己的工作。

自我概念是个人心目中对自己的印象，包括对自己身体、能力、性格、态度、思想等方面的认识，是一系列态度、信念和价值标准所组成的有组织的认知结构，把一个人的各种习惯、能力、观念、思想和情感组织联结在一起，贯穿经验和行为的一切方面。个体只有树立正确而稳定的自我概念，才能正确认识自己，客观评价自己，合理要求自己，了解并愉悦地接受自己的优点和缺点,不给自己设定高不可攀的目标。同时，个体因为对自己更加了解，由己及人，也就能够客观地评价别人，接纳并理解别人的错误和缺点，对世事中的不平、不满、不尽善尽美之处能处之泰然。教师应该树立正确而且稳定的自我概念，这种心态对保持心理健康是非常有利的。

3. 正确认识和对待失败

自我维护心理健康的能力包括很多，如角色调整的能力，从职业中获得满足和乐趣的能力，免于患上神经过敏性焦虑的能力。而教师对失败的看法是自我维护心理健康能力的中心因素。

正因为教师是心理上“开放”的职业，失败和过错发生的几率就特别大。人无完人，每个人都会犯错，每个人都会有失败的经历，关键是看怎么去认识和对待自己的失败。如果能从失败中吸取教训、总结经验，失败就是成功之母。

4. 换个角度想问题

教师是无法满足别人以及自己的所有要求的。很多时候，这种失败实际上只是教师个人主观上体验到的挫折，不一定是客观的。教师有时可以改变思维方式，换个角度考虑问题。例如，许多教师或许因为班上某个学生的品行不良而受到学校的处分。其实，教师不必因此而过分内疚自责，正如教育心理学家张春兴所言，有些学生问题的“病因根植于家庭，病象显现于学校，病情恶化于社会”，并非仅仅是教育失当那么简单的事，而是有多方面的原因的，教师只要尽到了责任，就可以问心无愧。

5. 情绪调适

情绪调适指个体对自身情绪状态的主动影响。这里主要讲教师在学生面前应控制自己的消极情绪，不把挫折感带进教室，更不要发泄在学生身上。如果教师因为自己遇到挫折而烦躁，斥责学生，他们是能够意识到的。最后，学生不仅不愿再尊重教师，听教师的话，还可能会报复教师。

情绪调适的方法可以从两个方面入手：从认识上分析造成不良情绪的原因，看自己的反应是否合理、是否适度；从情绪本身控制可能发生的冲动行为，采用合理或间接手段适当疏导。等待自己能心平气和地冷静处理问题时再批评学生，防止过激言行。如果调整得法，可以化消极被动情绪为积极主动的建设性行动，也就是精神分析所说的升华。

如果不良情绪积蓄过多，得不到适当的宣泄，容易造成心身的紧张状态。这种紧张持续时间过长或强度过高，还可能造成心身疾病。因此，教师应该选择合适的时候、合理的方式宣泄自己的情绪。情绪的宣泄可以从“身”“心”两个方面着手。“心”方面如在适当的环境下放声大哭或大笑，对亲近和信任的朋友或亲人倾诉衷肠，给自己写信或写日记；“身”方面如剧烈的体力劳动、纵情高歌等。

6. 心理补偿

如果教师觉得在学校中无法获得心理上的成就感和满足感，可以试着在教室以外寻求成就感。培养一项有创造性的爱好，如艺术、写作等，个体能够随这些爱好的深入而体验到满足。

7. 角色学习

角色学习是预防焦虑的途径之一。当多种角色发生冲突时，教师就不容易把握自己，烦躁心理状态就容易产生。事实上，教师适应职业生涯的主要问题就是学会扮演好合适的角色。在新教师刚参加工作时，几乎把时间都花在教师这个新角色的学习上。当教师开始觉得他所扮演的这些角色有效而且合适时，许多问题就会迎刃而解，焦虑感就会减低。因为这时，即使面对在教学工作中不得不面对的各种情况时，教师也知道该做什么，该如何要求自己，如何要求学生。新教师的许多焦虑之所以会产生，大多是因为他们不能预料将发生的事，更不知道如何处理。通过职业角色学习，可以减轻或消除教学情境的这些不确定因素和难预测性。

8. 同行交流

与其他教师进行讨论交流是寻求解决问题的有效途径，也是减轻压力和烦恼的好办法。人们往往都有这样一个错误的观念，认为一个优秀的教师应该是无所不能的。所以，许多教师在遇到困难的时候，情愿压抑自己的情绪，在强烈的心理压力下继续工作，也不愿与其他人讨论问题或是寻求帮助。他们害怕（有时这种害怕也不是全无道理）承认自己在教学中有困难，教学工作有待改进就等于承认自己能力不够或教学失败。

其实，每个人在工作中都会有困难，没有人是样样精通、无所不能的。与同事交流讨论不仅是解决问题、增加工作经验的好方法，而且也是获得所需支持的重要途径。

9. 体育锻炼

身体健康能促进心理健康，因此坚持体育锻炼，增强体质，预防生理疾病也是维护心理健康的好方法。但是，教师在体育锻炼时应注意量的问题，不要适得其反，因疲劳而影响正常的工作和学习。

10. 和谐家庭建设

美满的家庭，幸福的婚姻，能促进个体健康人格的形成与发展，能在个体遇到困难时给予鼓励和帮助，缓减个体的心理压力。教师应努力营建一个幸福和谐的家庭。在工作中遇到困扰、受到压力的教师如果回到家中能感受到家庭的温馨，在工作中本应体验到而没有体验到的满足感就能够在家庭中得到弥补。没有家庭理解和支持的教师很难在工作之外获得情感上的舒缓和心理上的安慰，因而很容易产生孤独、忧郁等消极情绪，不利于心理健康。

11. 寻求专业帮助

寻求专业帮助是指教师在有心理问题时应寻求心理咨询或心理治疗。专业的心理咨询能提高教师的理解力，使他们和学生、同事一起工作得更好。杰西德等曾对来自小学、中学和大学的111名接受过心理咨询的教师进行了调查，以研究心理咨询对教师的工作和生活的影响。结果表明，95%的教师认为心理咨询使他们能更好地理解学生；89%的教师认为心理咨询使他们有更大心理承受力去接受那些有敌对、愠怒、反叛情绪的学生，并能更好地教育他们；73%的教师认为心理咨询提高了他们走近那些畏缩、难以接近的学生的能力。接受调查的教师还说心理咨询使他们更喜欢自己的同事和伙伴，更喜欢本职工作。89%的教师指出，心理咨询使他们在帮助学生处理个人问题时能更好地判断什么该做、什么不该做。

随着社会的发展，越来越多的人认识到心理咨询的社会意义，求助于心理咨询的教师是诚实、有勇气、愿意进步和发展的教师。一个被心理问题所困扰的教师硬撑着低效率地工作是没有任何意义的，其结果很有可能是教师把他的消极情绪投射到所教的学生身上，给学生的心理造成不良影响。

（二）与学生心理沟通的技巧

教师和学生之间有着不同的成长环境和生活经历，对自己认知的程度和水平也不相同。在社会中扮演的角色也不一样，两者的社会知觉存在很大差异。在沟通过程中常常会存在误解，导致师生之间的沟通出现障碍。

师生之间如果出现沟通障碍，势必会影响教育的效果，无法达到育人的目的。所以，寻找破解师生之间沟通障碍的解决对策至关重要。

沟通的技巧因人、因时、因地、因情境的变化而有所区别。

1. 倾听

教师要学会专心、耐心地听学生讲话，这是最基本的一条。没有真正的倾听就不会有信任，学生就不会把自己的心里话和内心感受告诉教师。倾听本身就表示我们对对方的理解和尊重，很多学生对这个问题是非常敏感的。如果能倾听学生讲话，就等于给他一个良性的刺激，引起他说话的兴趣，加强说话的动力，学生就愿意把心里话说出来。

2. 肯定

不论学生的感受是什么，只要这种感受对学生而言是真实的，我们就必须加以肯定。如果老师习惯于对学生的想法予以否定，就会使学生在心理上形成防御，如果学生得到了我们的肯定，就会愿意进一步交流下去。

3. 澄清

澄清就是搞清楚学生每句话的实际内容和说话的目的，这是有效沟通所必需的。由于种种原因，学生可能在交流沟通时带有言外之意。例如，学生对老师说："我头有点晕。"晕是学生的感受，但实际目的是让老师允许他休息。教师如果不清楚这一点，就无法与学生进行真正的心理沟通。

4. 善于提问

一般地讲，提问有两种形式：一种是开放式的，另一种是封闭式的。封闭式的提问就是只允许回答"是""不是"。教师可以使用封闭式的提问，目的是要将问题确定清楚。但在与学生沟通时，除了特殊情况之外，应尽可能少用封闭式的提问。因为封闭式的提问容易使学生处于被动，容易让学生感到是在受审问，不能发挥学生的主动性。

开放式的提问就是允许学生自由地发表意见。学生可以把自己的想法详细地告诉教师，也可以由学生自己决定说什么不说什么，什么事情说得详细，什么事情说得简单一点，可以自己选择谈话的重点。

5. 复述

教师把学生说的话在不改变学生说话的意图和目的前提下用自己的语言加以复述，使学生感觉到自己的话被老师重视了，就会产生继续说话的动力。例如，学生说："我妈妈不理解我，她只在乎我的成绩，根本不关心我的想法。"教师可以回应说："哦，你是说妈妈不太理解你？"学生就会进一步说明自己的心理状态。

复述是否正确，在于能否得到对方的首肯。复述的目的和有效性就在于能促进谈话由消极的抱怨变成积极的需要，并采取积极的态度去满足这种需要，同时打开了进一步沟通的门户。

6. 自我暴露

这种方法可以促进沟通。例如，学生对异性产生爱慕的心理，影响自己的学习和生活秩序，内心特别需要有人交流，但往往又不好意思说出来。老师就可以出来现身说法，“我像你这个年龄的时候，看到喜欢的女生，就控制不住想多看几眼，甚至心理总想着她”。这就是现身说法，这说明一定的年龄心理有共同性，就有可能解除学生精神上的压力。自我暴露能够促进学生对自己的理解。学生可能就会想，既然老师过去都有过这方面的经验，我现在的年龄比你们那时的年龄还要小，就更不足为奇了。这样一来，学生就能够敞开胸怀，比较自由地表达自己。

7. 启发和鼓励

启发和鼓励学生讲话有直接的方法和间接的方法。所谓间接的方法就是借题发挥，如老师与学生共同活动中引起的谈话，这是间接方法。所谓直接方法就是现在发生了什么事情，就借这个事情展开讨论，尽量让学生讲话，启发学生提高语言表达能力，帮助学生解决一些心理问题。

8. 创设机会

有意识地创设与学生沟通交流的条件和机会，办法是多种多样的。例如，鼓励对自己经历的事情，写一篇感想，然后一起讨论，彼此交流；将自己的手机号码、QQ号、邮箱地址等提供给学生，方便学生以间接的渠道与老师交流。总之，我们要创造一种轻松愉快、彼此比较平等自在的交流沟通环境。

9. 发挥语言的魅力

（1）幽默。它是人际关系中必不可少的“润滑剂”，人们都喜欢幽默的交谈者，喜欢听幽默的话语。具有幽默感的教师一走进学生中间，学生就会感到快乐，沟通也就顺畅了。

（2）委婉。在向学生表达一些否定性意见时，如果教师能使用委婉的技巧，就会使学生更容易愉快地接受。

（3）含蓄。含蓄是教师高雅、有修养的表现，也经常表示出一种对学生的尊重。

（4）反语。师生沟通中，教师有时为了更好地表达目的，口头说出的意思和自己的真实意思恰恰相反，却反而能成功。例如，班上不少男生最近开始迷上了抽烟，在一次班会上，老师并不点抽烟学生的名，只是说了这样一席话：“今天给大家讲讲吸烟的好处。第一大好处是吸烟引起咳嗽，夜半尤剧，可以吓跑小偷；第二大好处是咳嗽导致驼背，可以节省布料……”这种诙谐的反语暗示了吸烟的害处，使学生在笑声中感受和理解了老师的用意。

(三)心理辅导活动的技巧

1.心理指导法

老师以心理科学的理论为指导，对学生进行引导。心理指导法和德育工作中的说理教育法相似但不相同，德育中的说理教育法，是通过摆事实讲道理，以提高学生的思想认识，规范学生的行为。心理指导是突出了心理理论指导的特点，强调论心理之理，通过心理理论的科普教育，提高学生的心理认识水平，从而自觉地规范自己的行为。心理指导法的运用，重要的是要把心理科学的真理性转化为说理的力量，使学生心悦诚服，运用心理理论说服人，要力求说得生动透彻，还要注意因人施理。

2.心灵陶冶法

心灵陶冶法是指教师通过师爱和创造各种富有情感教育的因素以陶冶学生心灵的方法。心灵陶冶方法是一种具有心理暗示效应的教育方法。在心理辅导过程中，学会运用心灵陶冶法是很有效果的，要用好这个方法，重要的是教师要善于发现并且创造具有心灵陶冶作用的主导诱因。这种主导诱因包括两个方面，即教师的情感作用和为学生有意识地创造陶冶情境。

3.心理激励法

心理激励法是指教师用一个具体的奋斗目标鼓舞和激励学生，使之采取积极的行动，向期望的目标发展。这种方法强调的是建立心理目标并运用一些心理的促进力量使学生积极去达标。在心理辅导中运用这种方法，既可以对集体进行，也可以对个人使用。

4.反“马太效应”的方法

在教育工作中，常遇到这样的情况，师生间的感情冷漠，甚至带有某种敌意，总把教师的话往坏处想，学生间的关系也不和谐，老师喜欢的学生，同学却不喜欢，在班里受到冷落。这种不融洽的师生关系会影响教师发挥教育主导作用，也会使受教育者的进步受到影响。处理这类问题，矛盾的主要方面在教师，造成这类问题的原因往往与教师对学生的态度有关，如教师有意无意地对某些学生偏爱，对其他学生忽视，对不同的学生表现出不同的谈话热情，都会影响到师生关系和同学关系。处理这类问题，一个很重要的入手点是解除学生的感情 “冰块”。在心理学中，有一种“马太效应”的说法，我们可反其道而行，运用反“马太效应”的方法，解决情绪消极学生的心理问题。

5.心理控制法

运用巧妙的语言力量，达到对人心理进行控制的目的，这是心理控制方法所具有的特点。所谓心理控制方法是指教师在掌握了人的心理活动规律的基础上，对心理活动的强度、性质以及表现形态进行管理和约束。心理控制的实现是一个由他控制向自控制转化发展的过程。在学校教育工作中，教师要不断施控于学生，学生是受控者。教师要善于利用语言和行为的力量，对学生的心理实施控制。

6.心理训练法

心理训练的方法是指通过有目的的心理练习，对学生进行有意识的影响，使其心理状态发生变化，以达到适宜的心理程度，满足提高心理水平，增强身心健康需要的教育手段。心理训练作为学校心理健康教育的一种方法，与心理咨询不同的是，心理咨询要求学生自己上门求助，是等候式的被动教育，而心理训练是主动“出击”。心理训练变只是等待问题发生后去补救为主动地预防心理问题的发生，其宗旨是提高学生的心理品质，预防心理偏差的产生，使学生以良好的心理素质，经受住困难和挫折的考验。搞好心理训练不仅可以预防学生心理疾病的产生， 同时还可以激发学生的各种心理潜能，提高学生的心理素质。

信息窗9–2

上海市中小学心理辅导协会理论部主任、徐汇区教育学院高级教师姚鑫山，总结出心理辅导的12种方法：

1. 聆听法

聆听法是指教师认真、耐心地倾听学生诉说的技巧，包括耳闻与目睹。耳闻即用耳听，目睹即观察学生的体态语言，从而听出学生的心声。教师在与学生的交谈中，主要是听，而不是说；教师与学生之间不是师生关系，而是朋友关系。教师对学生要平等相处，热情接待。要做到这一点必须会听。交谈时老师与学生需保持适当的距离，这个距离是一种心理距离，应因人而异，因时而异。听学生讲话时，教师既不能一直盯着人家，也不能一直不看人家。在听的过程中，教师要不时有简短的鼓励对方讲下去的反应，如“嗯”，“是这样吗？”等，表示自己是在关注他的讲话。在听对方的讲话时，教师自己的情感和体态语言也要与对方相适应。如对方高兴，教师要表示喜悦；对方悲伤，教师要表示沉重。在聆听时，教师的身体要微微前倾，并不时适当地点头。总之，聆听法的关键是用心听。

2. 移情法

移情的意思是能体验他人的精神世界，就好像是自己的精神世界一样，来理解和分担学生的各种精神负荷。如一个学生谈到自己在班里当众受辱一事时说：“我当时气极了，真想拿马刀把他捅死，我也不想活了。”老师则可以说：“在当时的情况下，你的这种心情是可以理解的，你是不是感到这件事对你的伤害太大了？”

3. 认知法

认知法又称ABCDE理论，它是指发生了事件A，由于有B的想法，便产生了心理障碍的后果C。如果通过心理辅导，将B的想法改为为D(新的想法)，就会有E这个新的后果，C这个心理障碍就消除了。这种改变认知结构的方法，就是认知法。这个方法也可以称为“说明开导”法，接近于日常的个别思想教育。

4. 移置法

移置法是指一个人的一种奋斗目标惨遭失败，心理上受到了严重伤害，如能将其奋斗目标加以转移，从而改变其痛苦的方法。如孔子仕途生涯屡遭失败而作《春秋》，司马迁受宫刑而著《史记》，张海迪高位截瘫而刻苦自学等。如学生因考试失误而痛苦不堪，老师就可移置其奋斗目标，可以建议学生做其他选择。

5. 暗示法

暗示是一种常见的、奇妙的心理现象，人们可以通过它把病治好，也可以因为它而无病生起病来。这就是积极暗示和消极暗示。暗示法指老师通过自己的语言或行为，让学生接受积极的暗示，治好心病的方法。暗示法对增强自信心，克服考试焦虑、比赛怯场、自卑心理等有很好的作用，其关键是学生要相信这种暗示，否则收效甚微。

6. 松弛法

松弛法是指在暗示的作用下，使人的全身肌肉从头到脚逐步放松的方法，顺序为几句语言表达的公式：①我非常安静；②我的右(左)手或脚感到很沉重；③我的左(右)手或脚感到很暖和；④我的心跳得很平稳、有力；⑤我的呼吸非常轻松；⑥我的腹腔感到很暖和；⑦我的前额凉丝丝的很舒服。这个公式最早是由德国精神病学家舒尔茨提出的，以后各国心理学家根据这个公式，编制了放松训练的指导和暗示语，制成录音带让学生进行松弛。一般一次20分钟左右，一个疗程为10天。经过训练后，学生掌握了这套松弛技术，会迅速使自己的肌肉松弛下来，血压会降低，心率会放慢。除了这种方法以外，也可以用深呼吸或冥想的方法使人放松。冥想就是让学生回忆起自己经历过的最愉快的一件事的经过，越具体形象越好。运用松弛法要有一个安静的环境。放松前，人要坐或躺得舒服，注意力集中，排除杂念，呼吸平稳，入静。此法对因紧张而引起的各种焦虑以及恐慌尤为有效，还可改善人的记忆力，提高学习能力。这个方法通常与系统脱敏法结合起来使用。

7. 系统脱敏法

系统脱敏法是指有步骤地、由弱到强地逐步适应某种引起过敏反应的刺激源的方法。如克服考试焦虑，可将引起学生过敏刺激的过程分解成若干阶段：①考试当天走出家门；②离学校还有100米；③离校还有50米；④离校还有10米；⑤跨进校门；⑥进入走廊；⑦走进教室；⑧入座；⑨考试铃响；⑩拿到试卷。依次做好10张卡片，编好号。系统脱敏时，先拿出第一张卡（考试当天走出家门），想象当时的情景，心里有些紧张，就接着做松弛练习，放松全身肌肉。放松后，再拿起这张卡片，如再紧张，再进行放松，直到不紧张了，才做下面一张卡片，依次类推。直到10张卡片都做完了，考试焦虑也就消除了。这个过程不是一天两天的事，一般一天最多做一张卡片，不可心急。做后面的卡片要重做前面的卡片，一直做到想象考试的情境时不再紧张为止。

8. 厌恶法

厌恶法是使外界刺激与学生的不良行为之间建立起密切的条件反射，这主要用于解决那种有社会危害性的心理障碍，如性变态。老师可指导学生，当自己一有“坏”念头时，就用橡皮筋弹痛自己的大拇指，使“坏”念头与手指的疼痛建立起条件反射：一有“坏”念头，就感到手痛，以此来戒除恶习。这种方法，一定要在学生本人有克服这个心理障碍的迫切愿望时才能进行。

9. 疏泄法

疏泄法是指将沉郁在人体内的种种不愉快感受排出体外的心理过程。疏泄法有以下几种：一是让其痛哭一场。现代医学研究成果表明，哭不仅可以减轻心理的悲痛情绪，还有利于人的生理健康。有人碰到悲伤哭不起来，可建议他看悲伤的小说或影视节目，帮助他把眼泪排泄出来。二是向知心好友诉说自己的烦恼或悲痛。第三，可向报刊或自己信任的有关机构写信，以疏泄自己心中的不快。

10. 领悟法

领悟法又称认知领悟疗法，是中国式的精神分析方法，由钟友彬等创立。钟友彬认为，成年人产生神经症的根源不在现在，而在于幼年时无意识的创伤体验，如父母离异、缺少母爱、各种躯体病痛和灾难、体罚、严重的情绪刺激、剧烈的惊吓等，由此产生的焦虑为初级焦虑。成年人处在困境中或受到严重的心理创伤而产生的焦虑，为次级焦虑。次级焦虑经过心理机制的加工被变成种种神经性的症状，但当事人本身并未意识到。所谓领悟，就是通过当事人对病因的回忆和老师的解释，使当事人醒悟到发病的根源，从而治好他的心病。

11. 激励法

激励法是指激发一个追求某些既定目标的愿意程度的技术，包括激发动机、鼓励行为、形成动力等因素。老师要密切注意学生身上的闪光点，要肯定这个闪光点，鼓励它燃烧起来，以挖掘学生的心理潜能。激励要讲究方法，它要求老师要有敏锐的观察力、明确的目标、诚恳的态度和娴熟的技巧。激发对方的自尊心和自信心是此法的关键，要做到这一点，就要唤起被激励者的成功经验和对成功的向往，并创造条件让其成功。

12. 突破法

心理上的突破法是指人类为创造成功的人生调整不健康的心理防御机制的措施和技术，其目的是建立新的适合自己健康发展的心理机制。

（四）心理辅导活动的设计步骤

心理辅导活动的设计步骤主要包括：心理辅导活动设计的理论依据，心理辅导活动目的，心理辅导活动形式与活动流程，心理辅导活动的准备工作要点，心理辅导活动的内容，心理辅导活动的总结。

（五）心理测验

心理沟通和辅导的有效性，还取决于教师对学生心理特征的准确了解程度，心理测验可以作为参考，帮助教师了解学生，也帮助学生了解自己。教师在对学生进行心理辅导的过程中，可借助于一些信度和效度较高的心理测验量表，来了解学生的心理倾向性和心理问题，这样可以取得事倍功半的效果。常用的心理测量量表有以下几种：

1.SCL—90症状自评量表

症状自评量表(简称SCL—90)有90个评定项目，每个项目分五级评分，包含了比较广泛的精神病症状学内容，从感觉、情感、思维、意识、行为直至生活习惯、人际关系、饮食等均有涉及，能准确刻画被试的自觉症状，能较好地反映被试的问题及其严重程度和变化，是心理咨询门诊中应用最多的一种自评量表。该量表适用对象为16岁以上的被试，从十个方面来测查心理健康程度。

（1）躯体化因子：该因子主要反映主观的身体不适感，包括心血管、肠胃道、呼吸系统不适和头痛、背痛、肌肉酸痛以及焦虑的其他躯体表现。

（2）强迫症状：该因子主要指那种明知没有必要，但又无法摆脱的无意义的思想、冲动、行为等表现，还有一些比较一般的感知障碍(如脑子变空了、记忆力不行等)也在这一因子中反映。

（3）人际关系敏感：该因子主要是反映某些个人不自在感与自卑感，尤其是在与其他人相比较时更为突出。自卑感、懊丧以及人事关系明显相处不好的人，会在这一因子得高分。

（4）忧郁因子：反映的是临床上与忧郁症状群相联系的广泛的概念。忧郁苦闷的感情和心境是代表性症状，它还以对生活的兴趣减退，缺乏活动的愿望、丧失活动力等为特征，包括失望、悲观、与忧郁相联系的其他感知及躯体方面的问题。

（5）焦虑因子：包括一些通常临床上明显与焦虑症状相联系的症状与体验。一般指那些无法静息、神经过敏、紧张以及由此产生躯体症状(如震颤)。那种游离不定的焦虑及惊恐发作是本因子的主要内容，它还包括有一个反映“解体”的项目。

（6）敌对因子：主要以三方面来反映病人的敌对表现、思想、感情及行为，包括从厌烦、争论、摔物直至争斗和不可抑制的冲动爆发等各个方面。

（7）恐怖因子：与传统的恐怖状态所反映的内容基本一致，恐惧的对象包括出门旅行、空旷场地、人群或公共场合及交通工具，此外还有反映社交恐怖的项目。

（8）偏执因子：偏执是一个十分复杂的概念，本因子只是包括了它的一些基本内容，主要是指思维方面，如投射性思维、敌对、猜疑、关系妄想、妄想、被动体验和夸大等。

（9）精神病性：其中有幻想、思维播散、被控制感、思维被插入等反映精神分裂症择定状项目。

（10）其他：该因子是反映睡眠及饮食情况的。

2.艾森克个性测验

艾森克人格问卷(简称EPQ)是英国伦敦大学心理系和精神病研究所艾森克教授编制的，他搜集了大量有关的非认知方面的特征，通过因素分析归纳出三个互相成正交的维度，从而提出决定人格的三个基本因素：内外向性(E)、神经质(又称情绪性)(N)和精神质(又称倔强、讲求实际)(P)，人们在这三方面的不同倾向和不同表现程度，便构成了不同的人格特征。艾森克人格问卷是目前医学、司法、教育和心理咨询等领域应用最为广泛的问卷之一。分儿童(7～15岁)及成人(16岁以上)两式，有男女的年龄常模。在我国已有EPQ的修订本，仍分儿童和成人两式，各式的项目由原版分别为97项和107项筛选成88项及88项。结果分析方法上发展了T分表和各维度的分级方法。

各量表的具体含义如下：

（1）内外向(E)：分数高表示人格外向，可能是好交际、渴望刺激和冒险，情感易于冲动。分数低表示人格内向，可能是好静，富于内省，除了亲密的朋友之外，对一般人缄默冷淡，不喜欢刺激，喜欢有秩序的生活方式，情绪比较稳定。

（2）神经质(N)：反映的是正常行为，与病症无关。分数高可能是焦虑、担心、常常郁郁不乐、忧心忡忡，有强烈的情绪反应，以至于出现不够理智的行为。

（3）精神质(P)：并非暗指精神病，它在所有人身上都存在，只是程度不同。但如果某人表现出明显程度，则容易发展成行为异常。分数高可能是孤独、不关心他人，难以适应外部环境，不近人情，感觉迟钝，与别人不友好，喜欢寻衅搅扰，喜欢干奇特的事情，并且不顾危险。

（4）掩饰性(L)：测定被试的掩饰、假托或自身隐蔽，或者测定其社会性朴实幼稚的水平。L与其他量表的功能有联系，但它本身代表一种稳定的人格功能。

3.霍兰德职业人格能力测验

霍兰德职业人格能力测验是美国著名职业指导专家J. 霍兰德编制的，该测验能帮助被试发现和确定自己的职业兴趣和能力专长，从而科学地做出求职择业的决策；能根据被试对各项目的选择情况，给出被试的职业倾向和适合被试选择的一系列职业，为被试选择职业提供参考。

霍兰德的职业选择理论是以对以下六种不同类型的人物及特性的分析为根据的：

（1）现实型（R）：喜欢做使用工具、实物、机器或与物有关的工作；具有手工、机械、农业、电子方面的技能；爱好与建筑、维修有关的职业；脚踏实地，实事求是。

（2）研究型（I）：喜欢各种与生物科学、物理科学有关的活动；具有极好的数学和科学研究能力；爱好科学或医生领域里的职业；生性好奇，勤奋自立。

（3）艺术型（A）：喜欢不受常规约束，以便利用时间从事创造性的活动；具有语言、美术、音乐、戏剧、写作等方面的技能；爱好能发挥创造才能的职业；天资聪慧，创造性强，不拘小节，自由放任。

（4）社会型（S）：喜欢参加咨询、培训、教学和各种理解、帮助他人的活动。具有与他人相处共事的能力；爱好教师、护士、律师一类的职业；乐于助人，友好热情。

（5）企业型（E）：喜欢领导和左右他人，具有领导能力、说服能力及其他一些与人打交道所必需的重要技能；爱好商业或与管理人有关的职业；雄心勃勃，友好大方，精力充沛，信心十足。

（6）常规型（C）：喜欢做系统地整理信息资料一类的事情；具有办公室工作和数字方面的能力；爱好记录、整理文件、打字、复印及操作计算机等职业；尽职尽责，忠实可靠。

霍兰德认为，每个人都是这六种类型的不同组合，只是占主导地位的类型不同。霍兰德还认为，每一种职业的工作环境也是由六种不同的工作条件所组成，其中有一种占主导地位。一个人的职业是否成功，是否稳定，是否顺心如意，在很大程度上取决于其个性类型和工作条件之间的适应情况。霍兰德职业人格能力测验就是通过对被试者在活动兴趣、职业爱好、职业特长以及职业能力等方面的测验，确定被试者上述六种类型的组合情况(对R，I，A，S，E，C六个方面的得分从大到小排序，排在首位的就是被试者占主导地位的类型)，并根据其个性类型寻找适合被试的职业(已根据R，I，A，S，E，C的不同组合将职业分类，每种组合类型都能从中找到适合于该种类型的职业)。

心理测验种目繁多，教师可以有针对性地选择应用，但测验结果只是了解学生心理的参考，千万不要夸大测验的作用。不恰当地使用测验，不但浪费时间和精力，也可能给教育工作带来负面影响。

信息窗9-3

SCL—90症状自评量表

注意:以下列出了有些人可能会有的问题,请仔细阅读每一条,独立地、不受任何人影响地自我评定,每次评定一般在20分钟内完成。一般根据最近一星期以内下述情况影响你的实际感觉,在测试题的五个选项中选择适合你的选项。

a. 没有　b. 很轻　c. 中等　d. 偏重　e. 严重

1. 头痛
2. 严重神经过敏,心神不定
3. 头脑中有不必要的想法或字句盘旋
4. 头晕或昏倒
5. 对异性的兴趣减退
6. 对旁人责备求全
7. 感到别人能控制你的思想
8. 责怪别人制造麻烦
9. 忘性大
10. 担心自己的衣饰整齐及仪态的端庄
11. 容易烦恼和激动
12. 胸痛
13. 怕空旷的场所或街道
14. 感到自己精力下降,活动减慢
15. 想结束自己的生命
16. 听到旁人听不到声音
17. 发抖
18. 感到大多数人都不可信任
19. 胃口不好
20. 容易哭泣

22. 感到受骗、中了圈套或有人想抓你
23. 无缘无故地感觉到害怕
24. 自己不能控制地大发脾气
25. 单独出门
26. 经常责怪自己
27. 腰痛
28. 感到难以完成任务
29. 感到孤独,感到苦闷
31. 过分担忧
32. 对事物不感兴趣
33. 感到害怕
34. 感情容易受到伤害
35. 旁人能知道你的私下想法
36. 感到别人不理解你、不同情你
37. 感到人们对你不友好,不喜欢你
38. 做事情必须做得很慢以保证做正确
39. 心跳得厉害
40. 恶心或胃不舒服
41. 感到比不上别人
42. 肌肉酸痛
43. 感到有人在监视你、谈论你
44. 难以入睡
45. 做事必须反复检查
46. 难以做出决定
47. 怕乘电车、公共汽车、地铁或火车
48. 呼吸困难
49. 一阵阵发冷或发热
50. 因为感到害怕而避开某些东西、场合或活动
51. 脑子变空了
52. 身体发麻或刺痛

53. 后来有梗塞感
54. 感到前途没有希望
55. 不能集中注意力
56. 感到身体的某一部分软弱无力
57. 感到紧张或容易紧张
58. 感到手或脚发重
59. 感到死亡的事
60. 吃得太多
61. 当别人看着你或谈论你时感到不自在
62. 有一些属于你自己的看法
63. 有想打人或伤害他人的冲动
64. 醒得太早
65. 必须反复洗手、点数目或触摸某些东西
66. 睡得不稳不深
67. 有想摔坏或破坏东西的冲动
68. 有一些别人没有的想法或念头
69. 感到对别人神经过敏
70. 在商场或电影院等人多的地方感到不自在
71. 感到任何事情都很困难
72. 一阵阵恐惧或惊恐
73. 感到在公共场合吃东西很不舒服
74. 经常与人争论
75. 单独一个人时神经很紧张
76. 别人对你的成绩没有做出恰当的评论
77. 即使和别人在一起也感到孤独
78. 感到坐立不安心神不定
79. 感到自己没有什么价值
80. 感到熟悉的东西变陌生或不像真的
81. 大叫或摔东西
82. 害怕会在公共场合昏倒

83. 感到别人想占你便宜

84. 为一些有关“性”的想法而苦恼

85. 你认为应该因为自己的过错而受惩罚

86. 感到要赶快把事情做完

87. 感到自己的身体有严重问题

88. 从未感到和其他人亲近

89. 感到自己有罪

90. 感到自己的脑子有毛病

评分方法及分析：

分为五级评分（从0～4级），0=从无，1=轻度，2=中度，3=相当重，4=严重。

有的也用1～5级，在计算实得总分时，应将所得总分减去90选项。按1～5级计算，根据中国常模结果，如果SCL-90总分超过160分，单项均分超过2分就应作进一步检查，标准分为大于200分说明被试有很明显的心理问题，可求助于心理咨询，大于250分则比较严重，需要作医学上的详细检查，很可能要做针对性的心理治疗或在医生的指导下服药。

问题思考与讨论

1. 为什么说教师要重视心理沟通和辅导？

2. 师生心理沟通的功能是什么？

3. 师生之间形成心理沟通障碍的原因有哪些？

4. 什么是心理辅导？其内容和形式有哪些？

5. 心理沟通和辅导的基本原则有哪些？

6. 教师怎样维护自身的心理健康？

7. 教师应该掌握哪些基本的沟通技术？

8. 你了解哪些心理辅导活动的技巧？

9. 某小学，因一位语文老师因病休假，学校派一位小学数学老师代上一学期某班三年级语文课。语文成绩一直很好的学生王某，总是提出代课老师的错误，代课老师非常讨厌这名学生，并经常找茬挖苦王某，后来王某语文成绩下降，每次语文课都做小动作，不认真听。

指出该代课教师的言行不妥之处，如果你是老师，遇到类似情形，你将如何与学生沟通？

阅读指南

1. 龙长权，张婷．沟通心理学[M]. 重庆：西南师范大学出版社，2014.

2. 严文华．跨文化沟通心理学[M]. 上海：上海社会科学院出版社，2008.

3. 袁卫星．生命课——一个教师的教育手记[M]. 天津：天津出版社，2006.

4. 张文质，黄瑞夷．清风掠过心录——99个感人的教育故事[M]. 上海：华东师范大学出版社，2006.

后　记

《教师职业技能训练教程》在遵循国家教师教育课程标准的前提下，充分考虑社会对优秀教师期望和要求、总结教师职业技能训练经验的基础上，参考教师教育新理念和相关研究成果，力图全面地包容教师职业技能的各个部分，将教师职业技能划分为四种类型：教师基础技能、教学工作技能、教学研究技能和学生教育技能。教师基础技能包括口语技能、书写技能，教学工作技能包括教学设计技能、现代教育技术应用技能、课堂教学技能，教学研究技能包括说课、听课和评课技能，学生教育技能包括班主任工作技能、心理沟通和辅导技能。为了便于有效指导学生进行技能训练，我们将全书分为九章，第一章，导论：教师职业技能是教师执业的基本功，由安庆师范大学曹长德教授编写；第二章，教师口语技能，由安庆师范大学诸园副教授编写；第三章，教师书写技能，由安庆师范大学孙永玉副教授编写；第四章，现代教育技术应用技能，由阜阳师范学院徐剑虹副教授编写；第五章，教学设计技能，由合肥师范学院孙晓青教授编写；第六章，课堂教学技能，由淮北师范大学刘兆宇副教授编写；第七章，说课、听课和评课技能，由安庆师范大学张启树副教授编写；第八章，班主任工作技能，由安庆师范大学谢红玉讲师编写；第九章，心理沟通和与辅导技能，由安庆师范大学严云堂副教授编写。全书由曹长德教授、孙晓青教授统稿。本书是由安徽省多所师范院校教育学院多年从事教师教育的同仁共同合作完成，非常感谢大家，相互理解、相互支持，在繁忙的教学之余努力工作，按时完成了编写任务。特别要感谢安徽师范大学出版社王一澜、童睿老师为本书出版付出了辛勤劳动。

《教师职业技能训练教程》快要面世了，我们既高兴，又忐忑不安。因为我们深知教师职业技能不是教出来的，而是练出来的，本书若能对师范生教师职业技能训练有指导作用，或者在进行技能训练中遇到困难有所帮助，则我们就心满意足了。

曹长德　孙晓青

2017 年 5 月